De residentie

Van Kate Andersen Brower is verschenen:

De residentie ⓔ

ⓔ Ook als e-book verkrijgbaar

KATE ANDERSEN BROWER

De residentie

Achter de schermen van het Witte Huis

Vertaald door Willemien Werkman

UITGEVERIJ LUITINGH-SIJTHOFF

MIX
Papier van verantwoorde herkomst
FSC® C110751

Uitgeverij Luitingh Sijthoff en Drukkerij Koninklijke Wöhrmann BV vinden het belangrijk om op milieuvriendelijke en duurzame wijze met natuurlijke bronnen om te gaan.

Eerste druk 2016
Tweede druk 2016

Oorspronkelijke titel: *The Residence. Inside the Private World of The White House*
Vertaling: Willemien Werkman
Omslagontwerp: Marry van Baar
Omslagfotografie: Trevillion Images
Foto auteur: Pete Williams

ISBN 978 90 245 7057 7
NUR 320

www.lsamsterdam.nl
www.boekenwereld.com

VOOR MIJN MAN BROOKE BROWER,

DIE MIJ ERIN DOET GELOVEN DAT ALLES MOGELIJK IS.

EN VOOR ONZE HEERLIJKE BABY'S, GRAHAM EN CHARLOTTE.

Inhoud

Hoofdrolspelers

James W.F. 'Skip' Allen	portier, 1979-2004
Reds Arrington	loodgieter 1946-1979
Preston Bruce	portier 1953-1977
Traphes Bryant	elektricien, hondenoppasser, 1951-1973
Cletus Clark	schilder, 1969-2008
William 'Bill' Cliber	elektricien, 1963-1990; hoofdelektricien, 1990-2004
Wendy Elsasser	bloemstyliste, 1985-2007
Chris Emery	portier, 1987-1994
Betty Finney	dienstmeisje, 1993-2007
Milton Frame	timmerman, voorman houtbewerking, 1961-1997
James Hall	parttime butler, 1963-2007
William 'Bill' Hamilton	huisknecht, hoofd Voorraadkamer, 1958-2013
James Jeffries	keukenmedewerker, parttime butler, 1959-nu
Wilson Jerman	huisknecht, butler, 1957-1993; parttime conciërge, 2003-2010
Jim Ketchum	curator, 1961-1963; hoofdcurator, 1963-1970

Christine Limerick	hoofd Huishouding, 1979-2008 (hiaat 1986-1991)
Linsey Little	huisknecht, 1979-2005
Roland Mesnier	chef-patissier, 1979-2006
Betty Monkman	curator, 1967-1997; hoofdcurator 1997-2002
Ronn Payne	bloemstylist, 1973-1996
Nelson Pierce	portier, 1961-1987
Mary Prince	oppas van Amy Carter
James Ramsey	butler, eind van de regering Carter-2010
Stephen Rochon	hoofdportier, 2007-2011
Frank Ruta	chef-kok, 1979-1991 (hiaat 1987-1988)
Tony Savoy	stafmedewerker en toezichthouder Operationele dienst, 1984-2013
Bob Scanlan	bloemstylist, 1998-2010
Walter Scheib	chef de cuisine, 1994-2005
Rex Scouten	portier, 1957-1969; hoofdportier, 1969-1986; hoofdcurator, 1986-1997
Ivaniz Silva	dienstmeisje, 1985-2008
Herman Thompson	parttime butler, 1960-1993
Gary Walters	portier, 1967-1986; hoofdportier 1986-2007
J.B. West	portier, 1941-1957; hoofdportier 1957-1969
Lynwood Westray	parttime butler, 1962-1994
Worthington White	portier, 1980-2012
Zephyr Wright	huiskok van de familie Johnson

Inleiding

In het Witte Huis wonen is alsof je op het podium staat,
waar afwisselend tragedies en komedies worden opgevoerd.
En wij, de bedienden van het Witte Huis, zijn de figuranten.

LILIAN ROGER PARKS, DIENSTMEISJE EN NAAISTER OP HET WITTE HUIS, 1929-1961, *MY THIRTY YEARS BACKSTAIRS AT THE WHITE HOUSE*

Preston Bruce zat met zijn vrouw in de keuken van zijn huis in Washington D.C. Ze luisterden naar de radio terwijl ze aan het lunchen waren – de enige maaltijd die ze samen gebruikten – toen de uitzending werd onderbroken voor een belangrijke boodschap: *de president is neergeschoten*.

Hij sprong op van zijn stoel en stootte met zijn knie tegen de tafel, waardoor de borden op de grond stukvielen. Even later volgde weer een mededeling, dit keer klonk het nog angstaanjagender: *de president is neergeschoten. Het bericht is bevestigd dat hij is neergeschoten. Over zijn toestand is niets bekend*.

Dit kan niet waar zijn, dacht Bruce. Hij schoot zijn jas aan, vergat zijn hoed op deze frisse novemberdag en sprong in zijn auto, waarna hij met grote snelheid wegreed. Zijn vrouw, Virginia, bleef achter in de keuken, geschokt tussen de scherven van de borden op de grond.

De anders zo onberispelijke Bruce scheurde met negentig kilometer per uur dwars door het stadsverkeer – Ik besefte niet hoe hard ik reed, zou hij later zeggen – toen hij opeens een politiesirene achter zich hoorde loeien. Een motoragent stopte naast hem, op de hoek van Sixteenth Street en Columbia Road, sprong van zijn motor en liep naar het portier van de chauffeur.

'Vanwaar die haast?' Hij was niet in de stemming voor smoezen.

'Agent, ik werk op het Witte Huis,' zei Bruce buiten adem. 'De president is neergeschoten.'

Er volgde een verbijsterde stilte. Niet iedereen had het afschuwelijke nieuws gehoord. 'Kom,' zei de geschrokken agent en hij sprong weer op zijn motorfiets. 'Volg mij!' Bruce kreeg die dag zijn eigen politie-escorte naar de zuidwestingang van het Witte Huis.

De meeste Amerikanen die die dag in 1963 bewust hebben meegemaakt, herinneren zich precies waar ze waren toen ze hoorden dat president Kennedy was neergeschoten. Voor Bruce had het nieuws echter een speciale betekenis: Kennedy was niet alleen de president, maar hij was ook zijn baas en – belangrijker nog – zijn vriend. Preston Bruce was de portier in het Witte Huis en een geliefd lid van het personeel. Nog maar een dag geleden had hij de president, de first lady en hun zoon John-John begeleid naar de marinehelikopter op het South Lawn, die ze naar Air Force One op Andrews Air Force Base had gebracht. Vandaar zouden de Kennedy's vertrekken op hun noodlottige, twee dagen durende reis langs vijf steden in Texas. (John-John, die nog vier dagen te gaan had tot zijn derde verjaardag, was dol op helikoptertripjes met zijn ouders. Hij ging alleen tot Andrews mee. Toen hij hoorde dat hij niet met zijn vader en moeder mee mocht naar Dallas, huilde hij. Het was de laatste keer dat hij zijn vader zou zien.)

'Ik laat alles hier aan jou over,' had president Kennedy naar Bruce geroepen boven het lawaai van de helikoptermotoren op het South Lawn uit. 'Doe maar zoals jou dat goeddunkt.'

Bruce, een nakomeling van slaven en de zoon van een deelpachter uit South Carolina, was een eerbiedwaardig lid van de Kennedy-familie geworden. Hij keek samen met hen naar films in de huisbioscoop van het Witte Huis en keek toe hoe de president met zijn kinderen speelde. Hij schrok ervan als de president zijn hoofd tegen een tafel stootte als hij John-John, een onstuimige peuter, achternazat door het Oval Office (JFK's bureau was een van de favoriete verstopplaatsen van John-John. Bruce moest hem er soms onder vandaan halen als er een belangrijke bespreking was). Bruce was halverwege de vijftig, lang en mager, met een bos wit haar en een opvallende witte snor, en hij droeg een zwart pak en een witte vlinderdas op zijn werk. Hij was zo toegewijd aan zijn werk, dat onder andere inhield dat hij zenuwachtige gasten bij staatsbanketten naar hun plaats moest brengen, dat hij een tafel met schuin blad ontwierp, bijgenaamd de 'Brucetafel', waarop plaatskaartjes gemakkelijk konden worden geordend. Zijn uitvinding zou tientallen jaren in gebruik blijven.

Op die tweeëntwintigste november, toen hij zich naar het Witte Huis haastte, kon Bruce het nieuws nog niet bevatten. 'Tot op de dag van vandaag voel ik nog de schok die door mijn hele lichaam trok,' herinnerde hij zich later.

Toen hij aankwam bij de residentie, dacht hij maar aan één ding: ik wil op Mrs. Kennedy wachten. Hij schaarde zich rond de tv met andere collega's in de volle portiersloge. Het nieuws bevestigde waar ieder personeelslid in het Witte Huis voor vreesde. 'Iedereen wist,' schreef hij jaren later, 'dat wanneer een president het terrein verliet, er altijd een mogelijkheid bestond dat deze terugkwam als president Kennedy.'

Toen Jackie Kennedy om vier uur 's ochtends eindelijk terugkeerde in het Witte Huis, in het iconische met bloed bevlekte roze wollen pakje, aan de arm van haar zwager Robert F. Kennedy, zag ze lijkbleek en was ze griezelig kalm. 'Bruce, je hebt gewacht,' zei ze zacht, alsof ze hem wilde troosten.

'Ja, u wist dat ik er zou zijn, Mrs. Kennedy,' antwoordde hij.

Na een korte dienst in de East Room ging hij de first lady en de minister van Justitie voor naar de privévertrekken op de tweede verdieping. In dat stille moment in de lift, naast de twee mensen die JFK het dierbaarst waren geweest, barstte Bruce in tranen uit. Jackie en Robert deden hetzelfde en ze sloegen hun armen om elkaar heen en huilden samen tot ze de tweede verdieping bereikten. Toen Jackie haar slaapkamer binnenging, zei ze tegen haar persoonlijke dienstmeisje en vertrouwelinge Providencia Paredes: 'Ik dacht dat ze mij ook zouden doden.' Toen deed ze eindelijk het pakje uit dat doordrenkt was van het bloed van haar man en nam ze een bad.

Bruce was uitgeput. Hij bracht wat er van de nacht nog restte door op een stoel in een kleine slaapkamer op de derde verdieping. Hij had zijn jasje uitgetrokken en zijn vlinderdas afgedaan en de bovenste knopen van zijn gesteven witte overhemd losgemaakt, maar hij wilde niet toegeven aan zijn uitputting. 'Ik wilde niet gaan liggen, voor het geval Mrs. Kennedy mij nodig had.' Zijn trouw werd beloond. Kort na de begrafenis gaf de first lady hem de stropdas die haar man tijdens de vlucht naar Dallas had gedragen. 'De president had gewild dat jij deze kreeg,' zei ze tegen hem. (JFK had van das gewisseld voor hij aan de autorit door Dallas begon. De eerste das zat in zijn zak toen hij werd neergeschoten.) Robert Kennedy trok zijn handschoenen uit en gaf ze aan zijn verslagen vriend: 'Bewaar deze handschoenen,' zei hij tegen Bruce, 'en vergeet niet dat ik ze droeg op de begrafenis van mijn broer.'

De portier weigerde zijn post te verlaten en keerde pas terug naar zijn vrouw op 26 november, vier dagen na de moord. Bruce' trouw aan zijn werk en aan de presidentiële familie mag opvallend lijken, maar er wordt niets minder verwacht van de mensen die in de residentie werken.

Je komt niet veel te weten over presidentiële families in Amerika. Hun privacy wordt bewaakt door assistenten in de West Wing en een team van zo'n honderd mensen die bewust buiten beeld blijven: het personeel van het Witte Huis. Deze mensen brengen een groot deel van hun tijd door op de tweede en derde verdieping van het gebouw met een oppervlak van ruim eenenvijftighonderd vierkante meter. Hier ontsnapt de presidentiële familie aan de enorme druk van het ambt, ook al is het maar voor een paar uur, terwijl ze samen eten of tv-kijken. Boven kunnen ze hun privéleven leiden, terwijl beneden de toeristen rondlopen en amateurfotografen zich rond het hek verzamelen met hun camera's en telefoons in de aanslag.

Anders dan de vele politieke assistenten die gretig interviews hebben gegeven en hun memoires hebben gepubliceerd nadat ze het Witte Huis hadden verlaten, zijn de dienstmeisjes, butlers, koks, portiers, technici, elektriciens, loodgieters, timmerlieden en bloemstylisten die het beroemdste huis in Amerika draaiende houden grotendeels in de schaduw gebleven. Een van hen zei me dat zijn collega's een 'passie voor anonimiteit' delen. Daardoor is de onbekende wereld achter de schermen van het Witte Huis altijd intrigerend gebleven.

Ik maakte voor het eerst kennis met die wereld toen ik, als lid van het journalistieke corps van het Witte Huis, werd uitgenodigd voor een lunch die Michelle Obama aanbood aan een klein groepje journalisten in een intiem eetzaaltje op de State Floor van het Witte Huis. Deze zaal wordt de Old Family Dining Room genoemd nadat Jackie Kennedy een aparte eetzaal had ingericht op de tweede verdieping die vaker door de huidige presidentiële families wordt gebruikt. Hij ligt tegenover de formele State Dining Room, waar ik verslag had gedaan van tientallen evenementen. Ik had deze persoonlijke kant van het Witte Huis nooit gezien; ik wist niet eens dat deze ruimte bestond. Toegang tot grote delen van de residentie is beperkt; journalisten en fotografen die verslag doen van officiële gebeurtenissen, zoals recepties en staatsbanketten in de East Room (die nu vaak in een indrukwekkend wit paviljoen aan het South Lawn worden gehouden), worden afgescheiden van de gasten van het Witte Huis. En voor deze grote evenementen wordt het personeel van het Witte Huis vaak aangevuld met ingehuurde parttime butlers en serveersters.

En dus was ik verbaasd toen ik op de dag van de lunch bij de first lady in de relatief kleine en gezellige Old Family Dining Room werd binnengelaten en een elegant geklede heer ons champagne aanbood op een glanzend zilveren dienblad. Op het menu stond salade met groenten uit de tuin van het Witte Huis en versgebakken roodbaars, prachtig opgediend op Truman-porselein. Elke gang werd geserveerd door een butler die duidelijk een band had met de first lady. Dit is allemaal wel heel erg *Downton Abbey*, dacht ik. En ik vroeg me af: wie zijn deze mensen die zo dicht bij de machtigste familie ter wereld staan?

Als Witte Huis-reporter voor Bloomberg News werkte ik in een van de vele raamloze hokjes onder de James S. Brady Press Briefing Room. In de krappe ruimte in de kelder is het altijd een drukte van belang. Journalisten rennen af en aan om verslag te doen van evenementen, met bronnen te praten en hun verhalen dan weer in te voeren op de computer. In mijn tijd als Witte Huis-reporter reisde ik de wereld rond in Air Force One en Air Force Two (het vliegtuig van de vicepresident) – ik deed verslag van bezoeken aan Mongolië, Japan, Polen, Frankrijk, Portugal, China en Colombia – maar het interessantste verhaal bleek zich elke dag vlak voor mijn neus af te spelen: het verhaal van de mannen en vrouwen die voor de presidentiële familie zorgen en die een enorme trouw aan het instituut van het Amerikaanse presidentschap delen. Elk personeelslid dat in het Witte Huis heeft gediend, heeft geschiedenis geschreven zien worden, en stuk voor stuk hebben ze ongelooflijke verhalen te vertellen.

Het Witte Huis is het krachtigste en blijvende symbool van het presidentschap. Met zijn honderdtweeëndertig kamers, honderdzevenenveertig ramen, achtentwintig schoorstenen, acht trappen en drie liften beslaat het zes verdiepingen – plus twee verborgen tussenverdiepingen –, weggewerkt in een gebouw dat vanbuiten slechts drie verdiepingen lijkt te tellen. Het huis wordt telkens door slechts één beroemde familie bewoond, maar de personeelsleden zijn de permanente bewoners.

De mensen die op de residentie werken dragen een gevoel van menselijkheid en oude waarden bij aan de beroemdste 7,2 hectare ter wereld. Als ze 's ochtends vroeg opstaan, offeren ze hun persoonlijke leven op aan de presidentiële familie die ze met een rustige, ontzag afdwingende waardigheid dienen. Voor hen is op het Witte Huis werken, ongeacht hun positie, een grote eer. Verkiezingen brengen nieuwe gezichten, maar zij blijven van ambtstermijn tot ambtstermijn en houden hun politieke voorkeur angstvallig voor zich. Ze hebben maar één taak: ervoor zorgen dat de presidentiële familie van Amerika plezierig kan wonen in het meest openbare particuliere huis van het land.

Tijdens hun werk hebben veel van deze mannen en vrouwen presidenten en hun gezin meegemaakt in ongelooflijk kwetsbare situaties, maar slechts enkelen van de personeelsleden van het Witte Huis hebben hun herinneringen aan hun tijd in het Witte Huis op schrift gesteld. In dit boek vertellen velen voor het eerst hoe het is om hun leven te wijden aan de zorg voor de presidentiele familie. Hun herinneringen lopen uiteen van kleine blijken van vriendschap tot perioden van woede en persoonlijke ellende, van verhalen over eigenaardigheden en zwakheden tot momenten waarop hun dagelijks werk door gebeurtenissen op nationaal en internationaal niveau naar een ander plan werd getild.

Van het spelen met de kinderen van de Kennedy's in het Oval Office tot het zien binnenkomen van de eerste Afro-Amerikaanse president in het Witte Huis, van Nancy Reagan die vraagt om elk van haar vijfentwintig Limoges-doosjes na het schoonmaken op precies dezelfde plek terug te zetten tot Hillary Clinton die even een moment voor zichzelf nodig heeft tijdens het seksschandaal rond haar echtgenoot en de nasleep daarvan, ziet het personeel van de residentie kanten van de presidentiële familie die niemand ooit te zien krijgt.

Ze maakten mij voor het eerst deelgenoot van hun verhalen, maar de oude en de huidige personeelsleden volgen een traditionele gedragscode die discretie en de bescherming van de privacy van de presidentiële familie hoog in het vaandel heeft staan. Anders dan de meeste mensen in het machtsbeluste Washington D.C., die elkaar vertellen waar ze werken voor ze zich aan elkaar hebben voorgesteld, vermijden deze mensen het juist om hun baan tegen anderen te noemen. Ze erfden die gedragscode van de voorgaande generaties, die de verlamming van Roosevelt geheimhielden door gasten voor een staatsbanket pas de zaal binnen te leiden nadat de president was gaan zitten en zijn rolstoel buiten het zicht was gereden – en die ervoor zorgden dat de verhalen over de affaires van JFK nooit buiten de poorten van het Witte Huis kwamen.

Het personeel van de residentie heeft toegang tot zoveel geheime informatie dat de huidige assistenten van het Witte Huis niet wilden dat ze met mij spraken. Een voormalig personeelslid zei me in een e-mail: 'Ik denk dat je zult merken dat niemand die er nog werkt met je wil praten, omdat ze hun baan niet willen verliezen – ja, dat is de realiteit. We hebben geleerd om wat er binnen het Witte Huis gebeurt binnen het Witte Huis te laten.'

Sommigen waren eerst inderdaad wat terughoudend om hun ervaringen in 'het huis', zoals zij het noemen, te delen, maar ze waren uiteindelijk allemaal heel vriendelijk. Of ze nu zwart of blank waren, man of vrouw, kok, elektricien of dienstmeisje, tientallen gepensioneerde werknemers nodigden mij uit om aan hun keukentafel of op de bank in hun woonkamer met hen te praten. (Ik was zwanger van ons tweede kind, wat tot vele vragen leidde over hoe ik me voelde en of ik misschien iets wilde eten.) Het duurde niet lang of ze haalden herinneringen op aan hun tientallen jaren in dienst van de verschillende presidenten en hun gezin. Velen leken niet te beseffen dat ze een bijzonder leven hadden geleid, met een plaats op de eerste rij van de wereldgeschiedenis. Hun verhalen waren subjectief: waar de een goede herinneringen had aan de familie voor wie hij had gewerkt, vertelde de ander minder vriendelijke verhalen.

Het was niet altijd gemakkelijk om ze aan de praat te krijgen. Sommigen kwamen pas los nadat ik namen had genoemd van collega's die ik al had geïnterviewd. Anderen waren op hun hoede tot we elkaar persoonlijk ontmoetten, zoals hoofdelektricien William 'Bill' Cliber, die me interessante verhalen vertelde over de laatste dagen van de ambtstermijn van Richard Nixon, en huishoudster Christine Limerick, die vertelde over haar pijnlijke besluit om tijdelijk haar post te verlaten omdat ze niet langer kon verdragen hoe een bepaalde first lady haar behandelde.

Sommige mensen, zoals de favoriete butler van George W. Bush, James Ramsey, wilden alleen over hun positieve ervaringen vertellen. Ramsey vreesde er zelfs voor dat de regering het pensioen waar hij zijn leven lang voor had gewerkt zou afnemen als hij zich negatief zou uitlaten (al is er geen enkele aanwijzing voor dat dit zou gebeuren). Hij had oprecht warme gevoelens voor de families onder wie hij had gediend. Hij is in 2014 overleden, maar ik ben blij dat ik hem heb leren kennen, net als andere personeelsleden die zijn overleden voor ze hun verhalen op schrift konden zien.

Ik heb mensen gesproken die op het Witte Huis werkten in de periode die bekendstaat als Camelot – onder wie het eerste personeelslid dat werd geïnformeerd over de moord op president Kennedy – en met butlers, portiers en bloemstylisten die onder de Obama's werken. Ik heb zonen en dochters van presidenten horen vertellen hoe het is om in het Witte Huis op te groeien. En ik heb openhartige gesprekken gevoerd met voormalige first lady's Rosalynn Carter, Barbara Bush en Laura Bush, en met vele hooggeplaatste Witte Huis-assistenten. De meesten waren oprecht bereid om de mensen die in stilte, achter de schermen, hun werk doen onder de aandacht te brengen.

Ondanks hun opofferingen en harde werken mijdt het personeel van de residentie de schijnwerpers – en niet alleen figuurlijk. 'Er was een ongeschreven wet dat wij op de achtergrond bleven. Als er een camera was, doken wij altijd weg,' vertelde portier James W.F. 'Skip' Allen. De personeelsleden met wie ik sprak bezaten echter allemaal een mengeling van intelligentie en karakter die maakte dat ik meer wilde weten over hun leven. Velen hadden ook een bitter, soms zelfs sarcastisch gevoel voor humor. Na ons gesprek liep de gepensioneerde butler James Hall – heel langzaam – met me mee door de drukke hal van zijn bejaardenhuis naar de uitgang. Dat deed hij niet alleen uit beleefdheid, gaf hij toe, maar hij wilde dat iedereen hem zag met een jongere vrouw aan zijn zij. 'Het is hier net *Peyton Place*!' zei hij lachend.

Mijn onderzoek voerde me ook buiten Washington. Allen sleet zijn laatste jaren in een enorm negentiende-eeuws landhuis dat dienstdeed als bejaardenhuis in Bedford, Pennsylvania. We aten daar broodjes met kipsalade aan de rand van zijn zwembad. Het regende zachtjes. Hij beschreef de nauwe band tussen de president en zijn staf ('Het was de normaalste zaak van de wereld als een president aan iemands verjaardag dacht') en de zwaarte van het ambt ('Noem een willekeurige president. Niet één ziet er bij het verlaten van het Witte Huis jonger uit dan toen hij erin trok').

Het personeel wordt bij alle drukte van presidentiële aangelegenheden en staatsbezoeken vaak over het hoofd gezien, maar ze zijn onmisbaar voor het openbare en het privéleven van de Amerikaanse presidenten en hun gezinnen. 'Mijn familie en ik zagen ze altijd op een bepaalde manier als medegastheren en -vrouwen, samen met de president en de first lady,' vertelde Tricia Nixon Crow, de oudste van de twee dochters van president Nixon. 'Ze maakten alles zo mooi en zo warm.'

Soms helpen ze het beroemdste echtpaar ter wereld om stormen te weerstaan en zich weer even normaal te voelen – al is het maar voor een paar uur. Op het hoogtepunt van het Monica Lewinsky-schandaal zag Hillary Clinton er moe en verdrietig uit, vertelden verschillende personeelsleden mij. Ze zeiden dat ze met haar te doen hadden en wisten dat ze maar naar één ding verlangde, iets wat niet voor haar was weggelegd: privacy. Portier Worthington White herinnert zich dat hij de toeristen het Witte Huis uit stuurde en haar beveiligingsagenten op een afstand hield, zodat de first lady een paar rustige uurtjes bij het zwembad kon doorbrengen. De kans te krijgen Mrs. Clinton te helpen betekende alles voor hem, zei White.

Personeelsleden op het Witte Huis zijn soms getuige van de pure vreugde die een net geïnaugureerde president voelt nadat hij de top binnen de Amerikaanse politiek heeft bereikt. In 2009 zouden de Obama's na afloop van de inaugurele feesten hun eerste nacht doorbrengen in het Witte Huis. Maar ze waren nog helemaal niet klaar om te gaan slapen toen White de avondkranten kwam brengen. Toen hij op de tweede verdieping verscheen, hoorde hij iets ongewoons.

'Plotseling hoorde ik president Obama zeggen: "Ik heb het, ik heb het, ik ben helemaal binnen", en opeens klonk er muziek van Mary J. Blige.' De nieuwe bewoners hadden hun formele kleding uitgetrokken; de president was in hemdsmouwen en de first lady droeg een T-shirt en een joggingbroek. De president pakte de first lady, herinnert White zich, en opeens dansten ze samen op Bliges hit 'Real love'. De portier zweeg even toen hij hieraan terugdacht. 'Het was het mooiste, liefste, wat je je maar kon voorstellen.'

'Ik denk dat je zoiets nog niet hebt meegemaakt in dit huis, hè?' vroeg Obama terwijl het echtpaar danste.

'Ik kan oprecht zeggen dat ik nog nooit gehoord heb dat Mary J. Blige op deze verdieping werd gedraaid,' antwoordde White.

Hij weet niet hoelang de Obama's nog hebben gedanst, maar het was duidelijk dat ze van het moment wilden genieten.

Veel presidentiële families zeggen dat ze het personeel beschouwden als de echte bewoners van het Witte Huis. President Carter noemde ze de 'lijm die het huis bij elkaar houdt'. Een personeelslid noemde zijn collega's een 'groep mensen die het Witte Huis eten, slapen en drinken'.

Er zijn ongeveer zesennegentig fulltime en tweehonderdvijftig parttime werknemers op het Witte Huis: portiers, koks, bloemstylisten, dienstmeisjes, butlers, huisknechten, schilders, timmerlieden, elektriciens, loodgieters, technici en kalligrafen. Bovendien wordt de tuin van het Witte Huis door nog een twintigtal personeelsleden van de National Park Service onderhouden. De personeelsleden van het Witte Huis zijn in dienst van de staat.

De Usher's Office (portiersloge), op de State Floor naast de noordelijke ingang, vormt het middelpunt van de bedrijvigheid voor het personeel van het Witte Huis. De chief usher, of hoofdportier, beheert de gelden die door het Congres aan de huishouding zijn toegekend, inclusief de kosten voor de verwarming, verlichting, airconditioning en de salarissen van het personeel. In 1941, toen er tweeënzestig mensen in dienst waren, bedroeg het jaarlijkse budget honderdtweeënvijftigduizend dollar. Bijna vijfenzeventig jaar later, met meer personeel, hogere kosten, inflatie en meer, is het jaarlijkse budget opgelopen tot rond de dertien miljoen. (Deze kosten staan los van de zevenhonderdvijftigduizend dollar per jaar die nodig zijn voor reparatie en onderhoud van het Witte Huis.)

De baan van hoofdportier is vergelijkbaar met die van de algemeen manager van een groot hotel, maar met slechts één gast. Hij of zij geeft leiding aan al het personeel in de residentie en werkt nauw samen met de first lady. Er moet verantwoording worden afgelegd aan de hoofdportier en een team van portiers is verantwoordelijk voor de verschillende afdelingen, of 'shops', zoals de Housekeeping Shop (afdeling Huishouding) en de Flower Shop (afdeling Bloemstyling). De portiers fungeren als contactpersoon voor de bezoekers, onder wie de gasten van de presidentiële familie, en ze houden bij waar de president zich in het huis bevindt, wat uiteindelijk in de presidentiële archieven voor het nageslacht wordt bewaard.

De baan van hoofdportier van het Witte Huis is zo complex dat er een soort discipline en striktheid voor nodig zijn die meestal met het leger in verband worden gebracht. Voordat admiraal Stephen Rochon in 2007 door George W. Bush tot hoofdportier werd benoemd – waarmee hij de achtste, en de eerste Afro-Amerikaan, was die deze functie bekleedde – voerde hij acht sollicitatiegesprekken voor de baan, waarvoor hij heen en weer reed tussen het Witte Huis en zijn basis in Norfolk, Virginia. Zijn laatste gesprek was met de president in het Oval Office. Bush vroeg hem of hij tevreden zou zijn met zijn nieuwe, ogenschijnlijk bescheiden titel.

'Wat vind je van dat hoofdportiergedoe?' vroeg Bush hem.

Rochon antwoordde: 'Ach, president, wat is nou een titel?'

Blijkbaar veel: toen Rochon werd aangenomen, kreeg de post een andere naam: *White House Chief Usher and Director of the Executive Residence*, duidelijk een indrukwekkender functiebeschrijving. Sinds oktober 2011 wordt de functie bekleed door Angella Reid, voormalig algemeen manager van het Ritz-Carlton in Arlington, Virginia, de eerste vrouw en de tweede Afro-Amerikaan op deze positie.

Hoe eervol de titel ook is, het werk is eenduidig: voorzien in de behoeften van de presidentiële familie. Voor hoofdportier J.B. West betekende dat dat hij koortsachtig op zoek moest naar de zoekgeraakte hamsters van Caroline Kennedy en het aanrukken van tientallen experts in een eindeloze zoektocht om president Johnsons behoefte aan een betere waterdruk in zijn douche te bevredigen. Jacqueline Kennedy noemde West de 'machtigste man in Washington, naast de president'.

Voor de hoogste positie tot de meest basale geldt dat het niet zo eenvoudig is om te worden aangenomen. Het is meer dan reageren op een advertentie. 'Vacatures in het Witte Huis worden niet geadverteerd,' zegt Tony Savoy, tot 2013 hoofd Operationele dienst.

'Bijna iedereen met wie ik een gesprek had voor een baan had een familielid of vriend die ze voor de baan had aanbevolen. Je staat garant voor de persoon die je aanbrengt.' De meeste personeelsleden blijven tientallen jaren, sommigen generaties lang. Van één familie, de Ficklins, hebben negen leden in het Witte Huis gewerkt.

Voor elke nieuwe president wordt een *social secretary* benoemd, een persoonlijke secretaris of secretaresse, die alle sociale evenementen organiseert en plant. De post werd van oudsher bekleed door een vrouw – tot 2011, toen Jeremy Bernard door de Obama's in deze functie werd benoemd. Hij werd daarmee de eerste mannelijke en de eerste openlijk homoseksuele social secretary. De functie houdt in dat hij optreedt als tussenpersoon tussen de presidentiële familie en het personeel op de residentie, en tussen de West Wing en de East Wing. De secretaris bepaalt wie waar zit tijdens staatsbanketten en formele evenementen op het Witte Huis. Hij verdeelt werkschema's onder het personeel waarop te zien is hoeveel mensen er worden verwacht en welke kamers voor het evenement zullen worden gebruikt.

De social secretary wordt vaak verscheurd tussen twee werelden. Letitia Baldrige, die de functie bekleedde in de ambtsperiode van Kennedy, liet de president brieven lezen waarin afkeurend werd gesproken over John-Johns lange haar, waar de first lady dol op was. Toen de president erop aandrong dat zijn haar werd geknipt, sprak Jackie Kennedy drie dagen lang niet meer met Baldrige.

Het andere personeel op het Witte Huis kan het werk van de social secretary, het organiseren van eindeloze feesten en het naleven van oude tradities, gemakkelijker maken. Julianna Smoot, die van 2010 tot 2011 de functie onder de Obama's bekleedde, roemt de kalligrafen van het Witte Huis, die in een kantoortje vlak bij het Social Office in de East Wing zetelen, en haar huid redden toen zij een vervelende vergissing dreigde te maken. Op een dag aan het eind van de zomer van 2010 kwam een van de drie kalligrafen – die verantwoordelijk zijn voor de vele uitnodigingen voor evenementen op het Witte Huis – naar Smoot toe en vroeg haar: 'Heb je aan Kerstmis gedacht?'

'Dat is in december. Kunnen we het er niet over hebben als het dichterbij is?' zei Smoot. Kerstmis leek nog ver weg en er waren zoveel eerdere evenementen waar nog aan gewerkt moest worden.

'We liggen eigenlijk al achter op schema,' antwoordde de kalligraaf bezorgd.

Smoot was geschokt. 'Natuurlijk wist ik daar niets van!' herinnerde ze zich later. 'Het was zo'n paniekmoment. We moesten nog een thema bedenken én een kerstkaart. Ik denk dat we alleen dankzij de kalligrafen in 2010 Kerstmis hebben gevierd.'

De social secretary moet soms slecht nieuws brengen aan het personeel, uit naam van de first lady, die doorgaans buiten schot wil blijven. Toen Laura Bush Lea Berman aannam als haar social secretary, kreeg zij de taak om chef-kok Walter Scheib apart te nemen en hem te zeggen dat hij niet langer 'dit countryclub-eten' aan de familie moest voorzetten. Scheib zei dat hij alleen maar deed wat hem gezegd werd en dat wat hij klaarmaakte echt geen countryclub-eten kon worden genoemd. Het was helemaal geen fancy eten. 'Als de president een broodje met pindakaas en honing wilde, dan maakten we het beste broodje met pindakaas en honing dat we konden,' zei Scheib. En hij voegde eraan toe: 'Dit is wat de president wil, pas op welke naam je eraan geeft.' Toen Berman hem de beduimelde kookboeken van Martha Stewart liet zien, was de chef-kok woedend.

Christine Limerick stond aan het hoofd van ongeveer twintig personeelsleden op de afdeling Huishouding, die ze van 1979 tot 2008 (met een onderbreking tussen 1986 en 1991) leidde. Zes van hen werkten op de tweede en derde verdieping, in de privévertrekken van de familie, onder wie verschillende dienstmeisjes en een huisknecht die stofzuigde en zware meubelstukken verplaatste. Twee waren uitsluitend verantwoordelijk voor de was en de rest zorgde voor de openbare ruimten en het Oval Office. Hun gelederen werden versterkt door extra personeel als er gasten waren of grote evenementen, zoals een staatsbanket.

Het Witte Huis heeft ook een team bloemstylisten in dienst, onder leiding van een hoofdstylist, die dagelijks boeketten maken op de afdeling Bloemstyling, die onder de oprit van de North Portico van het Witte Huis is gevestigd. De bloemstylisten zijn verantwoordelijk voor de unieke bloemenarrangementen die bij de smaak van de presidentiële familie aansluiten. In de vakanties en bij staatsbanketten worden ze bijgestaan door vrijwilligers. De Obama's roepen vaak de hulp in van externe bedrijven uit Chicago om grote staatsbanketten aan te kleden en te helpen bij de kerstversiering. De hoofdstylist richt zich vooral op de publieke ruimten en houdt toezicht op alle arrangementen; de medewerkers van Bloemstyling zijn verantwoordelijk voor het versieren van het gehele complex, van de privévertrekken op de tweede en derde verdieping tot de West Wing, de East Wing en de openbare ruimten. Geen hoekje van het Witte Huis ontsnapt aan hun aandacht.

Reid Cherling, die woordvoerder was voor president Obama, herinnert zich dat hij onder de indruk was van hun werk. 'Wat me altijd opviel waren de bloemen. Als je 's ochtends in de West Wing binnenkwam, en je kwam op het goede moment, dan waren de bloemstylisten bezig vazen verse pioenrozen neer te zetten,' zei hij. 'Er is iets met het neerzetten van verse bloemen op een plaats waar niemand komt. Het is normaal dat ze op de koffietafel staan in het Oval Office, maar dat ze de boel opvrolijken op plaatsen waar niemand wordt geacht te zijn is iets heel anders.'

Iedereen werkt samen om de residentie zo mooi mogelijk te maken, zegt Bob Scanlan, die van 1998 tot 2010 bij Bloemstyling werkte. 'Als een bloem in een arrangement verwelkt was, was het niet ongebruikelijk dat de huishoudster binnenliep en zei: "Jullie moeten even gaan kijken in de Red Room. Er liggen bloemblaadjes op tafel. Ik heb ze opgeruimd, maar het lijkt erop dat ze nog steeds vallen." We letten een beetje op elkaar, want alles komt uiteindelijk bij iedereen terecht.'

Er werken ongeveer zes vaste butlers in de residentie en tientallen parttime butlers die regelmatig worden opgeroepen bij staatsbanketten en recepties. Van de zes fulltime butlers is er één aangewezen als hoofdbutler of maître d'. De taak van het voorzien in de meer persoonlijke behoeften van de president wordt uitgevoerd door huisknechten, die altijd in de buurt zijn. Meestal zijn er twee huisknechten aan het werk, bij toerbeurt. Het zijn militairen, die zorg dragen voor de kleding van de president, klusjes voor hem opknappen, zijn schoenen poetsen en samenwerken met de huishoudsters. Als de schoenen van de president bijvoorbeeld nieuwe zolen nodig hebben, waarschuwt een huisknecht een lid van de Huishouding. Als de president 's ochtends naar het Oval Office gaat, is een huisknecht bij de hand voor het geval hij iets nodig heeft zoals een kop koffie, ontbijt of een dropje tegen de hoest. Als de president op reis is, pakt een huisknecht zijn koffer voor hem in en rijdt vaak in een extra auto mee in de colonne, met een extra overhemd of stropdas, voor het geval de belangrijkste man van het land iets morst en snel andere kleren nodig heeft.

Op de allereerste dag na zijn inauguratie was George W. Bush geschokt toen hij zijn huisknechten ontmoette. Laura Bush zegt: 'Die twee kwamen binnen en stelden zich voor aan George en zeiden: "Wij zijn uw huisknechten." George ging naar binnen en zei tegen zijn vader: "Die twee stelden zich voor en zeiden dat ze mijn huisknechten zijn, en ik heb geen huisknecht *nodig*. Ik *wil* geen huisknecht." En president Bush (George H.W. Bush) zei: "Je went er wel aan."' En dat was ook zo. Vroeg of laat komt er voor elke president een moment waarop hij dankbaar is voor de luxe dat hij niet hoeft na te denken over het inpakken van een extra overhemd.

Personeel op het Witte Huis is er om de lasten van het dagelijks leven voor de presidentiële familie te verlichten. Deze heeft doorgaans geen tijd om te koken, boodschappen te doen en schoon te maken. Ze doen hun werk met de hoogst mogelijke beveiliging – welke andere huishouding heeft een team van scherpschutters op het dak? – en hebben weinig privacy. Er wordt vaak gezegd dat leven in het Witte Huis lijkt op tijd doorbrengen in een gevangenis, maar, zoals Michelle Obama opmerkte, 'wel een mooie gevangenis'.

Betty Finney (bijgenaamd 'Little Betty' vanwege haar kleine postuur) werkte lange tijd als dienstmeisje op het Witte Huis en zegt dat de hoge mate van beveiliging ervoor zorgt dat de mensen die er werken, en de presidentiële familie zelf, zich veilig voelen. 'Je weet dat die scherpschutters daar zitten om je te beschermen. Waarom zou je je daar niet goed bij voelen?' zei ze. 'Je zou je afvragen waar ze waren, als je ze niet zag!'

Recente gaten in de beveiliging tonen echter de kwetsbaarheid aan van dit krachtige symbool van de Amerikaanse democratie en de familie die er woont. Ze tonen ook hoe veelzijdig en gevaarlijk een baan op het Witte Huis kan zijn. Als de eerste zwarte president van Amerika zou president Obama driemaal zoveel bedreigingen ontvangen als zijn voorgangers. In 2014 waren voormalige personeelsleden geschokt toen een met een mes gewapende man erin slaagde het hek van het Witte Huis over te klimmen, over het North Lawn te sprinten en de eerste verdieping van het huis binnen te gaan na verschillende bewakers te zijn gepasseerd. Uiteindelijk werd hij gegrepen door een bewaker die geen dienst had. Bij een ander incident in 2011 werd een dienstmeisje onverwacht tot een soort privédetective gebombardeerd toen ze de eerste was die een gebroken ruit en een brok wit beton op de vloer van de Truman Balcony opmerkte. Haar ontdekking leidde tot het besef dat enkele dagen eerder iemand minstens zeven kogels op de residentie had afgevuurd. (De Geheime Dienst wist dat er geschoten was, maar had abusievelijk geconcludeerd dat de schoten waren gewisseld tussen concurrerende straatbendes en dat ze niet op het Witte Huis waren gericht.) De dienstmeisjes die op het Witte Huis werken zijn erin getraind om 'heel oplettend' te zijn, en ze weten dat ze alles wat ongewoon is moeten melden, zegt Limerick, zeker als het de presidentiële familie in gevaar zou kunnen brengen.

Natuurlijk is er niets gewoons aan het leven in de residentie, hoe hard het personeel ook zijn best doet om ervoor te zorgen dat de president en zijn gezin zich thuis voelen. Nog afgezien van de zeer reële zorgen over de veiligheid, lijkt het leven in het Witte Huis maar weinig op dat van een normaal Amerikaans huishouden. De zoon van de Reagans, Ron, vertelde me over een bezoek dat hij en zijn vrouw aan zijn ouders brachten. Toen ze te laat waren om nog mee te eten, besloten ze in de keuken op zoek te gaan naar eieren en een koekenpan. Toen een butler ze zo laat in de avond bezig hoorde, haastte hij zich naar binnen. Hij zag er bezorgd uit.

'Kan ik u helpen? Wilt u niet dat iemand dat voor u doet?' vroeg hij in alle ernst.

'Nee, dank u,' antwoordde Ron Reagan. 'Maar u kunt me wel vertellen waar we de eieren en de koekenpan kunnen vinden.'

De butler leek niet blij. Het laatste wat het personeel wil is zich nutteloos voelen. Uiteindelijk moest Reagan de butler vragen om de eieren vanuit de keuken op de begane grond naar boven te brengen. In de keuken van de Reagans was geen ei te vinden.

'Ze willen echt, *echt* graag doen waarvoor ze zijn aangenomen. Ze willen niet zomaar een beetje rondhangen.'

Ook Hillary Clinton was een familielid dat af en toe voor zichzelf wilde zorgen. Zij ontwierp een eetgedeelte in de keuken op de tweede verdieping, zodat haar gezin informeel samen kon eten.

'Ik wist dat ik het goede had gedaan toen Chelsea op een avond ziek werd,' zei ze. Die avond, herinnert ze zich, werd het personeel 'gek' toen zij zelf roerei voor haar dochter ging maken.

'O, we brengen wel een omelet van beneden,' zei de butler haar.

'Nee, ik wil gewoon roerei maken met appelmoes en haar te eten geven wat ik haar te eten zou geven als ik ergens anders in Amerika woonde.'

De presidentiële families zouden soms misschien wensen dat ze de pracht en praal van de residentie konden vergeten, maar veel personeelsleden zeiden dat ze er troost uit putten. 'Als je een beetje een rotdag hebt gehad met iemand van de presidentiële familie of een collega, dan neem je even wat afstand en dan kijk je naar het huis,' zei Limerick. 'Als ik het Witte Huis 's avonds verlicht zag, dan dacht ik: ik wérk in dat gebouw en het is een geweldig privilege. Zo kon ik me over de dingen heen zetten en er de volgende dag weer met frisse moed tegenaan gaan.'

Het Witte Huis is de belichaming van de Amerikaanse democratie. Het is gelegen op een stuk grond van meer dan zeven hectare in het centrum van Washington, een terrein dat het hele jaar door wordt onderhouden door de National Park Service. Het hoofdgebouw, dat officieel de Executive Mansion wordt genoemd, is verdeeld in openbare en privévertrekken. Het lijkt vanbuiten of het huis drie verdiepingen telt, maar schijn bedriegt: het zijn er eigenlijk zes, plus twee kleine tussenverdiepingen. Behalve de twee ondergrondse verdiepingen, zijn er de Ground Floor, waar de hoofdkeuken, de afdeling Bloemstyling en Houtbewerking zijn gevestigd, de State Floor of eerste verdieping, de twee tussenverdiepingen waar de portiersloge en de Patisserie zitten, en de tweede en derde verdieping, waar de privévertrekken van de presidentiële familie zich bevinden. De personeelskeuken en voorraadkamers liggen op kelderniveau. De East Wing en de West Wing hebben ieder hun eigen verborgen verdieping. De beroemdste daarvan is de Situation Room, die onder de West Wing is gelegen. Die is een symbool geworden van het gewicht van het presidentschap. Hier komen de opperbevelhebber en zijn adviseurs bij elkaar om grote crises het hoofd te bieden en geheime telefoongesprekken te voeren met buitenlandse leiders.

Het personeel van de residentie heeft zijn eigen cafetaria, eetzaal, lounge en voorraadkamers in de tussenverdieping op kelderniveau (eigenlijk een volledige verdieping), onder de North Portico. Hun cafetaria staat los van de hoofdkeuken op de Ground Floor, waar de maaltijden voor de presidentiële familie en voor officiële ontvangsten, waaronder staatsbanketten, worden bereid. (Er is ook een kleine keuken op de tweede verdieping van de residentie die uitsluitend wordt gebruikt voor het bereiden van intieme familiediners.) Personeelsleden van het Witte Huis komen van oudsher bijeen in de cafetaria in de kelder om te eten, te praten en te ontspannen. Jarenlang kwamen ze hier genieten van het traditionele zuidelijke eten, waaronder gebakken kip, maïsbrood en black-eyed peas, met liefde bereid door een team van Afro-Amerikaanse koks, onder wie Miss Sally, die altijd enorme hoeden droeg als ze niet werkte en die het leuk vond haar collega's te plagen – soms vloekend als een matroos – als ze hun eten opschepte. De cafetaria in de kelder is in het kader van bezuinigingen onlangs opgeheven – tot verdriet van veel personeelsleden – maar het is nog steeds een plaats waar ze bijeenkomen en hun zelf meegebrachte eten opeten en met elkaar bijpraten.

Soms komen zelfs vooraanstaande politieke assistenten naar de kelder om met het personeel te eten. Reggie Love, Obama's voormalige persoonlijk assistent – hij werd de 'body man' genoemd – raakte zo dik bevriend met enkele butlers dat hij in de weekends met hen at in de keuken, als de cafetaria voor het personeel van de West Wing, de Navy Mess, was gesloten. Love verliet het Witte Huis in 2011, maar hij komt nog steeds kaarten met de butlers als hij in de buurt is.

In de West Wing zit het Oval Office en de politieke staf van de president. In de East Wing bevinden zich de kantoren van de first lady en haar personeel. Van de ene naar de andere vleugel lopen is ongeveer zoiets als een voetbalveld oversteken.

Elke ochtend moet het personeel de tapijten uitrollen en de

afzettingen plaatsen in de openbare ruimten op de benedenverdieping en de State Floor. Elke middag, nadat duizenden mensen erdoorheen zijn gelopen, moeten ze er schoonmaken, de afzettingen verwijderen en de tapijten weer oprollen, zodat als de presidentiële familie tijd wil doorbrengen op de State Floor het er niet zo erg als een toeristische bestemming uitziet.

'Ik wist niet, tot ik er zelf begon te werken, dat de president en de first lady zich zo dicht bij de toeristische rondleidingen bevinden. Ze zitten gewoon een verdieping hoger,' zei Katie Johnson, van 2009 tot 2011 de persoonlijke secretaresse van president Obama. Zij moest ervoor zorgen dat de president zijn afspraken nakwam en dat deze waren afgestemd op die van de first lady en het personeel van de residentie. Johnson had bijvoorbeeld de taak het personeel van de East Wing te vertellen dat de president te laat zou zijn voor het diner met zijn gezin.

De residentie voelt als een heel erg chic appartement in New York, zei ze openhartig. Buiten de muren gebeurt er van alles, maar als je eenmaal binnen bent, is het je thuis.

Katie McCormick Lelyveld, de eerste perssecretaresse van Michelle Obama, zat soms in een kantoor dat grensde aan de schoonheidssalon op de tweede verdieping. Ze herinnert zich hoe stil het daar was vergeleken bij de drukte beneden. 'Er lopen geen tientallen mensen rond in hun persoonlijke vertrekken. Ze doen heel erg hun best om het als een persoonlijk thuis te behandelen. Hier zie je geen beveiliging, die staan allemaal buiten.'

'Het Witte Huis is op een menselijke schaal gebouwd,' zegt Tricia Nixon Cox. Na een welkomstceremonie op het South Lawn wendde een bezoekende vorst uit Europa zich tot haar en zei: 'Het is echt een huis.' Hij was verbaasd over de grootte van het Executive Mansion, vergeleken bij de paleizen die hij kende. 'Voor hem leek het klein!'

Het mag dan minder imposant zijn dan sommige koninklijke paleizen, het is zeker niet bescheiden. De grote Entrance Hall aan de noordzijde komt uit op de vijfentwintig meter lange East

Room aan de ene kant en de State Dining Room, waar doorgaans de staatsbanketten ter ere van buitenlandse staatshoofden worden gehouden, aan de andere. Daartussen bevinden zich nog drie zalen: de Green Room, de Blue Room en de Red Room.

De privévertrekken van de presidentiële familie op de tweede en derde verdieping zijn met elkaar verbonden door een grote gang op elke verdieping: er zijn zestien kamers en zes badkamers op de tweede verdieping, en nog eens twintig kamers en negen badkamers op de derde. Er woonden dienstmeisjes en huisknechten op deze verdiepingen, maar ook de kinderen van de president. Gastvertrekken hebben geen nummer op de deur, maar het personeel gebruikt wel kamernummers voor ze, net als in een hotel. Elke week krijgt elk dienstmeisje in het Witte Huis een schema van welke kamers ze moet schoonmaken. En ze hebben allemaal een hekel aan kamer 328.

'Dat is de moeilijkste kamer om schoon te maken!' zegt dienstmeisje Betty Finney. In kamer 328 staat een sleebed, 'en die zijn ongelooflijk moeilijk om op te maken! Als je een bed opmaakt, wil je dat het er strak uitziet, en het was echt moeilijk om dat bed strak te krijgen. We wisten allemaal dat het moest gebeuren, maar we hadden er een hekel aan.'

Op elke verdieping is een ovale kamer te vinden: de Diplomatic Reception Room op de begane grond, waar president Roosevelt zijn befaamde *fireside chats* hield en vanwaar de presidentiële familie doorgaans de residentie binnengaat; de Blue Room op de State Floor, die uitkijkt op het South Lawn en is voorzien van een Franse kroonluchter van geslepen glas en helderblauwe satijnen draperieën; en de Yellow Oval Room op de tweede verdieping, die uitkomt op het Truman Balcony. Deze laatste was vroeger een bibliotheek met een privédoorgang naar het kantoor van president Lincoln, nu de Lincoln Bedroom, en was aangelegd zodat Lincoln de horden mensen die op hem wachtten in de Treaty Room kon ontlopen. Het is nu een studeerkamer. De West Wing, waar het Oval Office is gevestigd, zou pas tientallen jaren later worden gebouwd. Tot die tijd deed de residentie dienst als woonhuis en kantoor voor de president.

Er zijn vier trappenhuizen in de Executive Residence: de Grand Staircase, die van de State Floor naar de tweede verdieping gaat; een trap naast de lift van de president, die van de kelder naar de derde verdieping leidt; een wenteltrap naast de personeelslift die van de tussenverdieping op de eerste verdieping naar de kelder loopt waar de Patisserie zit; en de vierde trap, de echte 'achtertrap', die van de tweede verdieping, langs de Queens' Bedroom (een elegante roze kamer, genoemd naar de koninginnen die er verbleven) naar de oostkant van de derde verdieping gaat. Dienstmeisjes gebruiken deze trap soms als ze kamers op de tweede verdieping moeten schoonmaken en de presidentiële familie niet willen storen. Ze kunnen helemaal naar de derde verdieping lopen en weer omlaag.

Het Witte Huis is ontworpen door de uit Ierland afkomstige architect James Hoban, nadat hij een prijsvraag had gewonnen die was uitgeschreven door president George Washington en minister van Buitenlandse Zaken Thomas Jefferson. Het ontwerp is gebaseerd op het Leinster House, een achttiende-eeuws georgian landhuis in Dublin, waar het Ierse parlement bijeenkomt. De eerste bewoners klaagden dat het te groot was, iets wat nu zelden meer wordt gehoord – staatsbanketten voor honderden gasten moeten worden bereid in de krappe keuken en in de tijd van een inauguratie is bijna elke kamer bezet door vrienden en familieleden.

George Washington had voorspeld dat Washington D.C. de schoonheid van Parijs en Londen zou evenaren, maar in het begin kon de stad niet tippen aan zulke fraaie steden in Europa. In 1800, toen president John Adams en zijn vrouw Abigail de eerste bewoners werden van het Witte Huis, waren er slechts zes bewoonbare kamers, en de familie Adams bracht maar zes bedienden mee. Hun nieuwe huis was verre van afgebouwd, en Washington was zo'n moerassige, geïsoleerde buitenpost dat toen de presidentiële familie er de eerste keer naartoe reed, ze tussen Baltimore en de hoofdstad urenlang verdwaald raakte. En uiteindelijk, bij aankomst, moesten ze het huis over houten planken betreden: de stoep was nog niet eens aangelegd. Op het terrein waar nu de West Wing ligt, bevonden zich een wasserij en stalgebouwen, en gemeenteambtenaren sloten zelfs een bordeel dat vanuit een van de bouwketen bij het Witte Huis opereerde. (Timmerlieden en steenhouwers waren zo verontwaardigd over het verdwijnen ervan dat het bordeel in een minder opvallend deel van de stad werd heropend.)

'We hebben geen hek, geen erf of welke voorziening dan ook,' schreef Abigail aan haar dochter. 'Het trappenhuis is nog niet af, en zal dat deze winter ook niet zijn.'

Toen Abigail Adams het Witte Huis betrok, schatte ze dat er minstens dertig bedienden nodig waren om het goed te laten functioneren. (Er werken er nu bijna honderd.) Tijdens vroegere presidentschappen namen de families vaak hun eigen dienstmeisjes, koks en huisknechten mee en betaalden ze hen uit eigen zak. De afgelopen decennia nemen sommige families wel een trouw personeelslid mee uit hun eerdere bestaan, maar ze vertrouwen toch grotendeels op de expertise van het personeel van de residentie.

In 1814, tegen het eind van de Oorlog van 1812, brandden de Engelsen het Witte Huis plat. President James Madison vroeg Hoban om te helpen het landhuis, dat al een nationaal symbool was, te herbouwen. Sindsdien heeft elke president geprobeerd zijn stempel op het gebouw te drukken. Het werd in de negentiende eeuw onderworpen aan verscheidene victoriaanse verfraaiingen, maar in 1902 gaf Theodore Roosevelt de beroemde New Yorkse architecten McKim, Mead & White opdracht het te renoveren in overeenstemming met de oorspronkelijke neoklassieke stijl. Roosevelt liet de derde verdieping voorzien van gastenverblijven en liet een aantal reusachtige glazen kassen – waar fruit en bloemen voor de presidentiële familie werden gekweekt

– afbreken om ruimte te maken voor de West Wing. Later dat jaar verplaatste Roosevelt zijn kantoor van de tweede verdieping van de residentie naar de West Wing; zijn opvolger, William Howard Taft, voegde het Oval Office toe, dat in 1909 werd voltooid.

De laatste grote renovatie vond plaats tijdens de ambtsperiode van Truman. Het dak zakte letterlijk in en het huis stond op instorten. Het was zo gevaarlijk geworden dat toen de first lady in de Blue Room een tea party hield voor de Daughters of the American Revolution, de kroonluchter – die zo groot was als een koelkast – wild heen en weer zwaaide boven de hoofden van de nietsvermoedende gasten, mede omdat de president op de tweede verdieping, boven hen, een bad nam. Bovendien zakte een poot van een van Margaret Trumans piano's tijdens een nogal heftige repetitie door de verrotte vloer van haar woonkamer. Truman verving de oorspronkelijke houten balken door een stalen structuur en voegde op de tweede verdieping een balkon toe dat uitkeek op het South Lawn en bekend werd als het Truman Balcony. De presidentiële familie zit daar nog altijd graag.

Geen bewoner van het Witte Huis heeft het huis zo ingrijpend veranderd als Jacqueline Kennedy, die een zeer openlijke poging deed om het vanbinnen te restaureren (ze had een hekel aan het woord 'herinrichten'), met als doel om er het 'meest perfecte' huis van het land van te maken. Ze vroeg haar vriendin, filantroop Rachel 'Bunny' Mellon, om de Rose Garden en de East Garden opnieuw te ontwerpen en verving het roze met roomwit en lichtblauw van Mamie Eisenhower. Ze gaf het personeel extra werk door top-binnenhuisarchitecte Sister Parish te vragen bij de restauratie te helpen en het huis uit te kammen, op zoek naar 'schatten' en om de 'gruwels' eruit te gooien. 'Als er iets is waar ik een hekel aan heb, dan zijn het victoriaanse spiegels – ze zijn monsterlijk. Naar de kerkers met ze!' zei Jackie en ze stond erop dat alles in het Witte Huis een reden moest hebben om er te zijn. Ze vroeg Henry Francis du Pont, verzamelaar van oude Amerikaanse meubels en een erfgenaam van het familiefortuin, om voorzitter te zijn van het White House Fine Arts Committee, dat ze binnen een maand nadat ze de residentie had betrokken had opgericht. Leden van de commissie moesten in het hele land op zoek gaan naar stukken van museumkwaliteit en de eigenaren ervan overhalen die aan het Witte Huis te schenken. Ze stelde ook een curatorenafdeling in, die de meubels en de kunst in het huis moest inventariseren en onderhouden. Toen ze in 1962 haar eerste televisierondleiding door het huis gaf, werd die uitzending bekeken door tachtig miljoen mensen. Het maakte haar een van de populairste first ladies. Ze was toen nog maar tweeëndertig jaar oud.

Het Witte Huis van nu draagt nog steeds het stempel van Jackie Kennedy. Zij maakte van een gebouw dat eerder saai leek een modieus geheel en voegde er een gevoel voor historie en hedendaagse elegantie aan toe. Zij bracht een nieuwe continentale stijl over op het personeel van het Witte Huis, contracteerde de Franse kok René Verdon en nam Oleg Cassini aan als officiële couturier. Haar aandacht ging ook naar de privévertrekken: toen de Old Family Dining Room beneden te formeel aanvoelde voor haar jonge gezin, koos ze een ruimte op de tweede verdieping die vroeger de slaapkamer van Margaret Truman was geweest en richtte hem in als hun keuken en eetkamer.

Tegenwoordig spreekt het personeel over het huis met een eerbied die ze doorgaans voorbehouden aan hun favoriete presidentiële familie. Een personeelslid zei dat als hij vrienden door het Witte Huis rondleidde, hij altijd besloot met ze te vragen om zich heen te kijken en alles goed in zich op te nemen: 'Jullie hebben zojuist door dezelfde ruimten gelopen als elke president sinds John Adams.'

En elke keer, zei hij, was het opwindend.

Het personeel van het Witte Huis wil graag elk hoekje van het huis leren kennen, plus al zijn historische geheimen. De ondergrondse kleedkamers, waar butlers hun livreien bewaren en dienstmeisjes hun uniforms (pastelkleurig hemd en witte broek), liggen vlak bij een schuilkelder onder de East Wing die in de Tweede Wereldoorlog voor president Franklin Roosevelt is gebouwd; deze ruimte doet nu dienst als het Emergency Operation Center van de president. De president wordt in geval van een aanval overgebracht naar deze buisvormige bunker, die zo is ontworpen dat hij een atoomaanval kan weerstaan. De Ground Floor Map Room was vroeger een biljartzaal, voor hij in de Tweede Wereldoorlog werd verbouwd tot een geheim planningscentrum. Daar besloot Franklin Roosevelt, omringd door kaarten waarop de bewegingen van de Amerikaanse en vijandige troepen werden bijgehouden, tot de invasie van Normandië. Weinig mensen kregen ooit de kans om die ruimte vanbinnen te zien. 'Als die ruimte moest worden schoongemaakt,' schreef hoofdportier J.B. West, 'bedekte de bewaker de kaarten met een doek en hield de wacht terwijl de schoonmaker de vloer dweilde.' Decennia later gebruikte Bill Clinton deze ruimte om zijn getuigenis af te leggen voor de grand jury, in de Monica Lewinsky-affaire, en tegenwoordig wordt hij gebruikt als wachtruimte voor toeristen die met de president en de first lady in de naastgelegen Diplomatic Reception Room op de foto willen.

Andere ruimten vertellen weer andere verhalen uit de Amerikaanse geschiedenis. Abigail Adams gebruikte de grootse, maar tochtige East Room – de grootste zaal in het Witte Huis, met plafonds van meer dan zeven meter hoog – om er de was op te hangen. In deze zaal, die later dienstdeed als tijdelijk verblijf voor soldaten tijdens de Burgeroorlog, worden nu de meeste persconferenties gehouden. De State Dining Room, vaak gebruikt voor staatsbanketten ter gelegenheid van het sluiten van belangrijke militaire en handelsovereenkomsten, was vroeger het kantoor van Thomas Jefferson. De Green Room, nu een formele zitkamer op de State Floor, was eerst Jeffersons slaapkamer en ontbijtzaal; James Monroe gebruikte hem als kaartkamer, en Abraham Lincolns elfjarige zoon Willie lag hier opgebaard; kaarsen verlichtten zijn gezicht en er lagen camelia's in zijn handen. De kleine Lincoln Sitting Room in victoriaanse stijl op de tweede verdieping werd eind negentiende eeuw als telegraafkamer gebruikt; in de Watergate-periode zocht Richard Nixon hier rust achter de zware gordijnen en tussen de donkere meubels. Hij bracht er uren door terwijl er luide muziek klonk en er een vuur in de open haard brandde. De airconditioning stond op de hoogste stand.

Op de derde verdieping is er een aan het zicht onttrokken toevluchtsoord op het dak van de South Portico, met rondom uitzicht op de Mall en het Washington Monument. Het werd ontworpen door first lady Grace Coolidge als haar 'Sky Parlor'. Nu wordt het het Solarium genoemd en dient de luchtige ruimte als familiekamer van de presidentiële familie. Hier bezocht de jonge Caroline Kennedy de kleuterschool, herstelde president Reagan van zijn verwondingen nadat hij in 1981 was neergeschoten en houden Sasha en Malia Obama pyjamafeestjes met hun vriendinnen.

Geen enkel personeelslid dat ik interviewde vond het vervelend om een 'knecht' te worden genoemd. Er is niets vernederends aan het werken op het Witte Huis, wat je ook doet. 'Als je het je niet kunt veroorloven en je wordt de hele dag omringd door de fraaiste meubels en mooiste Americana-objecten van het hele land, dan is dat niet verkeerd,' zegt bloemstylist Ronn Payne.

Voor patissier Roland Mesnier was het bereiden van desserts voor vijf presidenten de bekroning van zijn werk. 'Het Witte Huis is de top. Als het niet de top is in het Witte Huis, waar dan wel?'

Door deze toewijding aan het werk en deze trots op hun rol zijn de presidentiële families van Amerika in staat om veilig en vol vertrouwen in het Witte Huis te leven en te werken en van kostbare momenten van rust te genieten. De verhalen van deze mensen die op de residentie werken bieden een kijkje op de presidenten van Amerika en hun familie, hoe ze leven binnen de grenzen van het ambt, letterlijk en figuurlijk. Hun ongelooflijke ervaringen – sommige hartverwarmend, sommige hilarisch, sommige tragisch – verdienen een plaats in de geschiedenis van Amerika.

HOOFDSTUK I

*

Gecontroleerde chaos

De verandering in het huishouden van de ene ambtsperiode op de andere is net zo plotseling als een sterfgeval. Ik bedoel daarmee dat je met een vreemde leegte achterblijft. 's Ochtends maak je het ontbijt klaar voor mensen met wie je jaren hebt doorgebracht. 's Middags is die familie uit je leven verdwenen en zijn er nieuwe gezichten, nieuwe humeuren en nieuwe voor- en afkeuren.

ALONZO FIELDS, BUTLER EN MAÎTRE D', 1931-1953, *MY 21 YEARS IN THE WHITE HOUSE*

Het is de enige keer dat een baan mij verliet.

WALTER SCHEIB, CHEF-KOK, 1994-2005

Een of twee keer per tien jaar, vaak op een ijskoude dag in januari, krijgen de Amerikanen te maken met de openbare overdracht van de macht van de ene president op de andere. Honderdduizenden mensen komen naar de National Mall om te zien hoe de nieuw gekozen president de eed aflegt tijdens een serene en zorgvuldig vastgelegde ceremonie – door Lady Bird Johnson het 'grote, vierjaarlijkse Amerikaanse carnaval' genoemd.

Achter de schermen wordt deze ceremonie echter begeleid door een omvangrijke en ingewikkelde logistiek. Laura Bush noemt de 'overdracht van families' een 'choreografisch meesterwerk, uitgevoerd met uitzonderlijke snelheid', en het succes ervan hangt af van de kennis en de flexibiliteit van het personeel van de residentie. De activiteit in het Witte Huis begint nog vroeger dan gebruikelijk op de dag van de inauguratie. De personeelsleden stromen dan in alle vroegte binnen. Tegen de tijd dat hun werkdag erop zit, is er een nieuwe periode in de Amerikaanse geschiedenis begonnen.

Het Witte Huis behoort tot het middaguur tot de vertrekkende familie. Daarna begint de periode van de nieuwe president. Op de ochtend van de inauguratie houdt de zittende president een kleine koffieontvangst voor de nieuwe presidentiële familie. Vlak voor de zittende president met zijn gezin vertrekt, verzamelt het personeel zich in de weelderige State Dining Room, waar ze zoveel staatsbanketten hebben opgediend, om afscheid te nemen. Ze worden vaak overspoeld door allerlei emoties – ze ruilen de ene baas, en in sommige gevallen vriend, in voor een ander en dat in een tijdsbestek van slechts zes uur. Vaak hebben ze acht jaar de tijd gehad om gehecht te raken aan de vertrekkende familie; ze hebben zelden de tijd gekregen om de nieuwe bewoners van het huis te leren kennen. Vrijwel niemand houdt het droog op zo'n moment – ook al kijken velen opgewonden uit naar de toekomst.

'Toen de Clintons naar beneden kwamen en Chelsea met ze meekwam, zeiden ze geen woord,' herinnert hoofd Huishouding Christine Limerick zich van Inauguration Day in 2001. 'Ik word er nog emotioneel van – [president Clinton] keek iedereen aan en zei: "Dank je wel." Iedereen in de zaal begon te huilen.'

Tijdens het afscheid bieden de personeelsleden de familie een geschenk aan – soms de vlag die op het Witte Huis wapperde op de dag dat de president werd ingezworen – in een mooie, met de hand gesneden kist, ontworpen door de timmerlieden die op het

Witte Huis werken. In 2001 gaven Limerick, hoofdbloemstylist Nancy Clarke en hoofdcurator Betty Monkman Hillary Clinton een groot kussen, samengesteld van stukjes stof die zij had uitgekozen om de verschillende kamers in het huis mee te decoreren.

Er is nauwelijks tijd voor reflectie. Rond elf uur 's ochtends vertrekken de beide presidentiële families naar het Capitool. Tussen dat moment en vijf uur 's middags – als de nieuwe president met zijn gezin terugkeert om uit te rusten en zich voor te bereiden op de inaugurele feestelijkheden – moet de staf het voor elkaar krijgen om het ene gezin eruit te verhuizen en het andere erin. Op dat zeldzame moment, als de ogen van Washington en de wereld even van het Witte Huis zijn afgewend en op het Capitool zijn gericht, is het personeel dankbaar dat de aandacht van het publiek even is afgeleid van de razende drukte binnen de muren van de residentie.

Omdat het inhuren van professionele verhuizers voor één dag een onwerkbare hoeveelheid beveiligingsmaatregelen nodig zou maken, is het personeel van de residentie als enige verantwoordelijk voor de verhuizing van de vertrekkende president en de nieuwe president. Hulp van buiten is niet toegestaan. De hele dag, naast het uitvoeren van hun gebruikelijke taken, zijn de personeelsleden van het Witte Huis in touw als professionele verhuizers en ze hebben maar zes uur om hun taak te volbrengen. Het is zo'n enorme klus en fysiek zo zwaar, dat iedereen wordt gevraagd om mee te helpen. Afwassers uit de keuken sjouwen met meubels en timmerlieden zetten fotolijstjes neer op bijzettafeltjes. De verhuizing is zo arbeidsintensief dat op de dag van de komst van de Clintons een personeelslid een ernstige rugblessure opliep door het optillen van een bank en enkele maanden niet meer kon werken.

Voor hoofd Operationele dienst Tony Savoy is Inauguration Day de belangrijkste dag van zijn carrière. De Operationele dienst is normaal gesproken verantwoordelijk voor recepties, diners, het verplaatsen van meubels voor televisieopnames en buitenevenementen, maar op deze dag zijn ze het team dat 'moves 'em in and moves 'em out', zegt Savoy. De vrachtwagens met de bezittingen van de nieuwe familie worden door de ene poort binnengelaten en tientallen medewerkers van de afdelingen Operationele dienst, Technische dienst, Houtbewerking en Elektrotechniek komen aanrennen om ze uit te laden en de meubels neer te zetten op de plaats waar de nieuwe familie ze wil hebben. 'De beste overgang is als ze niet verliezen en de volle vier jaar blijven,' zei Savoy grappend en verhulde daarmee de zorgen die bij zijn reusachtige taak horen.

In de zes uur tussen het vertrek van de presidentiële familie en de komst van de nieuw verkozen president en zijn gezin moet het personeel nieuwe vloerbedekking en gloednieuwe matrassen en hoofdeinden aanrukken, schilderijen weghalen en alles opnieuw inrichten in de stijl van de komende familie. Ze pakken de dozen uit van het nieuwe gezin, vouwen hun kleren keurig op en leggen ze in de kasten. Ze zetten zelfs tandpasta en tandenborstels neer op de wastafels. Geen detail ontsnapt aan hun aandacht.

Bloemstylist Bob Scanlan hielp bij de overgang van Clinton naar George W. Bush in 2001. De verhuizing van de familie Bush was relatief gemakkelijk, omdat ze het terrein beter kenden dan de meesten. George W. Bush was regelmatig te gast op de residentie toen zijn vader president was. Ze waren eraan gewend om omringd te zijn door een omvangrijke staf, en Laura Bush erkent dat ze een 'grote voorsprong' hadden op de andere presidentiële families, omdat ze al zo vaak op het Witte Huis waren geweest toen de eerste president Bush ('old man Bush', zoals het personeel hem liefdevol noemt) in functie was. 'De enige andere familie die dat ook had, waren John Quincy en Louisa Adams.'

Bill Clinton was zich terdege bewust van de bekendheid van Bush met het huis en het personeel, en zei dat hij zelfs de lichtknopjes wist te vinden. Clinton was vóór zijn inauguratie slechts een paar keer op het Witte Huis geweest: in zijn tienerjaren als lid van de American Legion Boys Nation, toen hij werd gefotografeerd terwijl hij president Kennedy de hand schudde; als gast van de Carters in 1977 (Hillary Clintons eerste bezoek); en verschillende keren tijdens diners van de National Governors Association gedurende zijn termijnen als gouverneur van Arkansas. Voor zij het huis betrokken, zei Hillary dat ze slechts eenmaal op de tweede verdieping was geweest, toen Barbara Bush haar het huis liet zien nadat haar man de verkiezingen had gewonnen. Ze had de derde verdieping nog nooit gezien. Toen ze erin trokken, dook Hillary in de geschiedenis van het huis en vroeg de curators om een boek samen te stellen waarin te zien zou zijn hoe elke kamer er in de loop van de geschiedenis had uitgezien aan de hand van oude foto's en tekeningen.

Voor Barack Obama was de overgang het grootst. Hij verhuisde met zijn gezin van hun huis in de Hyde Park-buurt in Chicago direct naar het Witte Huis. De Obama's waren nog minder aan personeel gewend dan de Clintons: in Chicago hadden ze één huishoudster gehad, maar geen oppas. Tijdens de verkiezingscampagne lieten ze hun dochters Sasha en Malia achter bij Michelles moeder Marian. Hij was niet opgegroeid als zoon van een president en had niet in de relatieve luxe van een gouverneurshuis gewoond en het duurde even voordat Obama en zijn gezin aan hun nieuwe leven waren gewend.

Op 20 januari 2009 trotseerden 1,8 miljoen mensen de kou om te zien hoe Barack Obama als eerste Afro-Amerikaan de ambtseed aflegde. Het was niet alleen de grootste menigte die ooit getuige was van een inauguratie, het was ook de grootste die ooit in de geschiedenis van Washington D.C. bij een evenement aanwezig was geweest.

De meeste Amerikanen hadden nog nooit van Barack Obama gehoord tot hij in 2004 als staatssenator van Illinois een *keynote address* hield voor de democratische nationale conventie. Zijn snelle opkomst liet de Obama's weinig tijd om zich voor te bereiden op het leven in het Witte Huis. Het personeel wist dit en wilde de overgang gemakkelijker maken. Het moet onwerkelijk hebben gevoeld voor Obama toen hij voor het eerst als president de imposante North Portico binnen liep en de hoofdportier zich tot hem wendde en zei: 'Dag, meneer de president, welkom in uw nieuwe huis.' In de korte momenten van rust die middag en die avond, tussen het kijken naar de parade op Pennsylvania Avenue en het eerste inaugurele bal door, genoten de Obama's van een buffet in de Old Family Dining Room waarbij geen detail over het hoofd was gezien.

Die dag was het resultaat van maandenlang plannen. Voor het personeel van de residentie begint de overgang naar de volgende ambtstermijn ongeveer achttien maanden voor de inauguratie, als de hoofdportier boeken opstelt voor de volgende president en first lady (hij weet dan nog niet wie het zullen zijn) met een gedetailleerde plattegrond van het Witte Huis, een lijst van de personeelsleden, en een overzicht van toegestane veranderingen in het Oval Office.

Gary Walters, die van 1986 tot 2007 dienstdeed als hoofdportier, begon tijdens de voorverkiezingen al informatie te verzamelen over de kandidaten, lang voor een presidentskandidaat was gekozen. Het was vooral moeilijk toen president Ford, president Carter en president George H.W. Bush hun aanspraak op een tweede termijn kwijtraakten. 'Natuurlijk gaat het om de familie die er op dat moment is, maar je moet altijd vooruitkijken naar wat er kan gebeuren,' zei Walters.

In december, na de verkiezing en voor de inauguratie, regelde Walters dat de zittende first lady de komende familie een rondleiding gaf door het Witte Huis. Op dat moment ontving de komende first lady een boek met namen en foto's van de mensen die op de residentie werkzaam zijn. Het boek helpt de first lady de namen te leren kennen van iedereen die in het huis werkt. Het is ook een beveiligingsmaatregel. Als ze een onbekend gezicht zien, kunnen ze de Geheime Dienst waarschuwen.

De vertrekkende familie betaalt ervoor dat hun persoonlijke

bezittingen uit het Witte Huis worden verhuisd. De komende president betaalt ook voor de verhuizing naar het huis, ofwel uit eigen zak of uit fondsen die voor de campagne en de overdracht zijn gereserveerd. Het is de taak van de komende familie om met de Geheime Dienst af te stemmen dat hun persoonlijke bezittingen op de ochtend van de inauguratie naar het Witte Huis worden overgebracht.

Een van de logistieke uitdagingen van elke inauguratie is het overbrengen van de meubels en grotere bezittingen van de komende presidentiële familie naar het Witte Huis. Na de verkiezingen van 1960 vertelde de social secretary van de Kennedy's, Letitia Baldrige, Jackie in een memo dat ze aan de social secretary van de Eisenhowers, Mary Jane McCaffree, had gevraagd of ze niet een heleboel spullen alvast konden binnensmokkelen zonder dat [de Eisenhowers] het merkten en ze zei ja, de hoofportier kon dozen en koffers opslaan zonder dat ze het zagen en ze dan klokslag twaalf uur tevoorschijn toveren. 'Is dat niet geweldig? Het lijkt Alfred Hitchcock wel!' Baldrige herinnerde zich dat ze met Jackies dienstmeisje, Providencia Paredes, en Jack Kennedy's huisknecht, George Thomas, naar het huis reed in een auto met de jurk die Jackie bij de inauguratie zou dragen en alle bagage van de Kennedy's. Ze arriveerden toen alle anderen op het Capitool waren voor de inauguratieceremonie. De met sneeuw bedekte South Grounds baadden in de zon. 'We hadden de pelgrimage van Georgetown naar het Witte Huis zo gepland dat we niet voor twaalf uur 's middags zouden aankomen, want dan neemt de nieuwe president officieel bezit van het Witte Huis.'

Bijna een halve eeuw later golden dezelfde voorwaarden. De adviseurs van de familie Obama begonnen al snel na de verkiezing met het personeel van de residentie te overleggen, en in de week voor de inauguratie was al veel van het meubilair naar het Witte Huis overgebracht, waar het was opgeslagen in de China Room op de Ground Floor zodat het snel naar boven kon worden gebracht. De familie Bush had hoofdportier Stephen Rochon gezegd dat ze de verhuizing voor iedereen zo gemakkelijk mogelijk wilden laten verlopen, maar Rochon wilde er zeker van zijn dat ze niet het gevoel kregen dat ze uit het huis werden verdreven. 'We wilden het buiten het zicht van de zittende familie houden. Niet dat ze niet wisten dat het er was, maar we wilden niet dat ze het gevoel kregen dat ze uit het huis werden gezet.'

Andere adviseurs van Obama maakten vergelijkbare afspraken met het personeel van de residentie. Meer dan twee maanden voor de inauguratie had hoofdstylist Nancy Clark een afspraak met de interieurontwerper van de Obama's, Michael Smith, om de boeketten voor de privévertrekken waar familie en vrienden na de inauguratie zouden verblijven te bespreken.

'Er was heel weinig tijd om het huis voor te bereiden, dus er was een heel team bezig om er zeker van te zijn dat alles in perfecte staat verkeerde in het tijdsbestek dat we ervoor hadden,' zei social secretary Desirée Rogers, een vertrouwelinge van de Obama's sinds hun tijd in Chicago en hun eerste social secretary. Op Inauguration Day waren ze zo vroeg mogelijk op het huis, herinnert ze zich. 'We legden dingen klaar, bereidden van alles voor en legden in elke kamer de kleding klaar.'

Weken voor de inauguratie besprak Rogers met de bloemstylisten welke bloemen er op de tafels moesten staan en welke soort kandelaars en kaarsen ze zouden gebruiken voor het bijzondere moment waarop de presidentiële familie kennismaakt met hun nieuwe omgeving voor ze zich verkleden voor het bal.

'Die kleine dingen maken dat iedereen zich prettig en thuis voelt,' zei bloemstylist Bob Scanlan.

De nieuwe president vulde het grootste deel van de West Wing met trouwe adviseurs uit zijn campagne voor het presidentschap en uit zijn eerdere politieke carrière, onder wie zijn woordvoerder Robert Gibbs, die hij tot zijn eerste perssecretaris op het Witte Huis benoemde, en goede vriendin Valerie Jarrett, die hij aan boord bracht als adviseur. Michelle Obama bracht haar eigen assistenten mee. Velen van hen kende ze al jaren. Een paar dagen na de verhuizing vroeg Michelle haar personeel van de East Wing en alle personeelsleden van de residentie om bijeen te komen in de East Room. Katie McCormick Lelyveld, toen perssecretaresse van de first lady, herinnert zich dat haar bazin iedereen duidelijk maakte wie de leiding had.

'Dit zijn de mensen met wie ik ben binnengekomen,' zei de first lady tegen het gevestigde personeel van de residentie en ze gebaarde naar haar kleine kader van politieke assistenten. 'Jullie maken deel uit van ons nieuwe team,' zei ze en ze wendde zich tot haar eigen mensen, onder wie Lelyveld: 'Het is aan *jullie* om ervoor te zorgen dat je iedereen hier leert kennen. Zij waren hier vóór jullie en zij zijn degenen die maken dat dit huis functioneert. We zijn nu op *hun* terrein.' De staf van de first lady ging vervolgens de kamer rond om zich aan iedereen voor te stellen.

'Op dat moment was het zaak dat wij in hen investeerden om ervoor te zorgen dat wij wisten wat hun rol was en hoe zij pasten in het grotere plaatje,' zei Lelyveld. '*Wij* waren de nieuwelingen.'

Vanaf die eerste dag ging Lelyveld altijd eerst naar het residentiepersoneel als ze iets wilde weten. Als ze op zoek was naar de beste manier om een preview te geven op het eerste staatsbanket van de Obama's, ging ze naar beneden, naar de keuken, en vroeg ze chef-kok Cristeta 'Chris' Comerford hoe zij dacht dat ze de ruimte moest inrichten, zodat journalisten konden zien wat ze klaarmaakte, zonder haar van haar werk af te leiden. Toen ze medewerkers van de Technische dienst en Operationele dienst vroeg om meubels te verplaatsen voor een televisie-interview op de State Floor, kreeg ze te horen dat het Witte Huis geen gewone huishouding is. 'Je werkt in een museum,' zegt ze. 'Het gaat niet gewoon om twee stoelen voor een interview, maar om "twee stoelen in de Blue Room die ouder zijn dan je zelf bent" – eeuwen ouder – die verplaatst moeten worden. Dus wend je je tot de staf wiens taak het is om voor die ruimte te zorgen.' (De meubels zijn zo kostbaar dat een lid van de huishouding eens van zijn baas te horen kreeg dat als hij een bepaalde vergulde bronzen klok die sinds 1817 in het Witte Huis te zien was geweest kapotmaakte, hij niet meer terug hoefde te komen. Hij zou zijn hele leven niet genoeg geld verdienen om hem te vervangen.)

Op de vrijdag na de inauguratie van president Obama, kwam de president zichzelf informeel voorstellen. Toen hij in de keuken op de tweede verdieping kwam, vond hij daar verscheidene butlers rond de televisie. Hij sloeg James Jeffries vriendschappelijk op de schouder.

'Waar kijken jullie naar?' vroeg hij.

'We kijken naar wat er bij het Lincoln Memorial gebeurde voor de inauguratie,' antwoordde Jeffries. 'Gefeliciteerd met het presidentschap.'

'Bedankt,' zei Obama met zijn karakteristieke grijns van oor tot oor en liep de keuken uit.

Een paar minuten later, toen hij terugkeerde in de keuken, had Jeffries de moed om eraan toe te voegen: 'Ik feliciteerde u zojuist. Morgen, als ik dan moet werken, mag u mij feliciteren, want dan ben ik hier vijftig jaar in dienst.'

'Daar hoef ik niet tot morgen mee te wachten,' antwoordde Obama direct. 'Dat kan ik ook nu doen. Gefeliciteerd!'

Hoewel Desirée Rogers haar relatie met het personeel 'bijzonder hartelijk' noemt, was de nieuwe president aanzienlijk gereserveerder en minder spraakzaam dan zijn onmiddellijke voorgangers. Sommige personeelsleden zeiden dat ze de vriendschappelijke band misten die ze hadden opgebouwd met de presidenten Bush, Clinton en Bush. 'De Bushes wilden dat je je op je gemak voelde bij hen,' zei hoofdportier Rochon. Met de Obama's 'moet je het professioneel houden'. Toch hebben de Obama's vriendschappen gesloten met enkelen van de mannen en vrouwen die achter de schermen werken, en butler James Jeffries zei dat er een onuitgesproken begrip en respect bestaat tussen de Obama's en het grotendeels Afro-Amerikaanse personeel over de werkelijkheid van het zwart zijn in Amerika. President Obama erkende dat toen hij zei dat een deel van de warmte die de butlers voor zijn gezin voelen komt 'doordat ze naar Malia en Sasha kijken en zeggen: "Precies mijn kleindochter," of "Precies mijn dochter."'

Portier Vincent Contee, vierentachtig jaar oud, werkte tussen 1988 en 2009 op maandag en dinsdag. Het was zijn taak om de president naar en van het Oval Office in de lift te begeleiden. 'We konden het prima met elkaar vinden,' herinnert hij zich. 'Ik zag hem elke ochtend en we praatten en hij vroeg me dan hoe mijn dag eruitzag.' Gedurende zijn eenentwintig jaar in het Witte Huis kon Contee het zich niet veroorloven om erg onder de indruk te raken van beroemdheden. Hij praatte regelmatig met presidenten, maar hij escorteerde ook iconen als Nelson Mandela en Elizabeth Taylor in de lift, om de president in de privévertrekken van de familie te ontmoeten. Hij zegt dat ook presidenten hun vermoeidheid soms niet kunnen verbergen. Er kwam een moment waarop elke president onder wie hij diende zich in die korte tijd dat ze in de lift stonden tot hem wendde en verzuchtte: 'Ik wilde dat ik weer naar bed kon gaan en de hele dag kon slapen.'

Op weg naar het Oval Office praatte Obama met Contee over sport. 'Hij wist dat ik een liefhebber was van American Football. Ik ben een fan van de Redskins. Hij zei als ze verloren hadden wat ze beter hadden kunnen doen.' Soms vroeg Obama hem om zijn Portugese waterhond Bo mee te nemen voor een rondje over het terrein. Na afloop bracht hij de hond dan terug naar zijn kamer op de derde verdieping.

Toch bleken de Obama's erg gesteld op hun privacy, en hoofdportier Rochon voelde een zekere afstand tussen de staf en de nieuwe president. De Obama's leken niet op hun gemak, zei hij, met zoveel butlers en huishoudsters om zich heen. Voor een echtpaar dat nog maar net zijn studieschulden had afgelost moet het niveau van persoonlijke service die door het personeel in het Witte Huis werd geboden zenuwslopend zijn geweest. 'Je moet ze hun privacy gunnen,' zei Contee. 'Je moest even kort met ze praten en dan gingen zij hun weg en jij ging de jouwe.'

De Obama's vonden het vooral heel belangrijk dat hun dochters in een zo normaal mogelijke omgeving opgroeiden, ook al woonden ze in een huishouding met tientallen koks, butlers en dienstmeisjes. In 2011 vertelde Michelle Obama in een interview dat haar oudste dochter Malia, destijds dertien jaar oud, was begonnen haar eigen was te doen, en dat haar eigen moeder, Marian Robinson, die in een suite op de derde verdieping woont, haar dat leerde. 'Mijn moeder doet nog altijd haar eigen was. Ze wil niet dat er vreemden aan haar intieme kledingstukken komen.' De voormalige stylist van de first lady, Michael 'Rahni' Flowers, bevestigt dat Michelle een no-nonsensemoeder is – net als haar eigen moeder. 'Ze hoeven alleen maar naar je te kijken en je verandert in steen, je houdt onmiddellijk op met wat je aan het doen bent.'

Katie McCormick Lelyveld herinnert zich hoe de first lady de basisregels duidelijk maakte aan haar dochters. 'Hoewel ze waardeerde dat er personeel aanwezig is om op de details te letten, is de staf er niet voor de meisjes.' Michelle zei tegen haar dochters: 'Raak er niet aan gewend dat iemand je bed opmaakt, dat behoort tot je eigen taken.'

En toch, na twee loodzware jaren van campagne voeren en met een razend druk programma, waardeerden de Obama's de hulp. 'Er zijn bepaalde voordelen, die een anders zeer lange dag een stuk gemakkelijker maken, bijvoorbeeld dat iemand bedenkt wat je die avond eet,' legt Lelyveld uit.

Tradities zijn hardnekkig in het Witte Huis. Toen de Obama's tegen de butlers zeiden dat ze in het weekend hun gesteven smoking konden vervangen door een net overhemd en een pantalon, ging niet iedereen akkoord. 'Voor sommigen van de oudere heren, die al in de zeventig of tachtig zijn, hebben ze smokings waaraan ze gewend zijn. Iets anders zou betekenen dat ze nieuwe kleren zouden krijgen. Ze voelen zich gewoon prettiger in die smoking,' zei Lelyveld. Toen veel butlers aangaven hun formele kleding te willen blijven dragen, zei ze dat ze zich ongemakkelijk voelde als ze een spijkerbroek aantrok, ook al was ze tijdens de campagnes gewend aan een meer comfortabele dresscode. 'Ik respecteerde hoeveel respect zij hadden voor wat ze deden.'

Het is duidelijk dat de Obama's hun leven in Chicago missen. Obama heeft gezegd dat elke president zich terdege bewust is van het feit dat ze maar tijdelijke bewoners zijn van het Witte Huis. Hij voegde eraan toe: 'Wij zijn de huurders.' Na twee zware campagnes weigert de president meer dan tweemaal per week het diner met zijn gezin over te slaan. Die diners werden tot 2014 bereid door Sam Kass, hun eigen kok, die ze hadden meegenomen uit Chicago. In 2014 nam Kass ontslag en verhuisde hij naar New York.

De voormalige persoonlijk assistent van Obama, Reggie Love, herinnert zich dat de president elke ochtend tijdens zijn gang van de woonvertrekken naar de West Wing aan hoofdportier Stephen Rochon vroeg naar het laatste nieuws over eenvoudige huishoudelijke zaken waar iedereen mee te maken heeft, of je nu in het Witte Huis woont of in een straatje in een voorstad. 'Je woont in een gebouw en iemand is verantwoordelijk voor het onderhoud van dat gebouw. Dus als de waterdruk niet goed is, of de wifi het niet doet, dan moet je daar met iemand over praten, toch?'

Een van de dingen waar de president zich in het begin van zijn eerste ambtstermijn mee bezighield, was het basketbalveld op het Witte Huis. Tijdens zijn campagne van 2008 had Obama genoten van het ritueel een spontaan potje te spelen op de dagen van de nominatie van *primaries* en *caucuses*. De twee keer dat hij niet speelde, in New Hampshire en Nevada, verloor hij de stemming. Vlak nadat hij aan zijn termijn was begonnen, zei hij tegen Rochon dat hij de door pijnbomen overschaduwde tennisbaan op het South Lawn wilde laten veranderen in een basketbalveld. Er werden basketbalnetten geplaatst, nieuwe lijnen op het veld geverfd en basketballen met het logo van het Witte Huis besteld. De hele operatie kostte bijna vijfduizend dollar.

Het duurde enkele maanden voor het project klaar was. Obama werd op den duur ongeduldig en zei tijdens hun ochtendloopje tegen Rochon: 'Weet je, admiraal, dit is geen hogere wiskunde.'

Op een ochtend noemde Rochon de voortgang van het basketbalveld niet. Toen de president hem vroeg hoe het met zijn netten stond, antwoordde hij: 'Mr. President, het doet me genoegen u te melden dat het veld om halftwaalf vanmiddag gereed zal zijn.'

Obama klaarde op. Tegen halfelf, een uur voor het af zou zijn, was hij al op het veld te vinden, waar hij speelde met Love, een voormalige speler van de Duke Blue Devils.

De stylist van Michelle Obama, Michael 'Rahni' Flowers, doet haar haren al sinds ze een tiener is, en hij was de eerste keus van de first lady voor de inauguratie. Haarstylisten behoren niet officieel tot het personeel van de residentie, maar ze bieden een uniek kijkje achter de schermen op de gebeurtenissen van die memorabele dag.

Flowers' dag begon om vier uur 's ochtends in Blair House, het elegante stadshuis tegenover het Witte Huis, waar de president-elect en zijn gezin van oudsher verblijven voor ze de Executive Mansion betrekken. Die ochtend deed hij het haar van Michelle, haar dochters en haar moeder en hij ging die dag met de Obama's naar Capitol Hill en alle tien officiële inaugurele bals van die avond.

Flowers merkte direct hoe opgewonden de overwegend Afro-Amerikaanse butlers waren over de komende president. 'Er heerste een trots die groter was dan trots – er gebeurde iets waar ze hun leven lang niet van hadden durven dromen,' zei Flowers, die zelf zwart is. 'Ik zag het aan de manier waarop ze praatten, de manier waarop ze liepen. Je kon het aflezen aan hun lachende gezichten – het ging verder dan hun wildste dromen.'

Iedereen leek kalm die ochtend, zei hij, behalve Marian Robinson, de moeder van de first lady. Robinson stond op het punt van een ingrijpende verandering in haar leven: ze had net een hardloopclub voor ouderen in Chicago opgericht en had zelf onlangs een hardloopwedstrijd gewonnen, maar Michelle had haar gevraagd om bij hen te komen wonen in het Witte Huis, om met de meisjes te helpen, en nu zou ze haar woonplaats achterlaten en een nieuw – aan strenge regels gebonden – leven beginnen.

'Ze is een heel onafhankelijke vrouw,' zei Flowers. Ze zou zelf niet voor zo'n verandering hebben gekozen, dacht hij, maar ze liet hem weten dat Michelle graag wil dat ze dit doet, en ze moet aan de kinderen denken. Toen ze haar geliefde Chicago achterliet, zei Robinson: 'Ze slepen mij met zich mee, en ik voel me er niet helemaal prettig bij, maar ik doe precies wat jij doet. Ik doe wat er gedaan moet worden.'

Toch leek de komende president weinig onder de indruk van de grote verandering. Na een ambitieuze inaugurele toespraak – waarin hij politieke doelen uiteenzette, zoals de hervorming van het gezondheidsstelsel, en zijn belofte om de verdeeldheidsretoriek in Washington te veranderen had herhaald – vroeg hij terloops: 'Hoe was ik?'

'Barack is altijd heel rustig, zijn stemming is altijd beheerst,' zei Flowers. 'Michelle is meer iemand die in het moment leeft.'

Door een fout in het programma (iemand was vergeten de traditionele Capitool-lunch na de ambtseed in te calculeren) hadden de Obama's slechts drie kwartier om zich voor te bereiden op de bals van die avond. Ze haastten zich om op tijd te komen en de president kwam even langs in de kleine schoonheidssalon op de tweede verdieping van het Witte Huis om zijn vrouw te vragen welke vlinderdas hij volgens haar moest dragen.

'Ik wil er voor jou op mijn best uitzien,' zei hij tegen haar.

Toen hij wegliep, zag Flowers dat een van zijn manchetknopen niet goed zat.

Flowers wees hem erop. 'Barack, kijk even naar je manchetknopen.'

'O, dat is fijn, mensen letten op me,' zei Obama vriendelijk.

Toen de kledingstylist van de first lady, Ikram Goldman, in wier chique boetiek in Chicago Michelle Obama al vaak kwam voor ze het Witte Huis betrok, hoorde dat Flowers de president 'Barack' noemde, riep ze hem tot de orde. 'Ze zei dat ik hem "Mr. President" moest noemen,' herinnerde Flowers zich. 'Toen ik hem "Barack" noemde, glimlachte hij. Ik was naar hun bruiloft geweest, ik heb [Michelles] vader ontmoet, voor mij was hij niet veranderd,' zei Flowers, duidelijk nog altijd gepikeerd over het standje. 'Dat zou onnatuurlijk zijn geweest voor mij.' Die overgang – van gewone voornamen naar officiële titels – is voor veel vrienden van toekomstige presidenten een probleem. De social secretary van de Kennedy's, Letitia Baldrige, die later een etiquettespecialist zou worden, had het echtpaar gekend als 'Jack en Jackie', maar ze werden direct na de presidentsverkiezingen van november 1960 'Mr. President en Mrs. Kennedy'. 'President en Mrs. Kennedy waren misschien nog jong en persoonlijke vrienden van vroeger, maar nu werden ze omringd door een nieuw aura van waardigheid.' Er zijn nog maar weinig mensen die president Obama tegenwoordig bij zijn voornaam noemen.

Inauguration Day – een overweldigende gebeurtenis voor elke nieuwe president – begint uren voordat de ambtseed om twaalf uur 's middags in het Capitool wordt afgelegd. Vroeg in de ochtend krijgt de president een briefing over de nationale veiligheidsdienst van de nationale veiligheidsadviseur van de vertrekkende president en zijn eigen toekomstige nationale veiligheidsadviseur. Aan het eind daarvan legt een hogere ambtenaar van de militaire afdeling van het Witte Huis de geheime codes uit, waarmee een atoomaanval kan worden ingezet. Als de president eenmaal is ingezworen, zal een assistent met de 'voetbal' – een tas die de codes bevat – altijd in de buurt zijn. (Nadat hij is ingezworen, krijgt de president de kaart waarmee hij de aanval in gang kan zetten.) Dit gebeurt allemaal voor de ochtenddienst.

Terwijl hij zich aanpast aan de zwaarte van zijn nieuwe taak, moet de nieuwe president ook wennen aan het leven in de residentie. De dag na zijn inauguratie kwam president Obama naar de East Room om zichzelf voor te stellen aan het personeel. De president had een verbaasde blik, herinnert bloemstylist Bob Scanlan zich. 'Zoiets als: wauw! Hij besefte niet dat we met zoveel mensen waren, alleen om voor het huis te zorgen.' De staf die Obama die dag begroette, was verantwoordelijk voor de privévertrekken, maar ook voor het onderhoud van de State Floor, inclusief de voortdurende drukte van de rondleidingen.

Mensen die in de West Wing werkten, van wie velen gewend waren geraakt aan het hectische leven tijdens de campagne, werden opeens in een nieuwe rol gedrukt en begrepen niet veel van hoe alles werkte. Voor Obama's persoonlijke secretaresse, Katie Johnson, was Inauguration Day een complete chaos. Toen zij die ochtend aankwam op het Witte Huis, kreeg ze te horen dat ze niet naar binnen mocht. 'Ik was bezig met een persoonlijke ramkoers,' zegt ze. (Hoofdassistent van Obama, Denis McDonough, kreeg haar uiteindelijk langs de beveiliging.) En haar problemen waren niet voorbij. 'Als je terugkijkt, is de West Wing eigenlijk heel klein,' zegt ze, 'maar toen voelde hij als een soort doolhof.' Toen ze eenmaal haar plaats had gevonden in de 'Outer Oval', haar kleine kantoortje vlak bij het Oval Office, besteedde ze een groot deel van de dag met zich laten uitleggen hoe het 'afschuwelijk gecompliceerde' telefoonsysteem werkte. In de eerste dagen van de ambtstermijn was ze niet in staat om een gesprek van een hooggeplaatste ambtenaar door te schakelen naar de president, als hij aan boord was van Air Force One. Het telefoontje bereikte hem niet en uiteindelijk moest de president de man zelf vanuit het vliegtuig bellen. 'Ik was helemaal in paniek,' herinnert Johnson zich.

Voor de staf van de residentie was dit natuurlijk allemaal niets nieuws en ze konden Johnson geruststellen. De staf van de West Wing krijgt hulp van de portiersloge om ze te helpen met acclimatiseren en Johnson hield ze bezig met de ene na de andere vraag, waaronder waar ze de afdeling Bloemstyling kon vinden, zodat ze daar kon vragen of ze de gala-appels, die de president altijd in het Oval Office heeft, wilden aanvullen. 'Ik belde met vragen over van alles en nog wat naar de portiersloge,' herinnert ze zich. 'Als iemand een bepaald soort wijn wilde in het Oval Office, dan belde ik de portiersloge en zij zorgden ervoor dat het in orde kwam.'

Soms had ze hulp nodig van de huisknechten en portiers om belangrijke memo's van de president terug te vinden, bijvoorbeeld als de staf van de West Wing op zoek was naar een belangrijk papier dat niemand kon lokaliseren. 'Als ik in paniek raakte en wanhopig naar iets op zoek was – en de president op reis was zodat ik het hem niet kon vragen – en mensen me zeiden dat er een belangrijk document was met een belangrijke beslissing erin en de president zei dat hij het naar me toe had gebracht en ik zwoer dat ik het niet had, dan vroeg ik ze om te komen kijken,' vertelt ze ademloos. 'Dan gingen ze ernaar op zoek en in negentig procent van de gevallen vonden ze het.'

Reggie Love herinnert zich hoe geduldig de portiers hem hielpen de 'achterkant van het huis van het Witte Huis' te leren kennen. Hij vertelt: 'Er is een bijnaam voor elke gang, voor elke kamer.'

Na een paar dagen begonnen de Obama's geleidelijk aan door het huis te bewegen, herinnert Scanlan zich, meestal nadat de toeristen en de meeste personeelsleden waren vertrokken. 'Het is voor hen ook een heel proces. Het is een proces om meer dan honderd mensen te leren kennen, omdat ze ze niet allemaal tegelijk ontmoeten. Misschien een huishoudster, of een bloemstylist per keer. Misschien is er maar één kok in de keuken bezig. Ze kennen alle andere mensen die beneden in de werkplaatsen bezig zijn niet. Uiteindelijk ontmoeten zij ze ook, maar dat duurt even.'

En op den duur raken ze gewend aan de hulp of leren er in ieder geval mee leven. 'Ik denk dat de staf van het Witte Huis intussen wel weet hoe ze de gezinnen op hun gemak moet stellen en ze zich zo normaal mogelijk laten voelen, ook al lopen er tientallen mensen rond die bloemen afgeven, stofzuigen en de hele tijd dingen regelen,' zegt Michelle Obama. 'Je gaat ze op zoveel manieren als familie beschouwen en dat is het mooie van dit huis.'

Elke presidentiële familie gedraagt zich anders tegenover het personeel. Eind jaren twintig en begin jaren dertig van de twintigste eeuw had de familie van Herbert Hoover liever dat ze de personeelsleden niet zagen; als er drie bellen afgingen, haastten dienstmeisjes, butlers en knechten zich om zich in de kast te verstoppen. Franklin D. Roosevelt en Truman waren veel ontspannener, en vonden het goed als de mensen doorwerkten als ze binnenkwamen.

Tegenwoordig zijn de verhoudingen tussen de presidentiële familie en het personeel veel plezieriger. Dienstmeisje Ivaniz Silva zei dat de first lady doorgaans binnen een week iedereen bij naam kent – in ieder geval de dienstmeisjes en butlers die regelmatig op de tweede en derde verdieping werken.

Op een dag, zei Silva, was ze aan het schoonmaken, toen Barbara Bush binnenkwam en haar tegenhield.

'Ik heb jou nog niet eerder gezien,' zei Mrs. Bush tegen haar.

'Maar ik sta in het boek,' wierp ze tegen.

'Weet je het zeker?' De first lady haalde het boek erbij met alle personeelsleden van de residentie erin, dat de hoofdportier had samengesteld.

'O, maar deze foto is niet goed. Daarom herkende ik je niet!' zei Bush plagend.

Behalve nieuwe meubels en een nieuw verfje brengt elke presidentiële familie een nieuwe sfeer mee naar het Witte Huis. De enorme verandering die plaatsvond bij de overgang van de Eisenhowers naar de Kennedy's was zowel uiterlijk – van grootouders die de jaren vijftig van de twintigste eeuw belichaamden, naar een mooi, jong echtpaar met twee kleine kinderen – als innerlijk. De staf moest wennen aan de meer ontspannen manier waarop de Kennedy's hun gasten ontvingen: smoking in plaats van rokkostuum, cocktails voor het eten en iedereen mocht overal roken. Bij officiële diners serveerden de Eisenhowers zes gangen en zaten hun gasten aan een reusachtige U-vormige banket-tafel. De Kennedy's besloten al snel om dat te veranderen in vijftien ronde tafels waaraan acht tot tien mensen konden zitten en de diners werden teruggebracht tot vier gangen.

Jackie Kennedy, die eraan gewend was om te worden omringd door bedienden en rijkdom, dook onmiddellijk in de organisatie van het honderdtweeëndertig kamers tellende huis. De ochtend na de inauguratie van haar man sprak ze hoofdportier J.B. West aan. 'Ik wil graag vandaag het voltallige personeel ontmoeten,' zei ze tegen hem. 'Kun je me door het Witte Huis voeren zodat ik ze aan hun werk kan zien?'

West aarzelde om de first lady zonder waarschuwing vooraf mee te nemen naar de afdelingen en stelde voor om de personeelsleden in groepjes van drie naar haar toe te brengen. Elk groepje, van de portiers en butlers tot de dienstmeisjes en de koks, was verschrikkelijk zenuwachtig voor deze formele inspectie. Toen ze uit de lift stapten, waren ze verbijsterd toen ze zagen dat de first lady een lange broek droeg (destijds nog heel ongebruikelijk) en bruine laarzen en met loshangend haar op ze stond te wachten. Toen de personeelsleden zich een voor een aan haar voorstelden, probeerde Jackie manieren te bedenken om hun namen te herinneren, herinnert West zich. Ze herhaalde elke naam langzaam en hoewel ze niets opschreef, wist ze ze later allemaal nog. Een van de dienstmeisjes die haar die dag ontmoette, Lucinda Morman, was een ervaren naaister; de first lady zou haar later vragen om een van haar unieke Oleg Cassini-japonnen te verstellen.

Jackie Kennedy was een perfectionist en uiterst betrokken bij de dagelijkse gang van zaken op het Witte Huis. 's Avonds maakte ze aantekeningen en vinkte alles af wat die dag was gedaan. Ze schreef ook boodschappen aan West op een geel blocnote dat ze overal met zich meedroeg.

'Ze had altijd een lijstje voor me,' herinnert West zich. 'Van iedereen die enige autoriteit bezat, schreef ze de naam op, met daaronder alle dingen die ze persoonlijk met hen wilde bespreken.'

Mrs. Kennedy merkte ook dat sommige personeelsleden nerveus waren in het gezelschap van de presidentiële familie. Ze schreef over de dienstmeisjes: 'Ze zijn zo bang om in het W.H. te zijn – voor de presidentiële familie, etc., dat ze stijf van angst zijn en paniekerig worden – zelfs Lucinda, die mij goed kent, verontschuldigt zich tien minuten lang als ze een speld laat vallen.' Om ze te helpen hun angst te overwinnen stelde ze voor dat ze vaker op de tweede en derde verdieping kwamen om ze eraan te laten wennen om in hun omgeving te zijn. 'Ik kan ze niets leren – daar heb ik de tijd niet voor – als ze zo bang zijn.'

Portier Preston Bruce was gewend aan de voorspelbaarheid van de Eisenhowers, die om tien uur 's avonds naar bed gingen. Toen de Kennedy's om twee uur 's nachts van de inaugurele bals terugkeerden, dacht Bruce dat ze uitgeput zouden zijn. Maar nee, ze brachten vrienden mee naar het Witte Huis om het feest voort te zetten op de tweede verdieping. Ze wisten niet dat het personeel op moest blijven tot de president en zijn vrouw veilig in bed lagen. Om kwart over drie 's nachts begeleidde Bruce de laatste gasten naar de uitgang en deed het licht uit in de West Sitting Hall. Toen hij bij de slaapkamer van de president kwam, was die verlaten.

'Ben jij dat, Bruce? Ik ben hier, in de Lincoln Bedroom,' riep de president. Bruce geloofde zijn oren niet. Het personeel dacht dat de Lincoln Bedroom vervloekt was. Kennedy vroeg om een cola en vroeg Bruce of hij het raam wilde openen om de koude nachtlucht binnen te laten. Jackie riep vanuit de Queens' Bedroom aan de andere kant van de gang en vroeg om een aperitief. Bruce kwam pas om vier uur 's ochtends thuis.

Ondanks die eerste doorwaakte nacht leerde Bruce de Kennedy's waarderen, en omdat hij 's avonds werkte maakte hij de meer intieme kant van het gezin mee. Hij moest lachen als hij het mooie, jonge echtpaar laat in de avond tussen elkaars slaapkamers heen en weer zag rennen als hij ze hun drankjes bracht. ('Maak je geen zorgen, Bruce. We weten dat je ook getrouwd bent,' zei Jackie met glinsterende ogen.)

Van 1953 tot 1977 begon Bruce zijn werkdag om drie uur 's middags op het Witte Huis; hij begroette de hoogwaardigheidsbekleders bij de deur, kalmeerde nerveuze bezoekers voor ze de president ontmoetten, escorteerde 's avonds de president van het Oval Office naar zijn privévertrekken en wachtte tot hij naar bed ging. Hij was een ster in het Witte Huis. Andere personeelsleden roemden zijn elegantie en zijn vermogen om rustig te blijven onder de enorme druk van zijn werk. Butler Lynwood Westray noemt hem een diplomaat: 'Daarom was hij zo geliefd. Sommige mensen hebben het en sommige mensen hebben het niet. Hij had het.'

De dag na de inauguratie van president Kennedy escorteerde Bruce de president en de first lady na het diner naar boven. Hij slaakte een diepe zucht bij het idee vandaag op een redelijke tijd thuis te zijn. Boem! – de liftdeur ging open in de gang tegenover de portiersloge. De president kwam eruit. Hij rende de gang door met de Geheime Dienst op zijn hielen, schreef Bruce. Kennedy wilde een avondwandeling maken en stormde zonder jas de West Gate uit, de vrieskou in. 'Vierentwintig uur in het Witte Huis, en hij moest al ontsnappen.'

De Geheime Dienst moest Kennedy tegenhouden en zei hem dat hij zijn wandelingen moest beperken tot het terrein rond het Witte Huis. Vanaf dat moment had Bruce altijd twee jassen klaarliggen: een voor als de president door de deur op de eerste verdieping wilde vertrekken en een als hij de begane grond verkoos. Altijd als hij de president een jas en regenlaarzen aanbood, protesteerde de opperbevelhebber. 'Hij was als een schooljongen, altijd klaar om zonder jas de kou in te rennen.'

Niet van elke presidentiële familie verliep de ontvangst zo vrolijk als die van de Kennedy's. Op de maandag na de verkiezingen in 1992 belden de Clintons binnenhuisarchitect Kaki Hockersmith en vroegen haar om de enorme taak op zich te nemen het Witte Huis opnieuw in te richten. Ze had het gouverneurshuis van Arkansas voor hen ingericht, en dit verwachtte ze niet – ze herinnert zich dat ze heel erg verrast was – maar ze nam de uitnodiging aan. Tussen de verkiezing en de inauguratie bezocht ze meermaals het gouverneurshuis om de Clintons verschillende stoffen en meubels te tonen die ze voor de residentie had uitgezocht.

'De eerste keer was president Clinton in vergadering met het personeel dat de overdracht begeleidt en Hillary belde hem er gewoon uit,' zei ze. Ze stalde stalen van gordijnen en vloerbedekking uit op de keukentafel om ze aan hem te laten zien. (Clinton was een van de weinige latere presidenten die belangstelling toonde voor de inrichting.) In de weken die volgden reisde Hockersmith regelmatig naar het Witte Huis om met de curatoren te overleggen. Ze brachten haar naar het enorme, airconditioned gebouw, zeventien kilometer buiten Washington, in Riverdale, Maryland, waar elk meubelstuk dat ooit in het Witte Huis heeft gestaan is opgeslagen. Komende presidenten kunnen er meubels uitkiezen die ze in de residentie willen gebruiken.

De meubels zijn in Riverdale systematisch opgeslagen per categorie. Er staan rijen bureaus en schrijftafels naast kasten en vloerkleden die ooit in het Oval Office zijn gebruikt in de verschillende ambtsperiodes. Stukken uit verschillende perioden zijn allemaal uitvoerig beschreven en gecatalogiseerd. De curatoren weten waar elke kandelaar en bijzettafel is terug te vinden in de enorme ruimte. Er is zelfs een restauratieatelier met röntgenapparatuur, waar foto's kunnen worden gemaakt voor gidsen. Het is heel iets anders dan de rommelige opslag die de verbijsterde Jackie Kennedy bezocht in Fort Washington aan de Potomac River in Maryland, waar ze tot haar afgrijzen kostbaar antiek aantrof op een aarden vloer.

Hockersmith had een gedetailleerde plattegrond bij zich en noteerde de gewenste locatie van stukken die al in het huis aanwezig waren en nieuwe stukken uit het pakhuis. 'We hadden een heel ambitieus plan,' zegt Hockersmith nu en ze klinkt nog vermoeid als ze eraan terugdenkt.

De Clintons begonnen Inauguration Day met een oecumenische kerkdienst. Na afloop gingen ze naar Blair House, waarna ze om drie voor halfelf op het Witte Huis aankwamen. Zevenentwintig minuten te laat. De Bushes stonden in de North Portico te wachten om ze te ontvangen.

'Welkom in je nieuwe huis,' zei president George H.W. Bush tegen de twaalfjarige Chelsea, die Bush' springerspaniël Millie aaide. De vertrekkende president wenste zijn opvolger veel geluk – en liet, volgens traditie, een briefje achter in het bureau in het Oval Office met advies aan zijn opvolger. (Toen Clinton acht jaar later vertrok, schreef hij een briefje aan president George W. Bush en liet het briefje dat diens vader aan hem had geschreven voor hem achter.) Wat er in de briefjes stond is nooit bekendgemaakt.

Op de grote dag zei Hillary Clinton tegen Hockersmith dat ze graag wilde dat Hockersmith de inauguratieplechtigheid voor de westgevel van het Capitool zou bijwonen. Maar ze wilde ook dat Hockersmith na afloop zo gauw mogelijk naar het Witte Huis zou terugkeren.

'We moeten iets bedenken om je uit die chaos weg te krijgen zodat je snel terug bent in het Witte Huis,' zei Hillary tegen haar.

Na de ceremonie, die een uur in beslag nam, moest Hockersmith op aanwijzing van Hillary uitkijken naar een kolonel die op een hoek in een bestelbusje zou wachten en haar snel zou terugbrengen naar het Witte Huis om de verhuizing te helpen begeleiden.

'Ik dacht nog, hoe gaan ze dat in vredesnaam voor elkaar krijgen?' zegt Hockersmith.

Te midden van de juichende menigte die zich op 20 januari 1993 bij het Capitool had verzameld, zag Hockersmith tot haar verbazing het bestelbusje staan. Elke keer als ze een politieafzet-

Butlers in het Witte Huis tussen de gangen door tijdens een staatsbanket voor de Franse president Valéry Giscard d'Estaing, 1976.

Loodgieter Reds Arrington *(rechts op de voorgrond)* aan het werk in de loodgieterswerkplaats in de kelder van het Witte Huis, 1952. Arrington kreeg een zenuwinzinking vanwege de eisen die president Lyndon Johnson aan zijn douche stelde. 'Als ik tienduizend troepen in een dag kan verplaatsen, dan kun jij toch zeker de badkamer zo maken als ik het wil!' schreeuwde de president tegen hem.

Staand, tweede van rechts: Butler Lynwood Westray aan het werk tijdens een picknick in het Witte Huis, 29 juli 1970. Westray, nu drieënnegentig jaar oud, wordt emotioneel als hij vertelt hoe een lid van het Britse koninklijk huis hem een drankje wilde inschenken 'Ongelooflijk,' zegt hij over die avond, een hoogtepunt van zijn carrière van tweeëndertig jaar.

Een knappe, jonge president-elect John F. Kennedy en president Dwight D. Eisenhower verlaten het Witte Huis voor de inauguratie, 20 januari 1961. Preston Bruce, de onberispelijk geklede portier, die goed met de familie Kennedy bevriend zou raken, houdt de deur open van de North Portice.

John Kennedy Jr. op de trap van zijn boomhut op het South Lawn, terwijl zijn oppas Maud Shawn en maître d' Charles Ficklin toekijken. Een van de negen honden van de Kennedy's, de welshterriër Charlie, is er ook bij.

Op hun laatste dag in het Witte Huis nemen een bedroefde Jacqueline Kennedy en John-John afscheid van het personeel, onder wie portier Preston Bruce, links naast Jackie.

Caroline Kennedy *(uiterst links)* in het kleuterklasje dat voor haar was ingericht in het Solarium op de derde verdieping. De foto is minder dan een maand na de moord op haar vader genomen.

De kok van de Johnsons, Zephyr Wright, tijdens een reünie van Witte Huispersoneel in Smokey Glen Farm buiten Washington D.C., juni 1983. Wright was een van de weinigen die tegen Lyndon Johnson op kon. Ze zei dat ze al lang voor hij president werd wist dat ze hem 'weerwerk moest geven'.

Lynwood Westray *(staand, uiterst links)* met collega-butler en vriend Samuel Washington *(derde van links)* tijdens een kerstreceptie met president Johnson, 16 december 1964.

President Nixon met keukenhulp Frankie Blair. Op een avond bowlden ze tot twee uur 's nachts. 'Er kan ook een fles whisky bij betrokken zijn geweest,' volgens een collega.

Steve Ford in gesprek met *(vanaf rechts)* butler Johnny Johnson, kok Henry Haller, butler Eugene Allen en butler Alfredo Saenz *(staand, links)*, buiten de familiekeuken op de tweede verdieping.

Amy Carter speelt met haar oppas Mary Prince op het South Lawn, februari 1977. Prince zat in de gevangenis voor moord toen ze de Carters ontmoette. Zij en Amy waren van het begin af aan onafscheidelijk.

Portier Frederick 'Freddie' Mayfield met de legendarische Mohammed Ali in de Blue Room, na een staatsbanket voor koning Hoessein I en koningin Alia van Jordanië, 30 maart 1976. Mayfield was zo toegewijd aan zijn werk dat hij zijn bypassoperatie uitstelde. Hij wachtte te lang en stierf in 1984 op achtenvijftigjarige leeftijd aan een hartaanval.

President Jimmy Carter en first lady Rosalynn Carter met Witte Huispersoneel tijdens het staatsbanket voor de sjah en keizerin van Perzië, 15 november 1977. *Met de klok mee van linksboven:* kamermeisje Viola Wise, butler en portier Wilson German, portier Frederick 'Freddie' Mayfield en Frankie Blair, die in de keuken werkte.

ting naderden, werd die keurig voor hen opzijgezet. De menigte die langs Pennsylvania Avenue op de nieuwe president stond te wachten, zwaaide enthousiast naar het busje. 'Ze dachten dat we heel beroemd waren.'

'We reden het South Lawn op en zagen twee grote verhuiswagens met LITTLE ROCK, ARKANSAS erop,' zegt ze. 'Het was een opwindende rit.'

De Clintons spendeerden grofweg vierhonderdduizend dollar aan de nieuwe inrichting van het Witte Huis, allemaal gefinancierd door particuliere donaties. Maar het project wekte wel wat verbazing, zowel binnen als buiten het huis. Zelfs de normaal gesproken zo discrete personeelsleden van het Witte Huis noemden de inspanningen van Hockersmith slecht georganiseerd. Haar verwachtingen waren te hoog.

Hoofdelektricien Bill Cliber, die aan negen overdrachten heeft meegewerkt, zei dat de komst van de Clintons verreweg de moeilijkste was. Kort voor de inauguratie had Hockersmith hem gezegd dat hij en de andere elektriciens zeven kroonluchters moesten verplaatsen – *nu*.

'Waarom moet het nu? Laten ze het huis betrekken en dan verplaatsen we er elke dag één,' zei Cliber.

'Nee, ze willen dat ze verhangen zijn voor ze binnenkomen,' antwoordde ze.

Cliber had geen keus. Hij ging naar de Treaty Room op de tweede verdieping, die Clinton als studeerkamer zou gebruiken en begon met een van de kroonluchters.

Vrijwel direct nadat de Clintons waren teruggekeerd van de inaugurele parade, kwam Hillary de Treaty Room binnen. 'Hoe lang ben je nog bezig in deze kamer?' vroeg ze Cliber.

'Eerlijk gezegd denk ik dat ik nog vier uur nodig heb,' zei hij terwijl hij bezig was met de enorme kristallen kroonluchter die ontmanteld op de vloer lag.

'Hm, dat zullen we nog wel eens zien,' zei ze en ze stormde de kamer uit.

Hockersmith stak haar hoofd om de hoek van de deur en zei hem dat hij binnen twintig minuten de kamer moest hebben verlaten. Cliber zei dat hij meer tijd nodig had, alleen al om de honderden en honderden kostbare kristallen te verzamelen die over de grond verspreid lagen. Ze antwoordde: 'Maak je daar geen zorgen over. Die kunnen worden vervangen.'

'Nee, ma'am. Dit is kristal dat niet kan worden vervangen,' zei hij verontwaardigd.

Cliber deed wat hem gezegd werd en verliet de Treaty Room in een chaos, met overal kristallen. Maar hij was niet van plan het erbij te laten zitten. Hoofdcurator Rex Scouten (die graag gezien werd onder het personeel en van 1969 tot 1986 eerst portier en later hoofdportier was geweest voor hij curator werd) deed de deur op slot om de kroonluchter te beschermen tot Cliber weer aan het werk kon. De elektricien mocht pas na drie weken de kamer weer betreden.

Gary Walters is altijd heel voorzichtig met kritiek op welke ambtsperiode ook. Maar toen ik hem vroeg hoe de verhuizing van de Clintons was verlopen, volgde er een lange stilte. 'Je krijgt de grootste problemen als je van de ene president naar de andere gaat en ze van verschillende partijen zijn.' De Clintons, zei hij, hadden geen idee wat het Witte Huis was. Hij moest verschillende malen per dag naar de woonvertrekken gaan om vragen te beantwoorden.

Portier Nancy Mitchell had vroeg in de ochtend dienst toen het presidentiële echtpaar terugkeerde van de inaugurele bals. 'President Clinton wilde telefoneren, dus ik was met hem naar boven gegaan en ik hoorde hem brullen: "Nancy!" en ik zei: "Ja, meneer?" Hij zei: "Hoe werkt de telefoon?"' Toen de president de telefoon oppakte, hoorde hij geen kiestoon, maar de stem van een telefonist van het Witte Huis. Hij was geschokt dat hij niet zelf een nummer kon kiezen. Kort daarna werd het hele telefoonsysteem vernieuwd.

Het hielp ook niet dat de Clintons vrienden uit Little Rock

('friends of Bill's' oftewel 'FOB's') uitnodigden om ze te helpen uitpakken, wat alles alleen maar ingewikkelder maakte.

'Wij doen dit al tweehonderd jaar,' zei portier Emery. 'Zij hadden allerlei beloften gedaan aan allerlei mensen dat ze mochten komen helpen. Natuurlijk waren wij van streek. Het was een rommeltje.' Emery, die een moeizame relatie met de Clintons had en uiteindelijk gedurende diens ambtstermijn zou worden ontslagen, zei dat veel FOB's in feite een strafblad hadden. Volgens Emery belde de Geheime Dienst regelmatig met de portiersloge om te vertellen dat sommigen van de gasten uit Arkansas de screening van hun achtergrond niet hadden doorstaan en het stempel 'niet toelaten' hadden gekregen. Emery zei dan: 'Maar de president verwacht ze. Zorg dat het goed komt.' Uiteindelijk moesten ze op elke verdieping iemand van de bewaking neerzetten: 'Als je een medewerker binnenbrengt, die een "treffer" [bij de screening] heeft, moet deze worden geëscorteerd.' Het duurde niet lang of er liepen, tot Emery's ergernis, verschillende mensen met een 'treffer' rond in het Witte Huis.

Hockersmith kon sommige elementen van de herinrichting van het huis niet uit handen geven, waaronder het plaatsen van de persoonlijke foto's en snuisterijen van de Clintons, zoals een opvallende collectie kikkers. Toen Hillary en Bill net met elkaar omgingen, had hij haar blijkbaar voor zich gewonnen met een verhaal uit zijn jeugd. De clou was: 'Je weet nooit hoe ver een kikker springt, tot je hem een klap geeft.' Ofwel: je weet nooit hoe ver je kunt gaan tot je het probeert – een anekdote die goed bij het ambitieuze jonge stel paste. Toen haar man voor het eerst een gooi naar het presidentschap deed, gaf Hillary Bill een tekening van een kikker die een klap kreeg en een sprong maakte, met de bewuste tekst eronder. In 1993 gaf Bill haar een glazen kikker met een kroontje, en een briefje waarop stond: 'Dit had ik kunnen zijn, als je niet was meegegaan.'

Hockersmith wist eerst niets van hun sentimentele waarde en zag de kikkers als een verzameling foute cadeautjes. 'Iemand komt bij je langs en denkt: o, ze houden vast van kikkers. Dan krijg je dus een kikker voor je verjaardag.' Ze deed haar best om ze mooi neer te zetten.

Als de presidentiële familie terugkeert naar het Witte Huis na de parade, verdwijnt ieder ander, herinnert Hockersmith zich. De medewerkers die de hele dag hun best hebben gedaan het huis perfect te maken, haasten zich terug naar hun afdelingen om de familie de zo broodnodige rust te geven.

Hockersmith zou een vaste gast van het Witte Huis worden. Ze logeerde tijdens Bill Clintons achtjarige verblijf in het Witte Huis regelmatig in de Queens' Bedroom, terwijl de herinrichting verderging. Haar gastenverblijf op de tweede verdieping was van hun woonruimte gescheiden door schuifdeuren die het westelijk gedeelte van het oostelijke deel van de residentie afsluiten. Ze deed haar best het huis lichter te maken en richtte zich daarbij vooral op het veranderen van de sombere butlerskeuken in een eetkeuken waar Chelsea haar huiswerk kon maken. Haar werkzaamheden werden echter met gemengde gevoelens ontvangen en vooral de victoriaanse inrichting van de Lincoln Sitting Room kreeg veel kritiek.

Geen overdracht in de moderne geschiedenis is schokkender en minder voorbereid geweest dan die op Lyndon B. Johnson en zijn familie. Het personeel van de residentie moest een gebroken first lady en haar twee kinderen helpen met haar vertrek, ook al waren ze zelf eveneens in diepe rouw gedompeld, en moesten tegelijkertijd de Johnsons helpen met hun verhuizing. En alles moest zo gebeuren dat Mrs. Kennedy zich niet opgejaagd voelde of de Johnsons het idee hadden dat ze werden genegeerd. 'Ik heb in panels gezeten met andere *social secretaries* en ze deden het allemaal voorkomen alsof het heel opwindend was toen ze in het Witte Huis kwamen,' zei de social secretary van Lady Bird, Bess Abell, een Katharine Hepburn-achtige verschijning die met veel liefde over de Johnsons spreekt. 'Ik trok op een heel andere manier in in het Witte Huis. Ik kwam niet te midden van alle opwinding van een inauguratie, maar we troffen een huis waar alle kroonluchters en pilaren waren gehuld in zwarte crêpe.'

De nieuwe first lady, Lady Bird Johnson, klaagde regelmatig over de moeilijke positie waarin haar gezin zich plotseling bevond. 'De mensen zien de levenden en verlangen naar de doden,' zei ze dan.

Uit respect voor de weduwe van de president trok Lyndon B. Johnson, die bij het grootste deel van het personeel van Kennedy niet populair was, pas op 7 december 1963 in het Witte Huis. Hij begon op 26 november te werken vanuit het Oval Office. Daarvoor werkte hij vanuit Room 274 in het Old Executive Office Building naast het Witte Huis. Sommigen van zijn adviseurs waren van mening dat zijn verhuizing naar het Witte Huis op 7 december, de tweeëntwintigste verjaring van de aanval op Pearl Harbor, niet respectvol zou zijn. Anderen wilden Mrs. Kennedy gewoon meer tijd geven voor zij het huis moest verlaten. Elke stap die de Johnsons zetten was omstreden, want ze konden het niet goed doen in de ogen van de door verdriet overmande assistenten van Kennedy.

Luci Baines Johnson, destijds nog maar zestien jaar oud, herinnert zich dat ze haar ouders hoorde ruziën. Het was het 'enige meningsverschil' dat ze ooit hadden. 'We moeten 7 december verhuizen, Bird,' zei Johnson tegen zijn vrouw. 'Lyndon, elke datum, maar niet die. Niet op die datum,' smeekte haar moeder, maar tevergeefs.

Toen de familie Johnson dan eindelijk verhuisde, nam hun dochter Luci hun beagles, Him en Her, mee in haar auto. Lady Bird en Bess en haar perssecretaresse Liz Carpenter, namen de breekbare voorwerpen mee, en het portret van Sam Rayburn, voorzitter van het Huis van Afgevaardigden, ook een Texaan, en Johnsons mentor.

Eerst leken de Johnsons het Witte Huis met fluwelen handschoenen aan te pakken, alsof ze op hun tenen liepen. Maar het personeel van de residentie gaf ze nooit het gevoel dat ze indringers waren, zoals de politieke assistenten van Kennedy deden. 'Ik kreeg nooit het gevoel van: hoe kún je hier zijn?' vertelde Luci me. 'Het was meer: wat moeilijk voor jullie om hier op deze manier te komen. Hoe kunnen we jullie helpen?'

Niet iedereen was zo vriendelijk. Na de moord op Kennedy stond Traphes Bryant, een elektricien die voor de honden van de presidentiële familie zorgde – van de Kennedy's (zij hadden er op een bepaald moment negen) tot de Nixons – argwanend tegenover president Johnson. 'Ik raakte een hond kwijt en kreeg er een president voor terug die ik niet kende. Ik kende hem niet, maar erger nog, ik had ook het gevoel dat ik hem niet wílde kennen. Hij was niet jongensachtig en goedgehumeurd en humoristisch, als Kennedy, en ik hoorde hem het personeel uitfoeteren als het allemaal niet snel genoeg ging.' Bryant beschrijft de abrupte veranderingen in het Witte Huis toen de nieuwe president kwam: 'Terriërs gingen, beagles kwamen, het roze van Jackie ging en het geel van Lady Bird kwam. Vissoep ging en chili kwam.' Hij hoopte dat er ten minste één ding hetzelfde zou blijven: dat Johnson de manier waarop hij de presidentiële honden leerde om hun baasjes op het South Lawn te begroeten als ze terugkeerden van een tocht met de marinehelikopter zou waarderen. President Kennedy had er altijd veel plezier in gehad. Hij lachte altijd breed en begroette de wachtende honden alsof ze zijn vereerde gastheren waren.

Na het plotselinge verdwijnen van de Kennedy's schreef hij: 'Peuters gaan, tieners komen', waarmee hij de opvolgers van Caroline en John-John in het Witte Huis bedoelde, de dochters van de Johnsons, Luci en Lynda. Uiteindelijk zou ook Bryant de Johnsons leren waarderen.

In haar memoires beschrijft Lady Bird Johnson de onmogelijke taak Jackie te vervangen. Ze bewonderde de 'kracht en het uithoudingsvermogen' die haar voorgangster moest hebben gehad. Zij had het gevoel dat ze opeens op het toneel stond en een rol moest spelen waarvoor ze nooit had gerepeteerd.

Terwijl de nieuwe president in zijn tijdelijke verblijf aan het werk was, had de staf van het Witte Huis in alle stilte de overdracht voorbereid. Slechts vier dagen na de moord bezocht hoofdportier J.B. West Lady Bird in het huis van de Johnsons in Washington, The Elms, waar ze bespraken welke meubels de Johnsons naar het Witte Huis zouden meenemen.

Later die middag dronk Mrs. Johnson thee met Kennedy's weduwe in het Witte Huis. De vertrekkende first lady leidde haar opvolgster vriendelijk rond op de tweede verdieping en liet haar nadenken over hoe haar meubels in de slaapkamer en woonkamer die Mrs. Kennedy bijna drie jaar had bewoond zouden passen. 'Wees niet bang voor dit huis – ik heb hier enkele van de gelukkigste jaren van mijn huwelijk beleefd – je zult hier gelukkig zijn,' zei Jackie. Lady Bird zei later dat ze dit zo vaak gedurende haar rondleiding zei dat het was alsof ze haar wilde geruststellen.

Jackie vertelde haar dat J.B. West en curator Jim Ketchum de betrouwbaarste leden van het personeel van de residentie waren. Ketchum, die van 1963 tot 1970 als hoofcurator in het Witte Huis werkte, denkt met liefde terug aan zijn eerste ontmoeting met Lady Bird, kort na de verhuizing van de familie. Als een van de vier leden van de curatorenafdeling was Ketchum verantwoordelijk voor het catalogiseren en beschermen van elk meubelstuk en kunstwerk in de privécollectie van het Witte Huis, die uiteenliep van meesterwerken door John Singer Sargent tot porselein uit de tijd van George Washington.

Lady Bird vroeg Ketchum om na haar verhuizing tijd uit te trekken voor 'walk and learns'. Ze wilde met hem door elke kamer lopen en alles te weten komen over de geschiedenis en het meubilair ervan. Ze zei dat ze de residentie door en door wilde leren kennen, zodat ze vrienden en gasten kon rondleiden, een van haar taken als first lady. Ze nam haar nieuwe rol heel serieus – niet zo verrassend, want ze had een reputatie opgebouwd als vervanger van Jackie Kennedy gedurende het vorige presidentschap. Als Jackie ergens geen zin in had, dan kwam Lady Bird opdraven.

Ketchums eerste ontmoeting met de first lady was niet zo glamoureus. Toen Lady Bird naar het kantoor van de curatoren had gebeld en hem gevraagd had om naar boven te komen, trof hij haar aan in een kast tussen haar slaap- en woonkamer, op handen en voeten, met een geopende kartonnen doos voor zich, zei hij. Ze werd omringd door een twintigtal porseleinen vogels, allemaal zorgvuldig ingepakt, die ze had meegenomen uit The Elms. Hij zakte door zijn knieën en begon haar te helpen de vogels uit te pakken.

'Geen van ons tweeën dacht eraan dat de verlichting van de kast in de deurstijl was bevestigd. En toen we de vogels allemaal op een rijtje op de grond hadden staan, verplaatsten Bonner Arrington [voorman van de timmerlieden] en een van zijn collega's van de afdeling Houtbewerking een bank en gingen ermee door het smalle gangetje en sloten natuurlijk de deur. Daar zaten we. We tastten in het rond en probeerden de vogels te beschermen en te bedenken hoe we konden opstaan zonder iets aan te raken,' vertelde hij lachend. Ze slaagden erin het lichtknopje te vinden en de vogels bleven wonder boven wonder allemaal heel.

Kort nadat ze het huis hadden betrokken, werden de president en de first lady door adviseur Walter Jenkins bij hem thuis uitgenodigd voor het diner. Hun afwezigheid gaf het personeel in het Witte Huis even wat lucht. Ze liepen rond met een bezwaard gemoed, zegt Lady Bird.

De dochter van Jenkins was een goede vriendin van Luci en ze kwam die avond mee naar het Witte Huis om bij haar te logeren. 'Ik had alleen nog maar de moeilijkheden en de last van de overdracht ervaren,' vertelde Luci mij.

Haar kamer in het Witte Huis had een open haard – 'Ik had nog nooit zoiets heerlijks als een open haard in mijn kamer gehad' – en dus maakte ze een vuur. Geen van de meisjes wist iets van open haarden en de kamer was algauw in rook gehuld. Luci probeerde in paniek met een glas water en vervolgens met een prullenbak de vlammen te doven. Uiteindelijk klom ze op haar bureau en opende een raam om de rook naar buiten te laten – en zag tot haar schrik een politieman naar binnen kijken, terwijl ze in haar nachthemd stond. Toen ze begrepen wat er aan de hand was, snelde het personeel toe om te helpen.

'Mijn moeder vond dat ik die eerste week moest helpen om de rookvlekken van de muren van mijn kamer te boenen,' zei ze, nog altijd gegeneerd na al die jaren. 'Het was letterlijk een vuurdoop.' En zo ging ze naast de dienstmeisjes aan het werk, van wie geen enkele haar een schuldgevoel probeerde aan te praten.

Iets meer dan tien jaar later stond het personeel van de residentie weer voor een plotselinge en weinig feestelijke overdracht, toen president Richard Nixon op 8 augustus 1974 zijn ontslag indiende.

'De overdracht van de macht was schokkend abrupt, maar verliep wel ordelijk, net als na de moord op president Kennedy,' schreef portier Preston Bruce. Maar ondanks het feit dat het Watergate-schandaal al twee jaar speelde en de roep om het aftreden van Nixon in de zomer steeds luider was geworden, had niemand in het Witte Huis het zien aankomen. Er was tenslotte nog nooit eerder een president afgetreden. De staf had geen idee, tot Pat Nixon naar beneden belde en om verhuisdozen vroeg.

Nixon was op blote voeten en in pyjama toen de kok Henry Haller hem om halfacht 's ochtends, de dag na zijn aftreden, in zijn eentje aantrof in de Family Kitchen. Meestal nam hij een licht ontbijt, ontbijtgranen, sap en vers fruit, maar die ochtend vroeg hij om hachee met corned beef met een gepocheerd ei.

Nixon liep op Haller af en greep zijn hand: 'Chef, ik heb over de hele wereld gegeten, maar jouw eten is het beste.'

Later die ochtend, vlak voor hij naar de helikopter op de South Lawn liep en zijn beroemde v-teken maakte, hield Nixon een emotionele afscheidsspeech voor zijn staf in de East Room. Toen het personeel zich daar verzamelde, bevond schilder Cletus Clark zich opeens in het middelpunt. 'Ik was in de East Room het podium aan het schilderen. Ik was de enige die binnen was,' zei hij. 'Het volgende moment keek ik op en begonnen al die mensen de East Room binnen te komen – ik kon er niet meer uit! En de verf was nog niet eens droog!'

Hij vroeg de bewakers die hun plaats innamen voor de president binnenkwam om erop te letten dat de president de natte verf niet aanraakte.

'De kamer stroomde vol. Ik pakte mijn emmertje en liep naar de zuidzijde en mengde me onder de mensen. Ik zette mijn emmer tussen mijn voeten en bleef daar.'

In zijn witte uniform luisterde Clark hoe de zevenendertigste president aan zijn afscheidsspeech begon en het personeel van de residentie, dat zoals gebruikelijk in de schaduw bleef, prees. 'Dit huis heeft een groot hart en dat komt door de mensen die er werken. Ik vond het jammer dat ze niet naar beneden kwamen; we hebben boven afscheid genomen,' zei Nixon weemoedig. 'Maar ze zijn echt geweldig. Al die keren dat ik toespraken hield, sommige echt moeilijk, dan kwam ik terug, of na een zware dag, en mijn dagen zijn meestal nogal lang, dan werd ik altijd door ze opgebeurd. Want ik kan wel eens wat terneergeslagen zijn, maar zij lachten altijd.'

Het personeel nam die dag de bekende rol van verhuizers weer op zich. Ze pakten de spullen in van de presidentiële familie en brachten een zo naadloos mogelijke overgang tot stand, gegeven de omstandigheden.

Barbara Bush, wier man toen voorzitter was van het Republican National Committee, beschreef verbijsterd hoe snel het Witte Huis aan de Fords werd overgedragen. 'De dag dat president Nixon aftrad, gingen we naar het Witte Huis. We ontmoetten elkaar daar voor zijn aftreden en voor het afleggen van de eed door Jerry Ford, een paar uur later. Nadat we de Nixons hadden uitgezwaaid, waren de portretten aan de muur allemaal van Jerry Fords familie. We stonden bij de helikopter te zwaaien terwijl zij de schilderijen verhingen.'

De formele stijl van de Nixons maakte plaats voor de meer ontspannen houding van Gerald en Betty Ford, die het goedvonden dat hun vier kinderen overal in het huis een spijkerbroek droegen. Susan Ford rolschaatste zelfs op de maagdelijke vloer van de State Floor als haar ouders op reis waren, geeft ze licht gegeneerd toe.

Betty Ford was een trotse, onafhankelijke vrouw, en toen zij de rondleiding kreeg door de woonvertrekken van het gezin, verwierp ze onmiddellijk het idee dat ze in een andere slaapkamer zou slapen dan haar man. 'Daar is geen behoefte aan,' zei ze tegen de hoofdportier.

Ze begreep maar niet waarom de dienstmeisjes en butlers zo stil waren in haar bijzijn. Ze maakte zich zorgen dat ze haar niet mochten. Maar niet lang daarna kwam ze erachter dat Pat Nixon dat zo had gewild.

Timmerman Milton Frame was ervan onder de indruk hoe benaderbaar Betty Ford was. 'Ik weet nog dat Mrs. Ford je vroeg om erbij te komen zitten en een kop thee met haar te drinken,' zei hij. Ze vroeg hem waar hij vandaan kwam en maakte een praatje, een vriendelijk gebaar dat haar voorgangster nooit zou hebben gemaakt.

Ze plaagde het personeel ook graag. Tijdens een rondleiding door de privévertrekken merkte Sheila Rabb Weidenfeld een bloemvaas op met twee engelen van wie de handen elkaar bijna aanraakten. In een van de handen stak een sigaret. 'O dat,' zei de first lady lachend. 'Die heb ik daartussen gestoken. Dat is mijn manier om te controleren of de dienstmeisjes de kamer hebben schoongemaakt!'

Nieuwe families moeten wennen aan veel personeel – en aan het betalen van torenhoge rekeningen. In weerwil van wat algemeen wordt aangenomen, betaalt de presidentiële familie al zijn persoonlijke onkosten zelf. En haast elke first lady smeekt de hoofdportier uiteindelijk om de kosten te drukken.

De familie betaalt voor het stomen van de eigen kleding, die naar een plaatselijke stomerij wordt gebracht, uitgekozen door het hoofd Huishouding of de familie zelf. Tijdens de eerste ambtstermijn van Bush en die van Clinton maakten ze volgens hoofd Huishouding Christine Limerick vaak gebruik van het nabije Willard Hotel. Zelfs die eenvoudige dienst moest in het geheim worden uitgevoerd: de kleding van de familie wordt discreet gebracht en gehaald door leden van de Operationele dienst.

De presidentiële familie moet ook zijn eigen eten en drinken betalen – en dat betekent niet alleen eigen maaltijden, maar ook die voor de persoonlijke gasten, waarvan het aantal flink kan oplopen tijdens de inauguratie of in de vakanties. Walters vertelde me dat elke first lady, zonder uitzondering, of het moest Barbara Bush zijn, verrast leek en bepaald niet blij was toen ze daarachter kwam. Velen vroegen om menu's met goedkopere stukken vlees om de hoge maandelijkse kosten omlaag te brengen. De Carters wilden zelfs kliekjes eten als ze met zijn tweeën waren.

Zelfs Jackie Kennedy instrueerde de hoofdportier om het huis te managen alsof het voor de armoedigste president was die ooit is gekozen! Ze begon overdreven te fluisteren en zei: 'We hebben lang niet zoveel geld als je in de krant leest, hoor!'

Haar man was geobsedeerd door de rekeningen voor het eten en besprak tot in de details met de portiers hoe ze de rekeningen voor melk in hun huis in Hyannis laag konden houden. De social secretary van de Kennedy's, Nancy Tuckerman, zei dat ze hem nog nooit zo lang stil had zien zitten of langer dan vijf minuten in iets geïnteresseerd zag zijn. De drankrekening rees de pan uit tijdens de ambtsperiode van de Kennedy's. Dat kwam omdat voordat Kennedy aantrad, het Witte Huis zeer discreet illegale whiskey liet bezorgen door de General Services Administration. Door nieuwe regelgeving werd het onmogelijk om dit te blijven doen zonder dat het bekend werd, dus de nieuwe president maakte snel een eind aan deze praktijk en liet het hoofd Huishouding, Anne Lincoln, goedkope drank inkopen. Kennedy had zijn eigen drankenkabinet weggestopt in een kast op de derde verdieping. De enige mensen die er een sleutel van hadden, waren Lincoln en zijn huisknecht. Hij had altijd oog voor de kosten van het wonen in het Witte Huis, al zou hij niet de gehele drankrekening hoeven te betalen, omdat het meeste werd gebruikt voor officiële ontvangsten.

Reggie Love, de assistent van Obama, was zevenentwintig jaar oud toen hij op het Witte Huis kwam en hij herinnert zich de eerste keer dat admiraal Rochon de maandelijkse rekening voor de Obama's met hem doornam. 'Ik zag het bedrag en ik dacht: ik zie de bedragen, ik zie alle opgesomde uitgaven, maar voor iemand als ik, die een huishouding van twee mensen zonder kinderen gewend is, is het onmogelijk om zoiets te bekijken en te zeggen dat het wel klopt.'

De kok stuurt de first lady op zondag een weekmenu. Als ze er iets op ziet staan wat ze niet lusten, of wat haar te extravagant lijkt voor het gezin, dan kan ze hem vragen om een alternatief voor te stellen.

Luci Baines Johnson zei dat haar moeder het 'voortdurend' had over de huizenhoge kosten van het wonen op het Witte Huis. Toen ze zelf getrouwd was, ging Luci met haar gezin een weekend naar Camp David – en ontving een rekening voor het eten dat ze daar gebruikt hadden. Ze schrok zich rot.

'Ja, wij kregen altijd rekeningen, maar toen je als minderjarige bij ons thuis woonde, betaalden wij die voor jou,' zei Lady Bird Johnson tegen haar verbijsterde dochter.

'Mijn moeder was heel verbaasd dat *ik* verbaasd was!' zei ze lachend.

Op de een of andere manier lijkt het of de prijzen hoger zijn als je ze aan het eind van de maand in een rekening krijgt gepresenteerd dan als je zelf naar de winkel gaat. Susan, de dochter van president Ford, zei dat haar vader met de rekening wapperde en haar waarschuwde: 'Weet wel dat als je een paar vrienden uitnodigt, ik dit te zien krijg.'

Rosalynn Carter herinnert zich haar eerste maandelijkse rekening nog precies: zeshonderd dollar. 'Dat klinkt niet als heel veel geld, maar toen, in 1976, was het enorm veel voor mij!' Ze dacht dat de prijzen hoger waren dan ze buiten het Witte Huis zouden zijn, omdat het eten moest worden gecontroleerd of het niet vergiftigd was.

De rekeningen voor het eten waren niet de enige kosten waar de Carters zich zorgen over maakten, volgens bloemstylist Ronn Payne. Jimmy Carter wilde ook zijn bloemen op een koopje. Hoewel de presidentiële familie doorgaans niet voor de bloemen betaalt, vond Carter dat de regering ook niet voor de dure boeketten hoefde op te draaien. 'We moesten buiten bloemen gaan plukken voor de diners,' herinnert Payne zich. 'We gingen naar de parken in de stad om bloemen te plukken.' Hij en andere personeelsleden togen naar Rock Creeck Park voor narcissen en naar de National Zoo voor de wilde bloemen. 'De politie hield ons tegen. Een van ons werd gearresteerd en ze moesten hem uit de gevangenis halen, omdat hij voor een diner narcissen had geplukt op die grote helling in Rock Creek Park.' Het Witte Huis kwam tussenbeide om hem vrij te krijgen, zei Payne.

'We kochten droogbloemen op de markt, of we lieten de dames van de tuinclub de bloemen uit onze eigen tuin voor ons drogen. Daar moesten we mee werken.' Tijdens andere ambtstermijnen was het niet ongebruikelijk dat er vijftigduizend dollar aan bloemen werd uitgegeven voor een staatsbanket. De arrangementen op zich kostten verscheidene duizenden dollars.

Barbara Bush, helemaal de aristocratische matriarch, kon een first lady die verbaasd reageerde op de maandelijkse rekening voor het voedsel voor het gezin niet begrijpen. Of een andere rekening, wat dat aangaat. 'Als ze geschokt zijn, is er iets niet in orde met ze,' zegt ze streng. 'Wij hadden veel gasten, net als George W., en we betaalden voor onze eigen gasten. Op de rekening stond dan: "Een ei: achttien cent." Meneer zus en zo had een ei gegeten met wat toast. Het is goedkoper om in het Witte Huis te eten.' Ze wijst erop dat, hoewel presidentiële families voor hun eten en het stomen van hun eigen kleding moeten betalen, ze dat niet hoeven te doen voor elektriciteit, airconditioning, bloemen, butlers, loodgieters of tuinmannen, wat hun levensonderhoud relatief goedkoop maakt – zeker voor een gezin als de Bushes, dat eraan gewend was om personeel te hebben. 'Ik vond het juist heel goedkoop om in het Witte Huis te wonen!' zei ze. 'Ik zou er wel naar terug willen en er wonen zonder de verantwoordelijkheid.'

De schoonmoeder van Laura Bush had haar misschien wel voorbereid op de kosten van het wonen in het Witte Huis, maar ze was toch verrast toen ze de eerste rekening ontving. Ze zag hoe duur het was om een verjaardagsfeestje voor haar man te organiseren, omdat ze anderhalf keer zoveel moesten betalen voor het personeel dat na vijf uur 's middags werkte.

Chef-kok Walter Scheib vertelde ook dat hij soms gebeld werd door de hoofdportier, die hem zei dat het kantoor van de first lady had gevraagd om de kosten van de ingrediënten laag te houden, of om te vragen minder personeel in de keuken te gebruiken.

'Chef, had je echt zoveel mensen nodig bij dat evenement?' vroeg hoofdportier Gary Walters hem dan.

'Nou, Gary, misschien niet. Misschien hadden we met wat minder mensen toe gekund,' antwoordde Scheib op een dergelijke vraag. 'Laten we eens kijken wat er dan gebeurt: we maken een fout in het Witte Huis en daar zitten we dan tegenover Mrs. Bush of Mrs. Clinton en proberen haar uit te leggen waarom ze door alle late-night tv-hosts en cabaretiers in de zeik wordt genomen: "Maar het goede nieuws is, Mrs. Bush, Mrs. Clinton, dat we vijfhonderd dollar hebben bespaard." Zie je het voor je?'

'Ons doel was ervoor te zorgen dat de presidentiële familie nooit te schande werd gemaakt.' Koste wat het kost.

Als een nieuwe familie het huis betrekt, veranderen de routines onmiddellijk. De Obama's zetten hun wekker iets later dan hun recente voorgangers; ze doen 's avonds liever zelf het licht uit; en ze willen graag gala-appels in het Oval Office, naast de gebruikelijke bloemen. De appels stelden de bloemstylisten voor een nieuwe taak; ze moeten elke dag worden aangevuld, want de president moedigt mensen aan ze te eten en de voorraad slinkt snel. De bloemstylisten hebben het Oval Office meestal om halfacht 's ochtends, als president Obama aan het werk gaat, al verlaten.

Hoewel de wensen van de familie Obama niet zo heel veel verschilden van die van de voorgaande presidentiële families, kreeg social secretary Desirée Rogers, die in 2009 met hen meekwam, de opdracht om de tradities een beetje op te schudden door een nieuwe energie en nieuwe ideeën in de ouderwetse Executive Mansion te brengen. Rogers, afgestudeerd aan Harvard en afstammeling van een creoolse voodoopriesteres, was de eerste Afro-Amerikaanse social secretary, dus haar aanwezigheid alleen al tartte alle conventies. In haar eerste zestig dagen in functie organiseerde ze meer dan vijftig evenementen. Dat is twee keer zoveel als president George W. Bush in dezelfde periode binnen zijn ambtstermijn had gehouden, en overtrof zelfs het tempo van de Clintons, die wel van een feestje hielden. Ze probeerde de manier waarop het Witte Huis werkte te veranderen door voor officiële diners porselein uit verschillende perioden bij elkaar te zoeken en te mengen en bij elk evenement van het Congres ook republikeinen op te nemen. Ze bemoeide zich ook met details die van oudsher door het personeel van de residentie werden afgehandeld, en nam sommigen ernstig tegen zich in.

'Ze leefde echt in haar eigen kleine wereld toen ze hier binnenkwam,' zei bloemstylist Bob Scanlan. 'Ze maakte direct duidelijk dat ze niet wisten wat wij hier aan het doen waren en dat ze op zoek waren naar een heel nieuwe look. Ik kan je niet zeggen hoe vaak we Rogers hoorden vragen om de *four seasons*-look.' Hij interpreteerde de wensen van Rogers als een verzoek om modernere bloemarrangementen, waarbij de bloemen in een hoek werden gestoken, in plaats van de meer traditionele oasisarrangementen met verse bloemen, gestoken in schuim. Scanlan zei dat hij en zijn collega's gepikeerd waren toen een vrouw enkele weken werd gedetacheerd om Bloemstyling een nieuwe stijl te geven, omdat ze volgens hem te horen kregen dat ze vastzaten in het verleden.

Scanlan zei dat veel van de bloemstylisten van het begin af vonden dat Rogers weinig respect toonde voor de lange traditie van het Witte Huis en waren blij toen ze vijftien maanden later vertrok (na een schandaal rond mensen die erin waren geslaagd om zonder uitnodiging op Obama's eerste staatsbanket te infiltreren). 'Als dat deel uitmaakt van dat huis en je een stylist bent, dan is er een bepaalde look die uitsluitend bij dat huis hoort. Het is niet alleen van de presidentiële familie, maar ook van het publiek. We verzorgen de bloemen voor het land.' Rogers herinnert zich de controverse over de bloemen een beetje anders. Zij zegt dat ze niet onmiddellijk om veranderingen vroeg en vasthield aan tradities, in ieder geval op Inauguration Day. 'Er was een bepaalde manier waarop de bloemen in dat huis werden opgemaakt,' zei ze en ze voegde eraan toe dat er niets nieuws was gedaan op Inauguration Day waarin de stijl van de nieuwe president kon worden uitgedrukt. 'Vergeet niet dat ze dan nog niet eens in het huis zijn. Ze kunnen nog niet zeggen "dit vinden we mooi" of "dit vinden we niet mooi" of "dit willen we wel" of "dit willen we niet". Dus het werd zo gedaan zoals het van oudsher door die bloemstylist was gedaan.'

Toen ik hoofdportier admiraal Rochon vroeg hoe het was om met Rogers samen te werken, grapte hij dat hij even iets tegen de hoofdpijn moest nemen. Rogers was een succesvolle zakenvrouw geweest, maar over de overgang naar het Witte Huis had ze onrealistische verwachtingen gehad.

'Het was niet moeilijk, het was onmogelijk,' zei hij, nog altijd gefrustreerd bij de herinnering. Ze wilde dat de muren geschilderd en droog waren tegen de tijd dat de Obama's terugkwamen van de inaugurele parade, herinnert Rochon zich. 'We moesten ze ervan overtuigen dat je echt geen muurschildering op deze muur kon maken, want dat ze pas na het vertrek van president Bush konden beginnen.'

Het is de nieuwe familie niet toegestaan om iets te veranderen aan de historische State en Ground Floor, maar ze mogen wel allerlei veranderingen aanbrengen aan de tweede en derde verdieping nadat ze het huis hebben betrokken. Het personeel maakte zelfs een muur in Malia's kamer dicht, omdat deze leidde naar een open tussengang en de tiener meer privacy wilde. Met zulke veranderingen moet echter worden gewacht tot de limousine met de vertrekkende president is weggereden.

Patissier Roland Mesnier heeft ruime ervaring in het hotelwezen. Hij heeft gewerkt in het Savoy Hotel in Londen en in het Homestead in de Allegheny Mountains in Virginia en hij stond er al snel om bekend dat hij gauw wist wat de president wilde. In plaats van te luisteren naar Obama's politieke adviseurs, die zich er allemaal op lieten voorstaan dat ze precies wisten wat de president en de first lady het liefst aten, benaderde hij de familieleden zelf als ze het Witte Huis bezochten.

Een assistent van George W. Bush zei tegen Mesnier dat hij geen moeite moest doen voor een uitgebreide verjaardagstaart. Hij stelde voor dat hij gewoon een *angel food cake* moest maken met aardbeien. 'Ik heb nog nooit een angel food cake gemaakt met aardbeien in het gat!' zei Mesnier, een joviale, ronde Fransman met blosjes op zijn wangen. 'Als ze hebben gezien wat je kunt, vergeet dan maar wat ze gewend zijn.'

Als de Amerikanen eenmaal een nieuwe president hebben gekozen, richten alle ogen zich op de toekomst. Voor het personeel van de residentie gaat het leven echter gewoon door. David Hume Kennerly, de Witte Huis-fotograaf van president Ford en een goede vriend van de familie Ford, zei dat werken in het Witte Huis is alsof je op een filmset bent: 'Als de film klaar is, ga je verder met de volgende opdracht.'

Voor het personeel van de residentie is het niet altijd gemakkelijk om om te gaan met de steeds wisselende families. Inauguration Day voelt als het begin van een nieuwe baan; je werkt voor de machtigste familie van het land en hebt geen idee wat ze van je verwachten. Zal de first lady, die veel meer contact heeft met het personeel dan de president, het eten goed vinden, aanmerkingen hebben op de boeketten, of de manier waarop de bedden worden opgemaakt? 'En zo zijn er duizenden dingen die door je hoofd gaan,' bekende Scanlan. 'Zal ze bellen en zeggen: "Ik vind dit afschuwelijk"? Ze kunnen doen wat ze willen.'

Chef-kok Walter Scheib werd aangenomen door Hillary Clinton en ontslagen door Laura Bush. Voor hem was de overgang naar Bush een pijnlijke. Hij had gedurende bijna twee volle termijnen Amerikaanse haute cuisine aan de Clintons geserveerd, en had geen idee wat de Bushes wilden. Van de ene op de andere dag moest hij in plaats van laagjes zomergroenten met citroengras en rode curry Tex-Mex Chex en BLT-sandwiches bereiden. (President Clinton stilde zijn behoefte aan ongezond eten als hij onderweg was en buiten het oplettende oog van de first lady, die zelfs wilde dat de calorieën van de familiediners werden bijgehouden.)

'Het is de enige keer dat een baan mij in de steek liet: de fysieke omgeving was hetzelfde, de potten en pannen waren dezelfde, alle ovens waren dezelfde, maar je kende je werk niet meer. Je moest in één middag letterlijk opnieuw je werk leren doen.'

Mesnier noemt het afscheid nemen van de vertrekkende familie als weinig minder dan een begrafenis.

Het verlaten van de prettige omgeving van het Witte Huis is voor de presidentiële familie ook niet altijd gemakkelijk. President George H.W. Bush schoot vol toen hij het personeel voor zich zag staan om afscheid te nemen. Hij kon geen woord uitbrengen. 'We waren allemaal te emotioneel om te kunnen zeggen wat we voelden, maar ik denk dat ze wel wisten hoeveel liefde we voor ze voelden,' herinnert Barbara Bush zich. Voordat ze naar het Capitool vertrokken, rende ze door de Red Room en de Blue

Room om alle butlers persoonlijk te omhelzen. 'Vanaf dat moment ging het alleen maar bergafwaarts. Het moeilijke deel was voorbij voor mij.'

De stap terug naar het gewone, burgerlijke leven is moeilijk, hoezeer de presidenten en first lady's ook zeggen dat ze terugverlangen naar hun privacy. Toen de Reagans afscheid namen van het personeel van de residentie in de State Dining Room, zei de president bij wijze van grap: 'Je kent toch het enige probleem van het vertrek uit het Witte Huis? Als ik morgenochtend wakker word, hoe zet ik dan de elektriciteit aan? Dat heb ik acht jaar lang niet zelf gedaan. Jullie hebben dat al die jaren voor me gedaan. Hoe zet ik de schakelaar om? Ik weet het niet.' (Nancy Reagan zei dat haar man hield van de luxe van de residentie; hij noemde het een achtsterrenhotel. Zij was het met hem eens. 'Elke avond, als ik een bad nam, kwam er een dienstmeisje langs die mijn kleren meenam om ze te wassen en ze naar de stomerij te brengen. Het bed was altijd opengeslagen. Vijf minuten nadat Ronnie thuiskwam en zijn pak had opgehangen, was het uit de kast verdwenen om te worden geperst, schoongemaakt of geborsteld.')

In haar memoires biedt Barbara Bush een zeldzaam inkijkje in hoe beschut de presidentiële familie wordt na een jarenlang leven met koks, dienstmeisjes en butlers. De Bushes hadden tientallen jaren in openbare dienst geleefd en stonden erom bekend dat ze er niet aan gewend waren om boodschappen te doen. (Tijdens zijn campagne voor herverkiezing in 1992 werd Bush belachelijk gemaakt omdat hij niet wist wat een supermarktscanner was.) Niet lang nadat hij was afgetreden, vertelt Barbara Bush, ging haar man naar Sam's Club en kocht de grootste pot spaghettisaus die hij kon vinden en wat spaghetti voor het avondeten.

Terwijl hij ging zitten om naar het nieuws op tv te kijken, begon de voormalige first lady te koken. Ze stootte per ongeluk de enorme pot met saus van het aanrecht, waarna deze op de keukenvloer in stukken brak. Ze moesten toch iets eten en zochten naar een alternatief. 'Op die avond deden George en ik een geweldige ontdekking: je kunt een pizza bestellen!'

Soms is het afscheid ook grappig. Lyndon Johnsons jongste dochter Luci, nu zevenenzestig jaar oud, begon aan een verpleegstersopleiding toen ze in het Witte Huis woonde en maandenlang bewaarde ze de foetus van een kat, waarop ze sectie oefende, in de koelkast van het Solarium op de derde verdieping. Ze gaf de foetus het koosnaampje 'Crunchy', omdat hij werd bewaard in een pot waar *crunchy* pindakaas in had gezeten. Op de dag van vertrek gaf een dienstmeisje die Clara heette en met wie ze goed bevriend was geraakt, haar de pot en zei: 'Dit is het enige wat ik kan bedenken waarom ik blij ben dat je weggaat.' De twee omhelsden elkaar en 'huilden tranen met tuiten'.

'Ik wist dat het nooit meer hetzelfde zou zijn,' zei Luci. 'Ik wist dat ze haar energie en eerbied en vriendelijkheid zodra ik de deur uit was zou inzetten om de meisjes Nixon zich net zo thuis te laten voelen als ze dat bij mij had gedaan. De trouw die het personeel van het Witte Huis voelt ten opzichte van het huis en de president en zijn familie is iets wat je er trots op doet zijn om een Amerikaan te zijn.'

Elektricien en hondenverzorger Traphes Bryant, die sceptisch stond tegenover Lyndon Johnson toen hij met zoveel lawaai de residentie betrok, was er kapot van toen de Johnsons in 1969 terugverhuisden naar Texas. 'Het was voorbij. Het was echt voorbij. Het was een opluchting, maar tegelijk ook niet. Het was alsof iemand me vertelde dat ik een familielid nooit meer zou zien,' schreef hij in zijn memoires. 'Ik kende LBJ en ik hield van hem als van een broer. En als we elkaar weer zien, dan zouden we als vreemden voor elkaar zijn. Ik voelde me verloren. En vervolgens voelde ik me vrij, omdat ik zijn pesterijen niet meer hoefde te ondergaan.'

Sommige overgangen zijn gemakkelijker dan andere. President George W. Bush bracht slechts één kast en wat familiefoto's mee, omdat het 'leuke' van het wonen in het Witte Huis volgens Laura Bush is dat je naar het pakhuis in Maryland kunt gaan en stukken kunt kiezen uit de Witte Huis-collectie om je huis mee in te richten. Het hielp natuurlijk dat de Bushes het huis al kenden. 'Je kreeg nauwelijks tijd om adem te halen en het was al klaar,' zei Bob Scanlan over hun verhuizing.

Voor de Bushes hun meubels konden uitkiezen, kregen ze echter nog te maken met een zeer onverwachte complicatie: de hertellingen van 2000, waardoor de uitkomst van de verkiezingen tot 12 december onduidelijk bleef, meer dan een maand na de stemming. Misschien volgde niemand, behalve de kandidaten zelf, de ontwikkelingen zo nauwgezet als de personeelsleden van de residentie. Tussen Election Day en de dag waarop het Supreme Court Bush' overwinning bekendmaakte, hield Walters het nieuws voortdurend in de gaten, vol spanning om te weten wie hij onder zijn hoede zou krijgen, George W. Bush of Al Gore. Toen de beslissing was gevallen, had Laura Bush minder dan de helft van de gebruikelijke tijd om de verhuizing voor te bereiden.

De hertelling was bijzonder omstreden; de uitkomst van de nationale verkiezingen hing af van de resultaten in Florida en toen Al Gore toch leek te verliezen, was de staf van Bill Clinton woedend. Vooral de jongere assistenten van Clinton staken hun afkeer van de komende president niet onder stoelen of banken. Een van hen schreeuwde tegen kok Mesnier dat Bush het nooit langer dan één termijn zou uithouden: 'Wij schoppen hem er wel uit!' Geheel volgens de gebruikelijke vergevingsgezindheid van het personeel zegt Mesnier: 'Ik liet hem zijn woordje doen en zweeg.' (Hij zegt dat de Clintons zelf ook niet blij waren met het gedrag van hun personeel, afgezien van de trouw die eruit bleek.)

Wie de verkiezingen ook gewonnen had, de Clintons vonden het vreselijk om te vertrekken. Hillary zei zelfs dat ze het Witte Huis, na er acht jaar te hebben gewoond en er ongelooflijk pijnlijke momenten te hebben beleefd, nog steeds beschouwt met dezelfde eerbied die ze voelde toen ze als klein meisje haar gezicht tegen het hek drukte om het beter te kunnen zien. Het hele gezin, inclusief Chelsea, maakte nog één keer gebruik van hun privébioscoop om, tot ver na middernacht, de film *State and Main* te bekijken, de avond voor de inauguratie van president George W. Bush. Ze wilden geen minuut missen van hun verblijf in het huis. 'Ze waren zo moe van die avond dat toen Barbara, Jenna en ik even naar Bill keken tijdens de inaugurele rede van George, hij zat te dutten,' herinnert Laura Bush zich.

President Clinton bekende de ochtend van de inauguratie aan de Bushes dat hij het inpakken zo lang had uitgesteld dat hij tegen het eind gewoon maar laden uit kasten trok en de inhoud in de dozen stortte.

Hillary Clinton waardeerde de eerbiedwaardigheid van het huis, maar ze had ook spijt van dingen. Ze vertelde Laura Bush dat ze wilde dat ze er niet zo op had aangedrongen dat ze een kantoor in de West Wing zou krijgen en dat ze niet zoveel uitnodigingen had afgeslagen vanwege haar drukke programma. Ze voelde zich met name schuldig omdat ze een uitnodiging van Jackie Kennedy om naar een balletvoorstelling te gaan niet had aangenomen. Jackie overleed een paar maanden later. Haar advies aan Bush was: verlies niet uit het oog wat belangrijk is.

Personeelsleden bevonden zich regelmatig in het centrum van het wereldnieuws. Betty Monkman, die van 1976 tot 2002 op de curatorenafdeling werkte en uiteindelijk hoofdcurator werd, was verantwoordelijk voor de medewerkers die bij elke komst van een nieuwe familie kunstwerken ophingen en verwijderden. Tijdens de overgang van Carter naar Reagan zette de staf overal in het Witte Huis de tv aan, zodat ze de afloop van het Iraanse gijzelingsdrama konden zien, herinnert ze zich. 'President Carter was de hele nacht met zijn staf in het Oval Office geweest en kwam alleen even naar het huis om zich te verkleden voor zijn afspraak om tien uur met president Reagan,' zei Monkman. 'Niemand wist wat er zou gebeuren. Het hele land wachtte.' De Iraniers lieten enkele minuten nadat Reagan de eed had afgelegd als veertigste president van het land de resterende tweeënvijftig gijzelaars vrij – een laatste schop tegen het zere been van Carter die dag en nacht had gewerkt om hun vrijlating te bewerkstelligen voor het eind van zijn ambtstermijn.

Wat er ook buiten het Witte Huis gebeurt, het personeel is altijd uitsluitend met de verhuizing bezig. 'We waren constant op de been,' zei Monkman. 'Op een keer, tijdens de ambtstermijn van Ford, waren we iets aan het doen in de slaapkamer van Susan Ford, en president Ford kwam binnen om afscheid te nemen van het huishoudelijk personeel. We waren net iets uit elkaar aan het halen. Vlak voor hij naar beneden ging, maakte hij er een punt van om langs te lopen en iedereen persoonlijk te bedanken voor hun werk. Dat was iets wat het personeel erg waardeerde.' Zodra hij weg was, werd er weer doorgewerkt.

Hoewel ze hun best doen niet té gehecht te raken aan de huidige bewoners van het huis, lijkt de sympathie van het personeel altijd uit te gaan naar de zittende president, of hij nu republikein of democraat is. Toen Bill Clinton de eerste president Bush versloeg, ervoer chef-patissier Mesnier de uitslag als een echte ramp. Hij was zo goed bevriend geraakt met de Bushes dat hij niet wist of hij wel onder een andere president zou kunnen werken. Hij was niet de enige: als andere medewerkers zich ziek meldden na de verkiezing van president Clinton, werd er gezegd dat ze de 'republikeinse griep' hadden opgelopen.

Voor een deel komt dat doordat de komst van een nieuwe familie betekent dat alles overboord moet worden geworpen wat ze hebben geleerd over elk lid van de vertrekkende familie en opnieuw moeten beginnen. Toch zijn de meeste getuigen het erover eens dat de liefde van de medewerkers van de residentie voor president George H.W. Bush groter was dan gebruikelijk – hij was echt, bijna diep. De Bushes waren over het algemeen snel tevreden en het personeel voelde zich al snel op zijn gemak bij hen. Zelfs voordat ze naar het Witte Huis was verhuisd, had Barbara

Bush kok Gary Walters er al van verzekerd dat ze geen veranderingen zou aanbrengen in de keuken. 'Ik heb nog nooit slecht gegeten [in het Witte Huis], dus laat de koks maar op de kaart zetten wat ze willen en wij laten ons elke avond wel verrassen.'

'Wat als u iets niet lust?' vroeg hij haar, niet gewend aan zo'n gemakkelijke first lady, nadat hij voor Nancy Reagan had gewerkt.

'Dan zeggen we de chef dat hij dat niet meer moet maken,' antwoordde ze.

Op 11 november 1968, een paar dagen nadat Richard M. Nixon de presidentsverkiezingen had gewonnen, waren hij en zijn vrouw Pat te gast bij de Johnsons op het Witte Huis. Johnson en Nixon waren bittere politieke vijanden, maar ze lieten zich van hun beste kant zien gedurende een vier uur durende lunch. Johnson verbaasde zelfs zijn vrouw met zijn beleefde gedrag. 'Ik vond Lyndon heel vriendelijk en zelfs nogal vaderlijk,' zei Lady Bird. 'Het leek of hij niet praatte met de mens Nixon, maar met de volgende president van dit land.'

Lady Bird toonde de komende first lady de tweede en de derde verdieping, en verzekerde haar van de efficiëntie, toewijding en professionaliteit van het personeel van de residentie.

Gedurende de drukte van de verhuizing neemt menige first lady even een moment voor zichzelf op de ochtend van de inauguratie. 'Je vraagt je af wat er door hun hoofd gaat,' mijmerde hoofd Huishouding Christine Limerick. De Johnsons hadden een speciale voorkeur voor het leven in de residentie. Lady Bird herinnerde zich dat ze op de ochtend van Inauguration Day, haar laatste dag in het Witte Huis, in haar ochtendjas, met een kop koffie in haar hand, over de tweede en derde verdieping dwaalde. Iets meer dan vijf jaar geleden hadden zij en haar familie heel verdrietig het Witte Huis betrokken. Op de avond van 7 december 1963, toen Jackie Kennedy het huis verliet, moet Lady Bird tot tranen toe geroerd zijn geweest door een briefje dat de first lady had achtergelaten. 'Ik wens je een gelukkige aankomst in je nieuwe huis, Lady

Bird,' schreef Jackie. 'Onthoud – je zult hier gelukkig zijn.' Al die jaren later moet ze het verdriet van die eerste paar maanden weer hebben gevoeld.

Ze stond in de Yellow Room en de Lincoln Sitting Room en wilde nog een keer de rijke geschiedenis van die kamers door zich heen laten trekken. Ze nam afscheid van het huis dat zij en haar familie zoveel jaar als hun thuis hadden beschouwd. 'Dit was voor een deel de behoefte van de huisvrouw om te zien of er nog ergens persoonlijke bezittingen waren achtergebleven,' zei ze, 'maar het was toch vooral om stil te staan en te voelen.'

Lady Bird wierp een blik in de kamer van haar dochter Luci, die bezaaid lag met halfgevulde tassen en dozen, en bladerde door een gastenboek, waarin alle gasten die in de loop der jaren bij hen op bezoek waren geweest stonden vermeld. Toen ze naar het Solarium liep, viel het haar op hoe anders het eruitzag zonder meubels. 'De persoonlijkheid was weg en het zag er koud en zakelijk uit, maar wat was het een vrolijke kamer geweest – het bolwerk van de jeugd.' Op de State Floor kon ze de ammonia ruiken toen dienstmeisjes, butlers en vrijwel iedereen van het personeel zich haastten om het huis klaar te maken voor de Nixons.

Terwijl de inaugurele parade aan de gang was, voldeed de staf aan een ongewoon verzoek. De vertrekkende president was een fervent consument van het nieuws op televisie geweest. Overal in het Witte Huis stonden tv-toestellen. 'Lyndon Johnson zat als een koning tegenover vier tv's op een rij naar zichzelf te kijken,' volgens Bryant. 'Daar zat hij; hij maakte opmerkingen en wisselde van geluid tussen het ene naar het andere toestel of hij liet het geluid van verschillende toestellen aanstaan.' Richard Nixon stond erom bekend dat hij niet van het medium hield en na zijn verkiezing kreeg het personeel van de residentie de opdracht om de meeste toestellen uit het huis te verwijderen. Sommige werden losgekoppeld terwijl de personeelsleden probeerden een glimp van de inaugurele parade op te vangen.

Later die ochtend, toen president Johnson en president-elect

Nixon samen op weg gingen naar het Capitool, deelde Lady Bird een auto met Pat Nixon. Toen ze wegreed, was het laatste wat Lady Bird zag door haar achterruit hoe maître d' John Ficklin en butler Wilson Jerman de Johnsons stonden na te kijken. Ze wierp ze een handkus toe. Het moet een bitterzoet gevoel zijn geweest te weten dat de volgende keer dat ze voet zou zetten in haar geliefde Witte Huis, ze dat slechts als gast zou doen.

HOOFDSTUK II

*

Discretie

Geheimhouding, loyaliteit, discretie wordt van elk personeelslid verwacht, niet zozeer persoonlijke trouw aan de zittende president, maar trouw aan het ambt. De sfeer in het huis zou ondraaglijk zijn als de president elk lid van het personeel zou moeten beschouwen als een mogelijke afluisteraar; hij moet kunnen rekenen op hun trouw. Er wordt niet hardop gepraat over staats- en persoonlijke geheimen, maar in een huis waar elke dag zoveel bekentenissen worden afgelegd, moeten sommige de oren van het eenvoudigste personeel wel eens bereiken.

IRWIN 'IKE' HOOVER, HOOFDPORTIER, 1913-1933, 'WHO'S WHO, AND WHY, IN THE WHITE HOUSE', *SATURDAY EVENING POST*, 10 FEBRUARI 1934

Vraag: 'Waarom heb je zo weinig foto's?'
Antwoord: 'Omdat ik wist waar de camera's waren.'

NELSON PIERCE, PORTIER, 1961-1987

'Horen, zien en zwijgen,' antwoordden personeelsleden van het Witte Huis als hun wordt gevraagd om eens iets te vertellen over het persoonlijke leven van de presidentiële families. Als ze iets gemeen hebben, dan is het het vermogen om geheimen te bewaren, zeker als ze nog in functie zijn. James Jeffries was de enige die op dit moment op het Witte Huis werkzaam is en bereid was om over zijn ervaringen te praten. Gepensioneerde medewerkers wezen vaak verschillende verzoeken van de hand voor ze instemden om hun herinneringen te delen, en zelfs dan nog probeerden sommigen om pijnlijke of negatieve ervaringen, hoe vervelend ook, te maskeren door ze mooier te maken. De verhalen die hier worden verteld zijn alleen de verhalen die ze kwijt wilden en vrijwel altijd schemeren hun pogingen om hun ervaringen doordacht en weloverwogen te vertellen erin door. Toch lichten hun herinneringen een tipje van de sluier op en bieden ze een boeiende en soms schokkende blik op de persoonlijkheid van de bewoners van het Witte Huis.

Butlers, dienstmeisjes en dienstknechten hebben intensief en intiem contact met de presidentiële familie. Ze zijn ook het moeilijkst om aan het praten te krijgen, omdat ze het vertrouwen dat de familie in hen stelt niet willen schenden. Zij zijn de eersten die de presidentiële familie 's ochtends zien en de laatsten die ze zien voor ze gaan slapen. Deze personeelsleden – naast enkele andere, zoals de familiekoks – zien de presidenten en hun first lady als ze zich als man en vrouw gedragen: als ze ruziemaken, lachen, huilen en elkaar van advies dienen. Al deze personeelsleden nemen ongetwijfeld veel geheimen mee hun graf in.

Een beeldend voorbeeld van het belang van de discretie van het personeel wordt niet door een personeelslid gegeven, maar door een lid van de presidentiële familie. Ron Reagan herinnert zich dat hij zijn ouders bezocht in het Witte Huis in de tijd van de Iran-Contra-affaire, voordat de regering van zijn vader toegaf dat ze geholpen hadden bij de verkoop van wapens aan Iran in ruil voor de vrijlating van gijzelaars en het ondersteunen van contrarebellen in Nicaragua. Tijdens zijn bezoek was de zoon van de president, destijds halverwege de twintig, er verbaasd over hoe open zijn ouders waren in het bijzijn van de hulp. Ze aten die avond met elkaar in de Family Dining Room op de tweede verdieping en trokken zich vervolgens terug in de West Sitting Hall op de tweede verdieping, een meer informele kamer met een prachtig, van vloer tot plafond reikend ovaal raam dat uitziet op de West Colonnade en de West Wing. Daar vuurde de jonge Reagan vragen af op zijn vader over de Iran-Contra-affaire.

'Op een gegeven moment werd ik een beetje fel,' herinnert hij zich, 'en besefte plotseling terwijl ik mijn vader het vuur aan de schenen legde dat er iemand in de kamer was met een schaal koekjes. Opeens kreeg ik het gevoel dat er iets niet klopte – dat we dit zo goed als openlijk deden.' Maar hij was verbaasd toen tot hem doordrong dat de aanwezigheid van personeelsleden zijn ouders niets leek uit te maken. 'De staf is zo discreet dat niemand zich er zorgen om maakte of er misschien iemand met een verhaal naar de krant zou stappen.' Zulke discretie is een vereiste, beseft Reagan nu. Als de president zich zorgen moet maken over personeel dat misschien met de pers praat, zou het leven daar vrijwel ondraaglijk zijn. Je hebt een plek nodig waar je je kunt terugtrekken en niet constant wordt geobserveerd.

Het kan tijd kosten om een dergelijk niveau van vertrouwen te bereiken. Iedereen van het personeel weet het wanneer de presidentiële familie hem of haar eindelijk vertrouwt, zei hoofdportier Gary Walters. Voor Walters is het steeds weer een bijzonder moment in een nieuwe ambtstermijn als de president hem voor het eerst bij de voornaam noemt.

'Het personeel van de residentie weet het als het gemak waarmee met elkaar wordt omgegaan een punt bereikt waarop we allemaal "ahh" zeggen.' Het gebeurt met de butlers of de portiers als er een gesprek aan de gang is en het niet stopt als je de kamer binnenkomt. Het gaat verder. Dat is een collectieve zucht; we weten dat we hebben aangetoond dat we te vertrouwen zijn.'

Er zijn echter ook momenten dat de president volledige privacy nodig heeft. Butler Herman Thompson herinnert zich dat de zo benaderbare George H.W. Bush soms 'dank je wel' tegen een van de personeelsleden zei. 'Dat betekende dat je je moest omdraaien en vertrekken.'

JAMES RAMSEY

Elke president heeft zijn favoriete butler. Voor president George W. Bush was dat James Ramsey, of gewoon 'Ramsey', zoals hij binnen het Witte Huis liefdevol werd genoemd. Hij was door en door professioneel, maar hij hield ervan om *zingers* (een soort cakejes) met president George W. Bush te delen en hun omgang groeide uit tot een echte band; Ramsey was een van de weinige personeelsleden van het Witte Huis die door de Bushes werd uitgenodigd om aan boord van Air Force One met ze mee te vliegen naar hun ranch in Crawford, Texas. Hij waakte als een leeuw over de privacy van de familie, praatte nooit met de pers en gaf de president nooit een reden om aan zijn loyaliteit te twijfelen. Hij sloeg ook uitnodigingen om iets met zijn collega's te gaan drinken af, omdat 'andere mensen je in de problemen brachten'.

Ramsey had een vrolijke en snelle lach en hij leek oprecht onder de indruk van de families bij wie hij diende gedurende de dertig jaar dat hij als butler op het Witte Huis werkzaam was. Reggie Love, de jonge, knappe en sociale persoonlijk assistent van president Obama, herinnert zich Ramseys aanstekelijke gevoel voor humor. 'Hij zei bijvoorbeeld: "Ik ben nu zeventig jaar oud. Als jij zo oud bent als ik, hoop ik dat je er half zo goed uitziet als ik."'

Ramsey droeg een zilvergrijze snor, die hij pas afschoor toen hij in 2010 met pensioen ging. Hij bracht al zijn kleding naar de stomerij, zelfs zijn ondergoed, en lette er altijd op dat zijn nagels gemanicuurd waren, want de mensen zagen zijn handen als hij ze bediende. Hij schaamde zich er helemaal niet voor dat hij het prettig vond om zichzelf goed te verzorgen. 'Ik wil er gewoon goed uitzien: nagels verzorgd, haar gedaan,' zei hij. 'Ik was nu eenmaal een butler in het Witte Huis!'

Als zelfbenoemd rokkenjager had Ramsey een hele reeks vrouwen na zijn scheiding en hij stelde op personeelsfeesten zelfs een aantal van zijn vriendinnen voor aan George W. Bush. Soms vertelde hij de dochters van Bush over zijn afspraakjes. 'Jenna, Barbara – ik was dol op ze. Ze waren mijn vriendinnetjes. Als ze ernaar vroegen, dan vertelde ik het ze: "Ik heb een vriendin. Zo oud ben ik toch nog niet, zeker?"'

George W. Bush, die Ramsey liefdevol de 'jonge Bush' noemde, plaagde hem genadeloos – en Ramsey gaf hem zo goed mogelijk weerwoord. Hij herinnert zich een dag waarop hij de drankjes verzorgde bij een spelletje softbal op het South Lawn en de president uit de Diplomatic Reception Room kwam. 'Ga eens aan het werk, Ramsey!' riep hij lachend. Zo was hun relatie nu eenmaal, zei hij: ze gingen ongedwongen met elkaar om, ook al was het duidelijk wie er de baas was.

President George W. Bush hield ervan om grappen uit te halen met het personeel. Hij zette fotolijstjes op hun kant als het personeel niet keek en joeg met vliegenmeppers op denkbeeldige vliegen als ze voorbijliepen. 'Het waren geweldige practical jokes die de president met het personeel uithaalde,' herinnerde Andy Card zich, de stafchef van president Bush.

'Bush,' zei Ramsey en hij zweeg even. 'Ik zal die familie nooit vergeten. Al word ik honderd, ik zal die familie nooit vergeten.'

Ramseys kleine flatje, die hij zijn 'vrijgezellenbedoening' noemde, stond vol fantastische foto's van zichzelf met presidenten en andere historische figuren, onder wie Nelson Mandela ('O, daar heb ik er zoveel van, lieverd'), en persoonlijke briefjes van president Reagan en Hillary Clinton, waarin ze hem bedanken voor zijn hulp bij staatsbanketten. Een foto is gesigneerd door president Obama: 'Je bent een goede vriend en we zullen je missen', staat erop.

Hij was zo trots op zijn baan bij het Witte Huis dat zijn vriend, collega-butler Buddy Carter, plagend over hem zei: 'Ramsey – die slaapt met zijn Witte Huis-pasje in de hand.'

Als de presidentiële familie in haar privévertrekken is, op de tweede en derde verdieping van het Witte Huis, is er vrijwel altijd een butler beschikbaar – in de keuken op de tweede verdieping of in de buurt. De kamers zijn voorzien van zoemers die in de keuken afgaan als er iets nodig is, maar Ramsey had ze zelden nodig: 'Ik voelde het als ze iets nodig hadden.'

Het is gemakkelijk te begrijpen waarom Ramsey zo geliefd was. Hij had nog steeds het zangerige Zuidelijke accent van zijn jeugd in Yanceyville, Noord-Carolina. Zijn stiefvader was een tabaksplanter (hij heeft zijn eigen vader nooit ontmoet) en in zijn kinderjaren ploegde hij het tabaksveld om met de muilezel van het gezin.

'Het was zwaar. Ik zei tegen mijn vader: "Als ik van de middelbare school kom, ga ik weg. Ik kan hier niet blijven." Hij antwoordde: "Hoe houd je jezelf in leven?" en ik zei: "Ik moet het erop wagen." Dus toen ik in Washington aankwam, kende ik niemand.'

Op zijn twintigste vertrok hij naar Washington. Hij had geen woonruimte, maar een aardige eigenaar van een benzinepomp liet hem in het tankstation slapen waar hij zich kon wassen in de wc's. Uiteindelijk vond hij een kamer aan Rhode Island Avenue

Northwest, voor tien dollar per week. In die periode raakte hij bevriend met iemand die in het weelderige art deco Kennedy Warren-flatgebouw werkte, in noordwest-Washington. Hij vertelde hem dat hij een harde werker was en zijn vriend regelde een gesprek voor hem. Hij werd direct aangenomen.

Niet lang daarna ontmoette hij op een feestje iemand die in het Witte Huis werkte. Ramsey vroeg of hij hem aan een baan in het Witte Huis kon helpen. Het eerste wat dat personeelslid hem vroeg was of hij een strafblad had.

'Nee, man, ik heb geen strafblad,' antwoordde Ramsey.

'Als dat wel zo is, hoef je geen moeite te doen,' zei de man sceptisch. 'Al is het maar de kleinste overtreding, ze nemen je niet aan.' (Hoofd Operationele dienst Tony Savoy herinnert zich hoe geschokt hij was toen hij hoorde hoeveel sollicitanten een serieus strafblad hadden. 'Iedereen die komt solliciteren, heeft een schone lei. Tot je gaat controleren. Bij het screenen komen al die kleine lijkjes uit de kast. Er kwam tijdens de regering Clinton iemand solliciteren die ons op het laatste moment nog even vertelde dat hij veroordeeld was voor verkrachting. Wij hadden de dertienjarige Chelsea in huis! Die sollicitatiebrief verdween meteen in de prullenbak.')

Ramsey had niets op zijn kerfstok, dus schreef hij een sollicitatiebrief en wachtte. 'Ik kwam op weg naar het Kennedy Warren langs het Witte Huis, wel drie of vier jaar lang en ik dacht bij mezelf: hoe zou het zijn om daar te werken?' zei hij glimlachend. Het duurde enkele jaren voor het Witte Huis hem eindelijk belde. Toen ze met hem hadden kennisgemaakt, namen maître d' Eugene Allen en de toenmalige hoofdportier Rex Scouten hem nog dezelfde dag aan.

Ramsey begon als butler tijdens het presidentschap van Carter en werkte dertig jaar lang in het Witte Huis, onder zes presidenten: Jimmy Carter, Ronald Reagan, George H.W. Bush, Bill Clinton, George W. Bush en Barack Obama. Hij dankt Eugene Allen – 'Hij praatte met me alsof ik zijn zoon was' – voor zijn advies zich overal buiten te houden en alles wat hij binnen de residentie hoorde voor zich te houden. (De film *The Butler* uit 2013, van Lee Daniels, is losjes gebaseerd op Allens leven.)

Tientallen jaren later nog zou Ramsey zich aan Allens instructies houden – hij zou nooit iets loslaten over het privéleven van de mensen die hij diende. 'Je werkt niet bij een McDonald's of een Gino's, maar je werkt hier in het huis,' had Allen tegen Ramsey gezegd. 'Als je in de problemen komt, of iets verkeerds zegt, dan lig je eruit.'

Die zwijgplicht gold niet voor collega's onder elkaar. Hoofdportier Stephen Rochon herinnert zich dat Ramsey hem als eerste van zijn collega's op het Witte Huis verwelkomde en dat hij hem alles vertelde wat er op de tweede en derde verdieping voorviel.

Trouwe personeelsleden als Wilson Jerman, een zacht pratende vijfentachtigjarige toen ik hem onlangs interviewde, was ook doordrongen van de verantwoordelijkheid discreet te zijn over het privéleven van de presidentiële familie. Hij was in 1957 als huisknecht begonnen en ging in 1993 als butler met pensioen. In 2003 kwam hij terug (hij miste 'het huis') en werkte tot 2010 nog als parttime portier. En in die hoedanigheid zag hij iedereen komen en gaan en kende hij hun geheimen.

Jerman ziet zijn loyaliteit aan de presidentiële familie en het bewaken van hun privacy als een natuurlijke reactie op het vertrouwen dat zij in hem stelden. 'Het geeft je een goed gevoel dat je gewoon naar de slaapkamer van de first lady kunt gaan en er kunt oppakken wat ze je gevraagd heeft te halen.'

Katie Johnson, de voormalige persoonlijk secretaresse van president Obama, zei dat ze het leuk vond om de butlers te ondervragen. Toen ze een butler vroeg wat er het meest was veranderd in het Witte Huis gedurende de tien jaar dat hij er werkte, noemde hij twee dingen: meer vrouwen en geen alcohol meer bij de lunch.

Er werd best veel gedronken midden op de dag, vertelde hij haar. 'Een van de redenen waarom ze zoveel personeel hadden, was dat ze midden op de dag martini's stonden te maken voor die bijeenkomsten. Dat zou nu niet meer gebeuren,' zei ze. 'Kun je je voorstellen dat er iemand naar een vergadering van het kabinet gaat en om een droge martini vraagt?'

Nelson Pierce, zesentwintig jaar lang portier op het Witte Huis, die in 2014 op negenentachtigjarige leeftijd overleed, kreeg regelmatig het verzoek de president papieren te brengen die waren geclassificeerd als *'eyes only'*. Ze waren zo geheim dat alleen de president ze mocht zien. Ik had het geluk dat ik Pierce nog voor zijn overlijden kon interviewen. Hij vertelde me dat hij op een dag iets naar president Lyndon Johnson moest brengen om te tekenen, toen deze zat te lunchen met Dean Rusk (minister van Buitenlandse Zaken), Robert McNamara (minister van Defensie) en een tiental andere adviseurs. Ze spraken destijds ongetwijfeld over Vietnam.

Pierce stond gespannen naast de president te wachten tot hij het document zou tekenen, toen hij iets ongebruikelijks hoorde. 'Minister McNamara verhief zijn stem en schreeuwde tegen de president. Hij was boos over iets. Ik zou geen enkel woord meer kunnen reproduceren van wat hij tegen de president zei of van wat de president tegen hem zei. Ik heb geen idee en zou op een stapel bijbels kunnen zweren dat ik me geen woord meer herinner van wat er werd gezegd, want je drukt het weg. Zelfs onder hypnose denk ik niet dat ze iets naar boven zouden kunnen krijgen.'

Tientallen jaren later zei Witte Huis-stafchef Andrew Card dat hij tijdens de vergaderingen in het Oval Office met George W. Bush merkte dat sommigen van zijn collega-adviseurs nerveus werden als er butlers of andere personeelsleden binnenkwamen.

'Ze probeerden zo onopvallend mogelijk te zijn als ze hun werk deden. Ik denk dat andere mensen zich ongemakkelijker voelden bij de aanwezigheid van een butler dan de president of de first lady. Ze wisten niet of ze moesten ophouden met praten!'

En toch kan de eigenschap waar het personeel het meest trots op is – hun vermogen om in de achtergrond op te gaan – ook vernederend zijn. Dat de president erop rekent dat ze gesprekken niet horen heeft personeelsleden van het Witte Huis soms het gevoel gegeven dat ze niet bestonden.

'Alles werd gezegd waar je bij was. Het verbaasde me nogal,' zei butler Herman Thompson die parttime op het Witte Huis werkte, van de periode Kennedy tot de eerste regering Bush. 'Die gesprekken in de State Dining Room gingen gewoon door als je er aan het werk was. Je zou denken dat ze over sommige dingen zouden fluisteren. Het was bijna alsof je niet bestond.'

Soms leken de president of de first lady zich er totaal niet van bewust te zijn dat het personeel zo dichtbij was. Nelson Pierce herinnert zich zijn ongemak toen hij op een avond koffers naar boven bracht naar de kamer van de Reagans, en Nancy Reagan tegen haar man – de machtigste man ter wereld – stond te schreeuwen waar hij bij was. 'Ze schold hem uit omdat hij de tv had aangezet. Hij zei: "Schat, ik kijk alleen even naar het nieuws." Zodra zij de deur had geopend, zat ze hem op de huid als een kenau. Recht voor mijn neus. Ik dacht dat ze wel onder vier ogen op hem zou mopperen. Hij keek naar het nieuws van elf uur. Ze vond dat hij moest slapen. Ik was een beetje verbaasd, dus ik zette de bagage neer en maakte me zo snel mogelijk uit de voeten.'

President Johnson kleedde zich vaak uit in het bijzijn van personeelsleden en stond erom bekend dat hij opdrachten uitdeelde terwijl hij op de wc zat. Verslaggever Frank Cormier was een keer geschokt toen hij de steward van Air Force One en de huisknecht Paul Glynn in het vliegtuig geknield voor de president zag zitten terwijl ze zijn voeten wasten – temeer omdat Johnson Glynn geen blik waardig keurde.

'Johnson praatte maar door en gaf ze geen enkele aandacht, behalve dat hij nu en dan zijn benen andersom over elkaar sloeg, als het tijd was dat Glynn zich over de andere voet ontfermde,' merkte Cormier op. Nadat hij dit gezien had, zei Cormier, keek hij er niet meer van op toen hij hoorde dat Glynn ook Johnsons teennagels knipte.

Meestal echter gaf het zo intiem werken voor de machtigste familie ter wereld het personeel juist een trots gevoel. En het is in hun eigen belang dat ze zwijgen over wat hun misschien ter ore komt. Susan Ford, die nog maar zeventien jaar was toen haar vader president werd, zei: 'Die mensen zouden er niet zoveel jaren werken als ze kletsten.'

Witte Huis-schilder Cletus Clark, die werkte voor presidenten van Nixon tot George W. Bush, vertelde nooit een geheim door. 'Ik ben net een spook. Ik ben altijd op mezelf gebleven. En ik kan goed van kwaad onderscheiden.'

'Ze dienen de ene president na de andere, ze kennen alle gezinnen en ze zijn altijd discreet,' vertelde Laura Bush, op rustiger toon dan haar schoonmoeder. Ze bewaren hun discretie ook als ze een praatje maken met de presidentiële familie. 'Ze praten nooit over de presidenten die er voor jou woonden en ook nooit over hun familie, en dat bewonderden en respecteerden wij, want wij wilden dat zij ons ook zo behandelden wanneer wij vertrokken.'

De herinnering aan gewone dingen die door de meeste families worden gekoesterd, zijn vooral kostbaar voor presidentiële families, die vaak personeelsleden uitnodigden om samen met hen hun vrije tijd door te brengen. Laura Bush vertelde dat haar man en butler Ron Guy allebei van vissen hielden. 'Elke keer als de butlers op onze ranch kwamen, wat het geval was als we staatshoofden op de ranch ontvingen, gingen George en Ron zodra de gelegenheid zich maar voordeed vissen op baars. Ik heb een vergroting van een foto van George en vicepresident Cheney en Ron Guy op de kleine, elektrische *bass boat* die we op onze ranch hebben, aan het vissen.'

'We kenden iedereen die er werkte op allerlei manieren. We kenden ze zo goed,' zei Mrs. Bush. 'Harold Hancock, weet ik nog, was een van de portiers die we graag mochten. Hij was zo vriendelijk, aardig en hij overleed toen wij er woonden. Ik heb een prachtige foto van hem bij de deur, terwijl hij wacht tot de president terugkomt met Spot, onze hond... Ze zijn altijd geweldig met dieren. Ze deden altijd of ze gek waren op alle dieren, of dat nu waar was of niet.'

Luci Baines Johnson zegt dat ze gek was op Wilson Jerman en hem zich ook nu nog levendig voor de geest kan halen, bijna vijftig jaar nadat ze het Witte Huis verliet. 'Hij had een glimlach die een wild beest kon kalmeren,' zegt ze met haar trage zuidelijke accent.

Het is een ultiem voorbeeld van discretie dat Jerman manieren ontdekte om vragen van zijn omgeving te ontlopen door nooit echt toe te geven waar hij werkte. 'Dan zei ik: "Ik werk op Pennsylvania Avenue nummer 1600", en negenennegentig procent van de mensen wist niet waar dat was. Dan vroegen ze: "Welk pakhuis is dat? Welk gebouw is dat?" En dan zei ik: "Het is in het centrum."' Hij had geen zin om antwoord te geven op de vloedgolf van vragen die zou volgen als hij de waarheid zou vertellen.

Net als Ramsey was ook Jerman zo bang dat hij iets zou zeggen wat hem zijn baan zou kosten dat hij helemaal niet over zijn baan praatte in de jaren dat hij er werkte. 'Er zouden te veel vragen worden gesteld,' zei hij. 'Je ziet dingen, maar je ziet ze nooit echt. Je hoort dingen, maar je hoort ze nooit echt. En je weet niets.'

Zelfs tegen de achtergrond van grote historische gebeurtenissen bleef Jerman gefocust op zijn werk en leek hij er niets over te willen loslaten. In de vooravond van 15 april 1986 waren Jerman en chef-kok Frank Ruta bezig met het eten klaar te maken voor de Reagans toen de president binnenkwam. Hij kwam vaker de keuken in, maar deze keer was het niet om te zien wat er die avond op tafel zou komen.

'Ik wil even zeggen dat we over vijf minuten beginnen met een bombardement in Libië en ik wil dat jullie de eersten zijn die dat weten,' kondigde Reagan aan.

'Dat is mooi, president,' antwoordde Jerman, 'maar hoe laat wilt u eten?'

Reagan stond stil, dacht even na en zei: 'Dat kun je beter aan mijn vrouw vragen.'

Ruta lachte toen hij weer terugdacht aan de verbaasde blik op Reagans gezicht. Even later trok Mrs. Reagan haar man de keuken uit; zij was er altijd bang voor dat hij te veel met het personeel besprak, zeker als het ging om nieuws rond de nationale veiligheid.

Ruta was nog maar tweeëntwintig toen hij in de keuken van het Witte Huis begon, waar hij de maaltijden voor de familie Reagan bereidde. Hij vertelde me dat Nancy Reagan haar man enorm beschermde – haar toewijding was compleet en oprecht – maar dat Mrs. Reagan niets van het personeel in de residentie te vrezen had. Ruta roddelde nooit en vroeg de dienstmeisjes en butlers ook nooit om hem iets te vertellen. 'Hun privacy moest worden gerespecteerd. Je bent daar niet om ze te bespioneren.'

Soms konden de personeelsleden er niets aan doen dat ze een privémoment meemaakten. Elke avond brengt de portier die nachtdienst heeft het briefingboek naar de president. Daarin staat gevoelig materiaal dat door het personeel van de West Wing bij elkaar is gebracht om de president voor te bereiden op de volgende dag. Daarna doet hij het licht uit. Portier Chris Emery herinnert zich dat hij de Reagans na het eten vaak samen in de woonkamer aantrof als hij het briefingboek kwam brengen. 'Soms zaten ze naar *Who's the Boss?* te kijken – de tv stond erg hard, omdat hij een beetje hardhorend was. Het was acht of negen uur 's avonds en hij zat daar met zijn grote bril op zijn neus en in zijn rode ochtendjas in een gebloemde stoel met een dienblad naast hem vol papieren. Hij zat te werken. Mrs. Reagan zat naast hem en vaak als ik naar boven ging, zaten ze hand in hand. Er was niemand die het zag.'

Schilder Cletus Clark zei dat hij zijn best deed om de familie niet te storen, ook al maakte hij zijn werk er ingewikkelder mee. 'Ze wilden echt niet dat we er te vaak waren. Je moest zo veel mogelijk om de presidentiële familie heen werken. Als ze in de West Sitting Hall waren en we naar beneden moesten, naar de Queen's

Bedroom, die aan de oostkant ligt, dan gingen we naar de derde verdieping en liepen we daar door de gang en dan gingen we over de achtertrap omlaag. Je moet toch doorwerken.'

Clarks trouw aan zijn baan bleek ook toen hij opdracht kreeg voor schilderwerk aan het huis van Charles 'Bebe' Rebozo, de beste vriend van president Nixon. De pers had er algauw lucht van gekregen en stelde het gebruik van personeel van het Witte Huis voor een dergelijke klus aan de kaak.

'Ik deed wat mij gevraagd werd,' zei Clark. 'Ik stel geen vragen.'

Barbara Bush zei dat het personeel van de residentie waarschijnlijk minder roddelt dan mensen normaal gesproken doen. 'Natuurlijk,' voegde ze daaraan toe, 'moet ik toegeven dat wij nu eenmaal een perfect gezin vormen.'

Rosalynn Carter waardeerde de discretie van de staf. 'Ik vertrouwde ze volledig. Ze waren allemaal zo goed. Er staat me niet bij dat ik ooit iets voor ze verborgen hield, maar ik kan me ook niet herinneren dat ze ooit probeerden mee te luisteren. Ik denk dat ze gewoon bezig waren als wij zaten te praten, maar ik kan me dat helemaal niet herinneren.'

Deze mensen houden niet van de schijnwerpers. Portier Nelson Pierce, een slanke man met een vriendelijke lach, heeft niet veel foto's van zijn periode op het Witte Huis, grotendeels omdat hij gedurende de zesentwintig jaar dat hij daar werkte (1961 tot 1987) zo consequent fotografen uit de weg ging. 'Ik was daar niet om op de foto te gaan,' zei Pierce. 'Ik ben drie keer op tv te zien geweest: een keer toen ik de kerstverlichting aanstak op de North Portico en er eigenlijk geen camera's bij mochten, maar ze er toch waren. En twee keer toen ik een paraplu omhooghield: een keer voor de president en een keer voor de first lady toen ze uit de helikopter kwamen.'

Discretie is vooral van belang als het gaat over het beschermen van de manier waarop voedsel voor de presidentiële familie wordt beveiligd. Voor grote bestellingen maakt het Witte Huis gebruik van vooraf gescreende bedrijven, waarvan de medewerkers grondig zijn doorgelicht door de FBI en de Geheime Dienst. De spullen worden opgehaald door ambtenaren van de Geheime Dienst en naar het Witte Huis gebracht. Als de president een voorkeur ontwikkelt voor een bepaalde lekkernij die hij op zijn reizen leert kennen en hij wil dat die naar het Witte Huis wordt gestuurd, dan moeten er soms maatregelen worden getroffen. Zo kan het eten bijvoorbeeld aan het huis van een personeelslid worden geadresseerd zodat niemand te weten komt dat het voor de president bestemd is.

Voor de gewone maaltijden voor de presidentiële familie worden de ingrediënten echter anoniem ingekocht door personeel van de residentie, om de veiligheid te waarborgen. Hoofd Voorraadkamer William 'Bill' Hamilton, het personeelslid dat het langst in dienst was (hij begon in 1958 onder president Eisenhower en ging in 2013 met pensioen) was verantwoordelijk voor de boodschappen voor de reguliere maaltijden en soms voor grotere diners. Hamilton, een slanke, kale zevenenzeventigjarige die er opvallend jong uitziet, rende vaak naar een plaatselijke supermarkt om iets te halen voor de familie, van wc-papier tot appels. Hij wil nog altijd niet zeggen welke winkel dat was. ('Dat mag ik niet vertellen van de Geheime Dienst!') Anonimiteit was cruciaal: niemand wist dat hij inkopen deed voor de presidentiële familie, en niemand zou zijn eten willen vergiftigen.

Hamiltons kantoor zat onder de North Portico, tegenover de keuken op de begane grond, waardoor hij gemakkelijk contact kon houden met de kok over de ingrediënten die nodig waren voor de dagelijkse maaltijden. Als het tijd was om boodschappen te doen reed Hamilton gewoonlijk in een busje van de Geheime Dienst dat leek op een normale SUV naar de markt, in plaats van een opvallend zwart busje uit de vloot van het Witte Huis. 'Gewoon een busje, behalve het feit dat de stoelen en al het andere eruit gesloopt zijn, maar vanbuiten ziet het eruit als een gewoon busje.'

Omdat er geen postpakketjes worden aangenomen in het Witte Huis, wordt alles afgehandeld via de Geheime Dienst in een gebouw in het verre Maryland. Als je chef-patissier Roland Mesnier, de leidinggevende van de Patisserie, vroeg hoe je de president iets lekkers kon sturen, dan zei hij dat je geen moeite hoefde te doen. 'Je kunt het wel sturen, maar de president krijgt het niet. Het wordt vernietigd.'

Als de president buiten het Witte Huis eet, is er altijd een militair aanwezig om de keuken te controleren, te zien hoe het eten wordt klaargemaakt en het te proeven om te zien of het veilig is. Jane Erkenbeck, assistent van Nancy Reagan, zei dat haar hotelkamer altijd naast die van de first lady was, ook omdat het dan gemakkelijker was voor Mrs. Reagan om maaltijden van de roomservice veilig te laten afleveren. Erkenbeck vertelde: 'Ik bestelde het eten en het werd altijd bij mij afgeleverd, nooit bij haar. Ik bracht het vervolgens naar haar kamer.'

Op het Witte Huis werken vraagt ook een bepaalde mate van zelfbeheersing onder bijzondere omstandigheden, zelfs van personeelsleden die niet dagelijks contact hebben met de presidentiele familie. Loodgieter Reds Arrington en zijn broer Bonner, die timmerman was, werden door hun oom – die hun hun baan bezorgde – gewaarschuwd dat het belangrijk was om niet uit de school te klappen.

'Ze hielden allemaal hun mond dicht,' zei Margaret Arrington, de weduwe van Reds Arrington. Nu het allemaal zo lang geleden is, voelt zij zich vrij om te praten over waar haar man achter gesloten deuren getuige van was.

Als de familie er was, herinnert zij zich, 'verdwenen' haar man en zijn broer doorgaans. Ze maakten zich uit de voeten. 'Maar ze deden alles wat hun gevraagd werd. Zo moesten ze een keer wat stoelen verplaatsen voor Jackie Kennedy. Toen ze uit de lift kwamen, zat zij aan het eind van de gang te telefoneren. Ze had een been opgetrokken en speelde met haar tenen.' De first lady droeg een broek en haar nonchalante gedrag overviel de broers. 'Ze waren zo geschokt om haar daar in zo'n onvrouwelijke houding te zien zitten dat ze met de stoel tegen een muur aan liepen!' Ze raakten de muur zo hard dat ze bang waren dat het kostbare antiek beschadigd was.

Als de first lady of de president besluit om naar beneden te komen voor een onverwacht bezoek, proberen personeelsleden elkaar te waarschuwen. Ze zeggen het tegen hun collega's, zodat deze niet worden overvallen. Volgens Reggie Love belde de Geheime Dienst of de secretaresse van de president naar de portiersloge om ze te laten weten dat de president naar beneden kwam of een van de werkplaatsen wilde bezoeken.

Cletus Clark herinnert zich dat hij, toen Betty Ford naar beneden kwam om hem te bedanken aan het eind van de ambtstermijn van haar man, een paar minuten van tevoren werd gebeld vanuit de portiersloge: 'De first lady komt eraan, dus gedraag je.'

Hoofd Huishouding Christine Limerick werkte vierendertig jaar in het Witte Huis. Ze ging in 2008 met pensioen. Haar gele ranch in Delaware is, anders dan de huizen van sommigen van haar collega's, geen museum van haar jaren in het Witte Huis. (Een kamer is wel gevuld met haar teddybeercollectie.) De enige verwijzing naar haar interessante carrière is een kerstkaart van de Clintons die in de eetkamer hangt. Limerick, een vriendelijke vrouw met kortgeknipt wit haar, leerde haar man, Robert, kennen toen hij als technicus op het Witte Huis werkte. Ze is totaal niet onder de indruk van haar nauwe betrekkingen met de beroemdste families ter wereld. En ze is heel geliefd bij de staf met wie ze zoveel jaar heeft samengewerkt.

Limerick was haar baas en haar vriendin, vertelde Betty Finney, die van 1993 tot 2007 als dienstmeisje op het Witte Huis werkte. Limerick deed alles voor je als je hulp nodig had.

De weg naar Pennsylvania Avenue was een bijzondere voor Christine Limerick. In 1972 zakte ze voor een toelatingsexamen Chinese geschiedenis aan de prestigieuze George Washington

CHRISTINE LIMERICK

Universiteit in Washington D.C., waarna ze cocktailserveerster werd in het elegante Mayflower Hotel, vlak bij Connecticut Avenue. Haar vader vond het maar niets, en was helemaal niet blij toen ze de interne huishoudingopleiding in het hotel ging volgen. 'Ik heb mijn dochter niet opgevoed om wc's schoon te maken,' foeterde hij.

Dat zou allemaal veranderen.

'Toen ik de baan kreeg in het Witte Huis, belde ik hem en zei: "Je dochter maakt nu wc's schoon in het Witte Huis. Wat vind je daarvan?"'

Als hoofd Huishouding was het Limericks taak om dienstmeisjes aan te nemen en te ontslaan (in overleg met de hoofdportier). Ze herinnert zich dat een aantal dienstmeisjes alweer na enkele weken vertrok – óf omdat ze te zeer onder de indruk waren om hun werk te doen in de nabijheid van het machtigste echtpaar ter wereld, óf omdat ze de nodige discretie misten.

'Er bestaat een wankel evenwicht tussen de familie dienen en weten wanneer je ze uit de weg moet gaan,' zei ze. 'Sommigen van die dienstmeisjes zijn misschien niet de beste beddenopmakers ter wereld, daar zouden ze waarschijnlijk geen prijzen mee winnen, maar ze wisten wel wanneer de familie hen nodig had en wanneer het tijd was om te vertrekken.'

De Clintons waren haar favoriete familie om voor te werken. Ze zei dat het het meest gepassioneerde presidentiële stel was die hun schandelijke pieken en dalen in hun privévertrekken uitvochten. Limerick herinnert zich dat het een heftige ervaring was om in die periode op het Witte Huis te werken. Het echtpaar had soms enorme ruzies en schokte het personeel met hun gevloek. Soms ook vervielen ze in perioden van ijzige stiltes. In gelukkiger tijden dwaalden ze laat op de avond door de residentie als ze niet konden slapen, knoopten ze gezellige praatjes aan en bewonderden ze het huis.

Ivaniz Silva, die met Limerick in het Mayflower had gewerkt, werd in 1985 door haar als huishoudster aangenomen. Ze is sinds 2008 met pensioen en woont met haar jongere zuster, die nog altijd als dienstmeisje op het Witte Huis werkt, in de buurt van de Howard Universiteit. Toen ze nog op het Witte Huis werkte, moest Ivaniz om halfzes opstaan en twee bussen nemen om op tijd te zijn voor haar dienst die om halfacht begon. Ze herinnert zich dat ze moest lopen als het sneeuwde. Het rooster was drie weken ochtenddienst, van halfacht tot vier uur 's middags en een week avonddienst, van twaalf uur tot acht uur 's avonds.

Ze deed altijd wat er gevraagd werd. Als een gast iets vroeg wat eigenlijk niet tot haar taken behoorde, zoals het zomen van een jurk, dan deed ze het toch. Ze naaide het meest voor de Clintons en voor Laura Bush.

Limerick beschrijft hoe voorzichtig het personeel te werk moet gaan om de presidentiële familie niet te storen. 'We werkten twee stappen achter ze aan,' herinnert ze zich. 'Als ze de kamer binnen lopen, kijken ze naar je en zeggen: "Ga maar door hoor, je hoeft niet weg te gaan." Als ze zeggen dat je kunt blijven, doe je wat je moet doen, maar je hebt een vermogen om wat er om je heen gebeurt gewoon langs je heen te laten gaan. Als ze mensen ontvangen of als er een gesprek gaande is tussen de president en de first lady – soms heftig, soms niet, soms hartstochtelijk, soms niet – dan vraag je gewoon: "Mag ik blijven? Mag ik dit afmaken?" Je doet gewoon je werk en je vergeet het of je stopt het weg.' Zelfs als de familie alleen wilde zijn, verliet het personeel de ene kamer en werkte in de kamer ernaast verder. 'Als ze privacy nodig hadden, dan sloten ze de deuren die op de badkamer uitkwamen en hoefden wij niet weg.'

Limerick zegt dat dienstmeisjes dezelfde code naleefden als butlers: ze kijken, maar zien niet, ze luisteren, maar horen niet. Ze spreken niet tegen de leden van de presidentiële familie of hun gasten, tenzij ze worden aangesproken, en ze benaderen ze nooit met een persoonlijk verzoek.

Soms moesten de dienstmeisjes een oogje dichtknijpen voor ondeugend gedrag van de kinderen van de president – zoals alcohol drinken op een leeftijd waarop dat nog niet mag. Het personeel van de residentie voelt over het algemeen mee met kinderen die in het Witte Huis opgroeien, met zo weinig privacy. 'Ik was ook geen engel toen ik twintig, eenentwintig was,' zegt Limerick. Ze identificeerde zich met de kinderen. 'Ze houden feestjes en krijgen vrienden over de vloer en dan gebeurt er wel eens wat,' zegt ze. De meeste personeelsleden vinden dat ze beter binnen de poorten van het huis kunnen drinken dan daarbuiten, waar het zowel hun fysieke veiligheid als de reputatie van hun ouders in gevaar zou kunnen brengen.

Susan Ford, die in de residentie kwam wonen toen ze een tiener was, herinnert zich dat het personeel haar 'voorzichtig aanstootte' als ze zich ongepast gedroeg. Maar hun waarschuwingen hadden volgens haar niet hetzelfde gewicht als die van haar ouders. Sommige dingen die zij en haar vrienden deden, zoals vuurwerk afsteken vanaf het terrein van het Witte Huis op Onafhankelijkheidsdag (wat verboden is in Washington D.C.), deden ze omdat ze wisten dat ze ermee weg konden komen. 'Wie komt er nu achter de hekken van het Witte Huis om jou te arresteren?' Ford zegt dat het heel gemakkelijk was om in het Witte Huis aan drank te komen: de koelkast in het Solarium zat vol frisdrank en bier voor de gasten. 'Welke tiener drinkt er nou geen bier als het voor zijn neus wordt gezet?'

De drie volwassen zonen van president Carter brachten veel tijd door op de residentie gedurende zijn presidentschap. Bloemstylist Ronn Payne, die op het Witte Huis begon tijdens de regeringsperiode van Nixon en vertrok toen Clinton president was, zei dat hij meer werk had aan de kamers van de zonen van de president op de derde verdieping dan aan bloemen verversen. 'Ik moest regelmatig waterpijpen wegmoffelen,' zei hij. (Het openlijk roken van marihuana ten huize van de president werd bevestigd door een ander lid van de huishoudelijke staf, op voorwaarde van anonimiteit.) Als een van de zoons van Carter op straat zou worden aangetroffen met de illegale drug zou hij worden gearresteerd, maar ze rookten binnen het Witte Huis zonder voor enige gevolgen te vrezen.

De moeder van president Carter, Lillian, en zijn jongere broer Billy waren ook vaste gasten op het Witte Huis. Zij waren beide kleurrijke figuren. Lillian, destijds in de tachtig, stond erom bekend dat ze wel van een borrel hield (de president had tegen het personeel gezegd dat ze haar bij de drank moesten weghouden, dus vroeg ze een butler een fles Jack Daniel's te halen in een drankwinkel aan Connecticut Avenue en die naar haar kamer te brengen), en Billy raakte tijdens het presidentschap van zijn broer bij verschillende schandalen betrokken. Het personeel noemde Carters broer 'Billy Beer' naar het bier waar hij zo enthousiast reclame voor maakte, en als hij dronken was zorgden ze ervoor dat hij niet de straat op ging, vertelde butler Herman Thompson. 'Als ze wisten dat je echt onder invloed was en je stond dicht bij de president, zoals een broer of een neef, dan ging je *nergens* heen.'

Op een Onafhankelijkheidsdag, tijdens de regering van George W. Bush, toen zijn dochters Jenna en Barbara oud genoeg waren om officieel te mogen drinken, lieten hun ouders ze alleen in het Witte Huis achter terwijl zij zelf naar Camp David gingen.

'Ze vonden het goed dat Jenna en Barbara een feestje gaven op de tweede verdieping en wij sleepten al het meubilair uit de Yellow Oval Room zodat ze konden dansen. Ze feestten de hele nacht,' zei Limerick. Ze glimlachte bij de herinnering. 'We hadden de Lincoln en de Queens' Bedroom afgesloten – daar konden ze niet komen – maar verder konden ze gaan en staan waar ze wilden. Ze vierden feest en de volgende dag hadden we een brunch voor ze. Sommigen bleven de hele nacht op en sommigen hadden een kater, maar het is beter zo dan dat ze de straat op gaan.'

Het personeel van de residentie komt de presidentiële familie vaak te hulp. Ze proberen ze te behoeden voor een publiek schandaal. Portier Skip Allen herinnert zich dat hij door de Geheime Dienst werd gewaarschuwd toen een scherpschutter op het dak van het Witte Huis iets ongewoons had gezien. De dochters van Bush hadden weer een feest in het Solarium en de mensen kwamen naar buiten op het gangpad en op het dak, zoals vaker als het weer goed was. Blijkbaar had een van de gasten een ander uitgedaagd om de vlaggenstok aan te raken. 'Het is niet de veiligste plek, zelfs niet bij daglicht. Je kunt over van alles vallen,' zei Allen. 'Er loopt alleen een smal pad over het dak, om het dak te kunnen oversteken, en alle felle lampen zijn direct op de vlag gericht. Mensen die niet gewend zijn om daar te lopen, raken geblindeerd door dat licht.'

De scherpschutters besloten dat deze potentieel gevaarlijke situatie het best kon worden afgehandeld door iemand van het huispersoneel. Tegen de tijd dat Allen op het dak arriveerde, was de dronken feestganger alweer op weg naar beneden.

Allen heeft er nooit met iemand een woord over gesproken.

In een huis waar zelfs de kleinste roddel de nationale krantenkoppen kan halen vonden Bill en Hillary Clinton het moeilijk om de staf te vertrouwen. De reden waarom ze het telefoonsysteem van het Witte Huis veranderden, was dat ze er zeker van wilden zijn dat niemand hun privégesprekken kon horen – een beslissing die de portiers enorm frustreerde; zij hadden een betrouwbaar systeem om gesprekken door te verbinden.

Als er een gesprek binnenkwam voor een lid van de presidentiële familie, belde een telefoniste naar de cabine in de portiersloge. 'Als het voor de first lady was, staken we een stop in de klink van de first lady, waardoor een bel afging met haar code en zij elke telefoon die in de buurt was kon opnemen, waarna de telefoniste de verbinding tot stand bracht,' legde Skip Allen uit. 'Dat begon tijdens de regering Carter, omdat er toen zoveel mensen in het Witte Huis woonden dat iedereen zijn eigen rinkel had. De president had één rinkel, de first lady twee en Chelsea had drie korte rinkels.'

Elke ochtend wordt de president gewekt door een telefoontje van de telefonisten van het Witte Huis. De meeste presidenten staan om halfzes of zes uur op, en er is al om halfzes een portier aanwezig, voor het geval de president iets nodig heeft.

De dag na de inauguratie van president Clinton werd degene die hem wakker belde verrast door zijn reactie. De Clintons waren pas om twee uur 's nachts van de inaugurele bals teruggekomen. Toen een portier om vijf uur 's ochtends belde, zoals dat bij zijn voorganger gebruikelijk was geweest, bulderde de president: 'Kan een mens hier niet gewoon slapen?' (President Clinton was een bekende nachtbraker, net als president Johnson, en zijn gewoonten dreven zijn staf tot het uiterste: sommige avonden mochten de portiers pas om twee uur 's nachts naar huis.)

Allen vertelde dat de Clintons vonden dat te veel mensen konden meeluisteren met het oude telefoonsysteem, en dus lieten ze de telefoons in het Witte Huis veranderen tot een intern circuit. Als de first lady in de slaapkamer was en de president in de studeerkamer, kon ze hem van kamer tot kamer bellen zonder dat de telefoniste ertussen zat. Dat verminderde de veiligheid van het telefoonsysteem, zei Allen, die nog altijd gefrustreerd was over deze verandering. Iedereen kon boven opnemen, in elke kamer.

De Clintons waren zo bezig met geheimhouding dat de relaties met het personeel de volle acht jaar van het ambtstermijn chaotisch waren, zei Allen. In ieder geval één medewerkster, bloemstyliste Wendy Elsasser, schrijft hun preoccupatie met geheimhouding toe aan ouderlijke bezorgdheid: 'Ik denk dat het beschermen van Chelsea veel te maken had met hun afstandelijkheid tot het personeel.'

Het lijkt erop dat de Clintons zich geen zorgen hoefden te maken dat het personeel misschien geheimen zou doorvertellen. Ook nu nog, jaren later, zwijgen de meesten als hun wordt gevraagd iets te vertellen over wat er achter gesloten deuren plaatsvond. Discretie zit in het DNA van de meesten van hen; ze weten dat hun terughoudendheid onmisbaar is voor de bescherming van het presidentschap en dat zonder die terughoudendheid het leven in het Witte Huis ondraaglijk zou zijn.

HOOFDSTUK III

*

Toewijding

Carson: Downton is een groot huis, Mr. Bates, en de Crawleys zijn een grote familie. We leven volgens een zekere standaard en die kan op het eerste gezicht nogal intimiderend lijken.

Bates: Natuurlijk...

Carson: Mocht je verlegen zijn in de aanwezigheid van his lordship, dan kan ik je verzekeren dat zijn manieren en zijn vriendelijkheid je al snel zullen helpen je plichten naar beste kunnen uit te voeren.

–*DOWNTON ABBEY*, AFLEVERING 1, SEIZOEN 1

'Zondagen en vakanties zijn slechts woorden voor een portier in het Witte Huis', merkte Irwin 'Ike' Hoover op, die als portier werkte van 1913 tot zijn dood in 1933. Personeel op de residentie is zo toegewijd dat ze soms weigeren om naar huis te gaan, zelfs als ze worden weggestuurd. Lady Bird Johnson ergerde zich zo aan de nachtelijke gewoonten van haar man dat ze op een ochtend hoofdportier J.B. West bij zich riep in haar garderobekamer nadat de butlers de avond ervoor om middernacht naar huis waren gestuurd.

'Ik vind het zo erg dat het personeel zo lang moet blijven,' zei ze. 'Ik heb het allang opgegeven mijn man zover te krijgen dat hij zijn avondeten op een normaal tijdstip eet. Kunnen we Zephyr [de familiekok van de Johnsons] niet vragen om iets te maken wat kan worden warm gehouden? Ik kan ook naar de keuken gaan en het voor hem opwarmen en als ik al naar bed ben, kan hij het zelf doen. Dan sturen we de butlers gewoon om acht uur naar huis, zoals het hoort.'

Toen West haar vraag doorspeelde naar maître d' Charles Ficklin was hij woedend. Het was hun genoegen om zo lang te blijven als de president wilde. 'De president van de Verenigde Staten die zelf zijn eten opschept? Nooit!' brieste Ficklin.

Charles' broer John, zelf ook butler, was het met hem eens. 'Wij hebben alle maaltijden van elke president en first lady opgediend, zolang ik me herinner. Ook al is het een boterham met kaas of een bord chili of een gekookt ei. Dat is traditie.'

Toen West Lady Bird vertelde dat er een regelrechte opstand zou uitbreken als de butlers vroeg naar huis zouden worden gestuurd, antwoordde ze: 'Ik heb nog nooit zo'n huis meegemaakt. Eerst zijn er twee technici voor nodig om de haard aan te maken – ik mag het niet zelf doen. En nu willen de bedienden 's avonds niet naar huis.'

Gary Walters, die hoofdportier was van Reagan tot George W. Bush, had tot taak personeel aan te nemen en te ontslaan. Hij waarschuwde ze altijd dat het geen negen-tot-vijfbaan was. Hij voelde zelf hoe zwaar het was; een van de redenen waarom hij met pensioen ging was dat hij zijn eigen tijd wilde indelen en eindelijk eens met zijn gezin op vakantie kon gaan.

'Ik stelde tijden vast waarop mensen op hun werk aanwezig moesten zijn, maar ze wisten allemaal dat de toestand in de wereld elke dag bepaalt wat de president doet: ze kunnen op elk moment worden opgeroepen om te blijven of vroeg naar hun werk te komen, of op het laatste moment nog bij te springen of enkele dagen te blijven. Alles draaide om het schema van de president.'

Voor Walters hoorde het erbij dat zijn gezinsleven voortdurend werd verstoord. In 1991 reed hij net de oprit van het Witte Huis af, op weg naar een basketbalwedstrijd van de Universiteit van Maryland, toen hij bericht kreeg dat de Verenigde Staten, samen met een internationale coalitie, waren begonnen met het bombarderen van Iraakse strijdkrachten in Koeweit. 'En dus reed ik het ene hek uit, en voor ik eenmaal goed en wel op Pennsylvania Avenue was, reed ik door het andere hek weer naar binnen.'

Schilder Cletus Clark, die van 1969 tot 2008 op het Witte Huis werkzaam was, zei dat hij in die jaren zijn leven opgaf voor zijn werk. Hij had zijn walkie-talkie altijd bij zich en werd regelmatig in de weekends thuis opgeroepen vanwege de grillen van de presidentiële familie. 'Als de first lady een schilderij wilde verhangen en een gat in de muur maakte, dan zochten ze net zo lang tot ze me gevonden hadden en ik het kon opknappen.'

Clarks vriend, hoofd Operationele dienst Tony Savoy, werkte nauw met hem samen. Als de first lady besloot dat ze een ander kleurtje op de muren wilde, dan deden zij met zijn tweeën alsof dat helse karwei geen enkele moeite kostte. 'We moesten alle kamers leegmaken, alle meubels verplaatsen. Zij schilderden de kamer op vrijdag en zaterdag, en wij kwamen dan weer op zondag en zetten alle meubels weer terug,' zei Savoy. 'Als ze [de presidentiële familie] dan op zondagavond of maandag thuiskwamen, dan was het alsof ze nooit waren weg geweest.'

Niemand wilde ooit nee verkopen aan de president of de first lady. En geen enkele first lady heeft geduld. 'Iedereen is bang voor ze. Ze zeggen de first lady nooit de waarheid,' zegt Clark. 'Ze zei bijvoorbeeld: "Kun je het hele Witte Huis in één dag schilderen?" en dan zeiden ze: "Ja, mevrouw." Ze zouden nooit nee zeggen. Niemand wil zijn baan op het spel zetten door de waarheid te vertellen.'

Clark zei dat hij nooit ergens tijd voor kon nemen, ook niet als het een moeilijk project betrof, zoals het uitzoeken van de juiste tint geel om de Yellow Oval Room op te frissen. De laatst gebruikte kleur waarmee de kamer was geschilderd, jaren daarvoor, stond nergens genoteerd. Omdat zijn kantoor in de kelder zat en er geen daglicht was, moest hij steeds weer naar buiten lopen met stalen om te zien hoe ze eruitzagen in de zon. Zijn toewijding bleef niet onopgemerkt. Laura Bush zei dat hij een geboren schilder was, herinnert hij zich met trots.

Vaak namen belangrijke gebeurtenissen in de wereld de president volledig in beslag en had het personeel alle hens aan dek nodig. Jimmy Carter leefde in een vrijwel voortdurende staat van opwinding, veroorzaakt door het feit dat de natie een enorme inflatie tegemoet ging, er eindeloze rijen bij de benzinepompen stonden en er een energiecrisis dreigde. (Rosalynn zei dat haar man de temperatuur in de residentie zo laag hield – hij wilde dat het in het Witte Huis niet warmer werd dan achttien graden Celsius – dat een van de dienstmeisjes medelijden met haar kreeg en lang ondergoed voor haar kocht!)

Maar het was vooral het Iraanse gijzelingsdrama dat Carter en de mensen die onder hem werkten uitputte. Maar liefst vierhonderdvierenveertig loodzware dagen lang moest het personeel zich aanpassen aan het nieuwe schema van de president, dat op zijn kop werd gezet vanwege het tijdsverschil van acht uur met Iran. Elke dag weer maakte het keukenpersoneel laat in de avond broodjes en koekjes voor de president en de doodvermoeide ambtenaren van Buitenlandse Zaken. 's Ochtends kwam Carter om vijf uur het Oval Office binnen, dat uiterlijk om kwart voor vijf door het personeel moest zijn schoongemaakt en voorzien van verse bloemstukken.

Mrs. Carter herinnert zich dat het personeel tijdens de crisis bijzonder attent was: 'Ze maakten zich zorgen over ons.' Ze kregen ook de privétijd waar ze zo'n grote behoefte aan hadden. Op rustige momenten zat de president bij zijn vrouw en ontspande zich 's middags op het Truman Balcony. 'Dat was goed, even tijd voor onszelf.'

Vijfendertig jaar later doet Carters verlies van Ronald Reagan nog altijd pijn, zegt Mrs. Carter. Het was heel zwaar om nog twee maanden in het Witte Huis te moeten blijven, nadat ze waren weggestemd. 'Je verliest de verkiezingen op 4 november en dan wil je gewoon naar huis.' Bloemstylist Ronn Payne herinnert zich hoe zwaar het was voor de familie: 'Ze huilden wekenlang. En dan bedoel ik echt brullen. Je kon niet naar de tweede verdieping gaan zonder het te horen.'

In de residentie werken wordt een manier van leven. Hoofd Voorraadkamer Bill Hamilton ging na vijfenvijftig jaar dienstverband op het Witte Huis met pensioen. Niet lang na zijn vertrek nam hij zijn vrouw Theresa eindelijk mee op een reis naar Londen en Parijs voor hun achtenvijftigjarige huwelijksjubileum. Ze hebben zeven kinderen, dertien kleinkinderen en vier achterkleinkinderen. Ze waren geen van beiden ooit in Europa geweest: ze hadden nooit tijd gehad om op reis te gaan.

'Mijn vrouw is het enige meisje waar ik ooit mee uit ben gegaan. We kennen elkaar sinds onze schooltijd,' zei hij, zo luid dat zijn vrouw hem in de kamer ernaast kon horen. 'Toen ik tegen mijn moeder zei dat zij de vrouw was met wie ik zou trouwen, draaide ze zich om en gaf me een draai om mijn oren. Ze zei dat ik dat helemaal nog niet kon weten.'

Hamilton werd als huisknecht aangenomen toen hij twintig jaar oud was. Net als vrijwel iedereen van de staf kreeg hij de baan omdat hij iemand kende die er al werkte. Zijn goede vriend Wilson Jerman, die hij had ontmoet toen hij in het Wardman Park Hotel in Washington werkte, nam hem mee voor een gesprek. Tot op de dag van vandaag hangen beide mannen om de paar weken met elkaar aan de lijn om bij te praten en vriendschappelijk te kibbelen over wie van hen er nu het langst heeft gewerkt.

Een ander personeelslid van de residentie, die maar al te bekend was met de ongewone eisen die de baan stelde, is timmerman Milton Frame, nu tweeënzeventig jaar oud. Frame begon zijn carrière op het Witte Huis in 1961. Hij hielp Traphes Bryant met de verzorging van de honden van de familie Kennedy en pendelde vervolgens zesendertig jaar lang anderhalf uur heen en anderhalf uur terug tussen zijn huis in het landelijke Virginia en de afdeling Houtbewerking. Toen hij in 1997 met pensioen ging als voorman van de timmerlieden was hij blij dat hij niet meer om vier uur 's ochtends hoefde op te staan om om halfzeven op zijn werk te zijn.

Miltons vader, Wilford Frame, was ook timmerman op het Witte Huis. Dat maakte het sollicitatiegesprek voor Milton een stuk gemakkelijker dan voor mensen zonder familieconnectie.

Op zondagochtend had Milton een afspraak met hoofdportier J.B. West.

'Wil je op het Witte Huis werken?' vroeg West hem.

'Ja, sir, ik ben inderdaad op zoek naar een baan,' antwoordde Frame, die tot dan toe alleen los-vastbaantjes had gehad.

'Als ik je zou aannemen, wanneer zou je dan kunnen beginnen?'

'Wanneer u wilt, sir.'

Frame begon de volgende dag en maakte meteen lange dagen. West wilde dat zijn personeel de voortdurende ontvangsten van de Kennedy's kon bijbenen en onderwierp ze aan onaangekondigde trainingssessies. 'Op een avond moesten we oefenen,' zei Frame en hij lachte weer bij de herinnering. 'We werkten de hele avond aan de opbouw van een podium in de East Room en toen het stond, zei Mr. West: "Breek het maar weer af."' West stond erbij en nam de tijd op. Hij hield bij hoelang het duurde om het podium op te bouwen. (Ongeveer vier uur om het te bouwen en anderhalf uur om het weer af te breken, zegt Frame.)

De dagen van veel personeelsleden werden nog langer door de tijd dat ze heen en weer moesten reizen vanuit het centrum. Meestal zat het hoofd Operationele dienst Tony Savoy lang voor zonsopgang in zijn auto op de parkeerplaats te wachten tot de Geheime Dienst hem binnenliet om vijf uur 's ochtends. Zijn dienst begon pas om halfzeven, maar hij wilde de files voor zijn.

Doorgaans maakte hij duizend uur overwerk in een jaar en hij werkte soms een maand lang zonder één vrije dag. Hij ging in 2013 met pensioen en zegt nu dat hij van plan is alles te doen waar hij zin in heeft, zoals 'niets bijzonders'.

Als ze gevraagd werd om offers te noemen die ze voor hun werk hebben gebracht, noemen slechts weinigen het geld. Personeelsleden van de residentie zijn ambtenaren, van wie de beloning 'administratief wordt vastgesteld'. Ze zitten niet vast aan schalen. Hun loon is gebaseerd op ervaring en de moeilijkheidsgraad van het werk. Sommigen verdienen dertigduizend dollar per jaar. Wie boven aan de loonschaal staat, zoals de hoofdportier, de kok, de patissier, het hoofd Huishouding en de maître d' kan rekenen op meer dan honderdduizend dollar.

Patissier Ronald Mesnier weigerde banen met een salaris van enkele duizenden dollars bij restaurants in Las Vegas en bij de Ritz in Parijs, om in het Witte Huis te kunnen werken. 'Ik had het drievoudige – het viervoudige – kunnen verdienen van wat ik op het Witte Huis verdiende!'

Mesnier is een legende onder het personeel. Hij begon op het Witte Huis in 1979 en vertrok in 2006. Hij nam zijn werk ongelooflijk serieus, vergeleek zijn desserts met kunstwerken en gaf ze hoogdravende namen. Wie zou de 'Australische zwarte parel' kunnen weerstaan, een schelp van witte chocolade, compleet met chocoladezeewier en kleine chocoladevisjes die hij maakte voor het Australische staatsbanket, of 'Sweet Serenity-Bonsai Garden', een sorbet van zure kersen en amandelmousse, kleine macarons en stukjes noga, geaccentueerd door verse perziken en kersen, gevuld met kumquatpuree, die hij maakte voor een staatsbanket voor Japan? Hij zat dagenlang in zijn kantoor op de derde verdieping en werkte nieuwe ideeën uit die hij vervolgens deelde met de kok en zijn assistent. Soms bleef hij zo lang dat hij gebruikmaakte van de kamer ernaast, waar een bed en een bank stonden en waar hij kon overnachten. Mesniers liefde voor zijn vak is aanstekelijk.

Zeven jaar na zijn pensionering vertelde hij mij dat hij zich nog steeds druk maakt om de presidentiële familie. Zelfs nu nog, als hij hoort dat er een staatsbanket gepland staat, begint hij in zijn dromen te fantaseren over de desserts.

En toch geeft zelfs het meest enthousiaste personeelslid toe dat er een prijs moet worden betaald voor het leven in het Witte Huis. Mesnier erkent dat hij meer verjaardagen en familie-etentjes heeft gemist dan hij kan tellen. Hij maakte vaak plannen om in het weekend met zijn vrouw en zoon uit eten te gaan, maar moest dan vrijdagavond afzeggen omdat de presidentiële familie had besloten om op zondag een verjaardagsfeest of zwembadfeest te geven waar hij bij moest zijn. Zo behield hij zijn baan, zegt hij: door te weten dat het Witte Huis altijd op de eerste plaats komt. Personeelsleden op het Witte Huis die hun werk niet boven hun persoonlijk leven stelden, werden uiteindelijk ontslagen, zegt hij. De presidentiële familie kon altijd besluiten iemand te ontslaan, zonder nadere verklaring.

'De familie weet wat er speelt,' zegt hij. 'Geloof me. Ze zitten niet met hun neus overal bovenop, maar er zijn mensen die ze op de hoogte houden.' Vooral de social secretaries fungeren als tussenpersoon tussen de personeelsleden en de presidentiële familie.

Onder de Clintons had de perfectionistische chef-patissier het het zwaarst. Ze organiseerden negenentwintig staatsbanketten in hun periode in het Witte Huis, vergeleken bij zes tijdens het presidentschap van George W. Bush. Alleen al voor hun millennium-nieuwjaarsviering nodigden ze vijftienhonderd mensen uit. Mesnier ging pas om zeven uur de volgende ochtend naar huis.

'De Clintons deden me bijna de das om. Mijn benen waren volledig óp. Ik zat niet – ik kon niet zitten. Je bent constant op de been. Op een werkdag van zestien uur zat ik misschien twintig minuten. Ik at zelfs staand.'

Mesnier en zijn vrouw prikten vier jaar voor het zover was al een dag voor zijn pensionering.

En zelfs toen hij uiteindelijk met pensioen ging, kon hij de banden met het Witte Huis nog niet echt doorsnijden. Hij kwam twee keer terug, toen Laura Bush hem dat persoonlijk vroeg. 'Ik maakte de verjaardagstaart voor George W. Bush en daarna ging ik nogmaals met pensioen. Twee weken later belde ze me weer en ik kwam terug tot december 2006. Ik geloof niet dat dat ooit eerder met iemand van het personeel is gebeurd.'

De druk om het de presidentiële familie naar de zin te maken was misschien wel nooit zo groot als toen de Reagans het ambt bekleedden. Nancy Reagan ging zelfs zo ver dat ze de borden zelf opmaakte, omdat ze erop stond dat er geen 'grijs eten' op tafel kwam, alleen maaltijden met kleur. Voor elk staatsbanket plande de chef elke gang, in overleg met de first lady; enkele weken van tevoren serveerden de Reagans het diner dan aan een kleine vriendengroep en vroegen ze hun mening over elke gang. De first lady beoordeelde de schotels en instrueerde de chef: 'Nee, ik vind dat de rosbief hier moet liggen,' wees ze dan, 'en volgens mij ziet het er beter uit als de erwten daar komen,' herinnert portier Skip Allen zich. En als een diner er niet precies uitzag zoals zij het wilde, dan moest je oppassen, zei Allen. Hij vertelde dat ze soms de portiersloge belde en de chef naar boven riep, naar de tweede verdieping. 'Als het heel erg was, als ze asperges had verwacht, maar doperwten had gekregen, dan moest je een goed excuus hebben.' Mesnier herinnert zich dat hij het ene na het andere dessert bedacht voor een staatsbanket voor Nancy Reagan tevreden was.

Eén incident achtervolgt hem nog altijd. Enkele dagen voor een staatsbanket op een dinsdag, ter ere van koningin Beatrix en prins Claus, in april 1982, zat Nancy Reagan aan een lange tafel in haar geliefde Solarium aan de lunch met de president, die aan het andere eind van de tafel zat. Nadat Mrs. Reagan twee dessertkeuzes had afgewezen, kwam Roland terug en stelde haar een derde voor. Iedereen van het personeel wist wat ze deed als ze niet tevreden was: dan hield ze haar hoofd schuin en verscheen er een klein lachje op haar gezicht. Ze hield haar hoofd schuin.

'Roland, het spijt me, maar dit kan weer niet.'

'Goed, madam.'

President Reagan kwam ertussen, van de andere kant van de tafel: 'Schat, laat de chef met rust. Dit is een prachtig dessert. Laten we dit doen, het is heel mooi.'

'Ronnie, eet jij je soep nu maar, dit zijn jouw zaken niet,' zei ze.

Hij keek neer op zijn bord en at zijn soep zonder nog een woord te zeggen.

Mesnier was buiten zinnen. 'Ik ging terug naar de keuken – het was op een zondag, herinner ik me – en ik liep heen en weer in de keuken en ik overwoog mezelf van kant te maken,' zei hij. 'Wat moest ik doen? Hoeveel jaar moest ik dat nog volhouden? Acht jaar? Ik was echt wanhopig. Ik zei dat ik niet wist wat ik moest maken, ik wist niet wat ik moest doen. Toen ging de telefoon en vroeg ze me weer naar boven te komen.'

Ze vertelde Mesnier dat ze had besloten wat ze wilde dat hij maakte: mandjes van suikerwerk met drie suikerwerktulpen erin. Hij zou vijftien mandjes moeten maken voor het diner. Voor elk mandje had hij een paar uur nodig – en dan moest hij ook de tulpen nog maken, de vulling voor elk mandje, en koekjes bakken om erbij te serveren.

'Ik wil dat je dit maakt,' zei ze rustig. Ze was heel tevreden met haar geweldige idee.

'Mrs. Reagan, dit is heel leuk en heel mooi en ik denk echt dat het prachtig zou zijn, maar ik heb nog maar twee dagen tot het diner.'

Ze glimlachte en hield haar hoofd schuin. 'Roland, je hebt twee *dagen* en twee *nachten* tot het diner.'

Roland had geen keus. 'Je zegt: "Dank u wel, madam, voor het geweldige idee." Dan klik je je hielen tegen elkaar, draai je je om en ga je aan het werk.'

Hij stortte zich erop en werkte dag en nacht door. Na het staatsbanket, toen hij wist dat de first lady tevreden was met het resultaat, reed hij uitgelaten naar huis. Hij was de uitdaging aangegaan en had gewonnen.

Terugkijkend waardeert Mesnier de manier waarop Nancy Reagan hem onder druk zette, hoe zwaar het ook was. Tijdens de lange rit naar huis, dacht hij: ik kan het waarmaken. Zo beoordeel je iemand, als je in die situatie zit: kan iemand het waarmaken? Je doet er alles aan.

Op 8 december 1987 organiseerden de Reagans een staatsbanket voor Michail Gorbatsjov en zijn vrouw Raisa. Het was de eerste keer dat een Sovjetleider naar Washington kwam na het bezoek van Nikita Chroesjtsjov in 1959. De last van dit enorm belangrijke staatsbezoek werd voor een deel gedragen door het personeel van de residentie.

'Nancy Reagan en haar social secretary kwamen Bloemstyling binnen en zeiden dat ze Raisa wilden imponeren,' zei bloemstylist Ronn Payne. 'En dat deden we. We zetten die dag drie keer verse bloemen neer in het huis: voor de aankomst 's ochtends, voor de lunch 's middags en voor het diner. Elke bloem, drie keer, een voor een.'

Sommige personeelsleden doen te veel hun best om de rol van toegewijd staflid te spelen. Zij blijven meestal niet lang. Worthington White, een reusachtige kerel van een meter negentig en honderdtachtig kilo, voormalig American-footballspeler van Virginia Tech, die van 1980 tot 2012 als portier op het Witte Huis werkte, zegt dat hij er zo lang werkte omdat hij wist wanneer hij zijn mond moest houden. Als personeelsleden lachten om grappen die niet leuk waren, of hun best deden om op te vallen – alles om gezien te worden door de president en de first lady, zegt hij, dan werkte dat nooit.

'Dat vonden ze vreselijk,' zei White. 'Dat zei ik altijd tegen nieuwe mensen als ze voor het eerst kwamen: het ergste wat je kunt doen is onecht zijn. Je hebt te maken met de meest zelfverzekerde politici ter wereld. Je moet jezelf zijn. Ze vinden je aardig, of ze vinden je niet aardig, maar je kunt ze niet voor de gek houden.'

Hun baan als butler, dienstmeisje, bloemstylist of kok leek misschien heel gewoon, maar de personeelsleden van de residentie waren zich er heel goed van bewust dat ze de president en zijn familie ook moesten beschermen tegen een toenemend aantal bedreigingen in de wereld na 9/11. Volgens de verslagen in de *Washington Post* was het een dienstmeisje, en niet een lid van de Geheime Dienst, die ontdekte dat iemand had geschoten op de woonvertrekken van de presidentiële familie. Om tien voor negen, op een rustige vrijdagavond, 11 november 2011, parkeerde de eenentwintigjarige Oscar Ortega-Hernandez zijn zwarte Honda Accord uit 1998 op Constitution Avenue, draaide het raampje aan de passagierskant omlaag en vuurde met zijn semiautomatische geweer over een afstand van zeshonderdveertig meter over het South Lawn op het Witte Huis. Ten minste zeven kogels troffen de tweede en derde verdieping van het privégedeelte van de presidentiële familie. Er sneuvelde een raam van het Yellow Oval Office, de formele eetkamer van de familie. De president en de first lady waren de stad uit en hun dochter Malia was met vrienden op stap, maar hun jongste dochter Sasha en de moeder van de first lady, Marian Robertson, waren aanwezig ten tijde van de beschieting. Verschillende leden van de Geheime Dienst hoorden schoten, maar kregen de opdracht niet te reageren. Er werd ten onrechte geconcludeerd dat de schoten waren afgevuurd door rivaliserende bendes en dat ze niet op het Witte Huis waren gericht.

Vier dagen later, rond het middaguur op dinsdag 15 november, vroeg een dienstmeisje aan assistent-portier Reginald Dickson om naar het Truman Balcony te komen, waar ze een gebroken raam had gezien en een stuk wit beton dat op de grond lag. Toen Dickson erbij kwam, zag hij een kogelgat en een buts in de vensterbank en deed snel verslag van de ontdekking van het dienstmeisje aan de Geheime Dienst. De FBI begon onmiddellijk met een onderzoek. Ze vonden een kogel in een raamkozijn en metalen fragmenten van een vensterbank (de ramen waren voorzien van antiek glas aan de buitenkant en kogelvrij glas aan de binnenkant.) De president was nog steeds op reis, maar de first lady was eerder die ochtend thuisgekomen en deed een dutje. Dickson ging kijken of alles bij haar in orde was, ervan uitgaand dat zij al gehoord had van de schoten die op haar huis waren afgevuurd, maar dat was niet zo. Vooraanstaande assistenten van Obama hadden besloten dat ze het eerst aan de president zouden vertellen, zodat hij zijn vrouw over het angstaanjagende incident kon inlichten. Het bleek een slecht idee.

De first lady was begrijpelijkerwijs woedend toen ze het nieuws van Dickson hoorde. Toen voormalig hoofd van de Geheime Dienst Mark Sullivan naar het Witte Huis werd geroepen om de beschieting te bespreken, was Michelle Obama zo kwaad dat haar stem door de gesloten deur te horen was. Als dat oplettende dienstmeisje en die trouwe butler er niet geweest waren, zouden de kogels misschien veel later zijn ontdekt, of zelfs helemaal niet.

Hoofdportier Stephen Rochon, die enkele maanden voor de schietpartij met pensioen was gegaan, had Dickson aangenomen en zegt dat hij nauw bij de familie betrokken is. Het verbaast Rochon niet dat Dickson en het niet nader genoemde dienstmeisje zo'n belangrijke rol speelden bij het aan het licht brengen van de schietpartij. 'De staf heeft geleerd om hun ogen open te houden en alles wat ongewoon is onder de aandacht van de portiers te brengen, of het nu een gebroken raam is of een pakket dat na een rondleiding achterblijft. De portiers gaan ermee naar de Geheime Dienst.' Hij voegde eraan toe: 'We zijn er niet alleen om het huis schoon te maken en het eten op te dienen.'

Bij een ander angstaanjagend incident, op 19 september 2014, sprong een met een mes bewapende man over het hek van het North Lawn, rende langs verschillende agenten van de Geheime Dienst en sprintte het Witte Huis binnen. Eenmaal binnen overmeesterde hij een bewaker en scheurde hij voorbij de trap die naar de tweede verdieping leidt, de East Room binnen. (Vanuit de portiersloge zou het verzoek zijn gekomen om een alarm bij de hoofdingang uit te zetten omdat het te luid was. Als dit normaal had gefunctioneerd, zou het de bewakers op de begane grond hebben gealarmeerd.) De indringer, Omar Gonzalez, werd uiteindelijk tegengehouden door een agent van de Geheime Dienst die geen dienst had, vlak bij de deur naar de Green Room.

Skip Allen, die acht jaar lid was van de geüniformeerde Geheime Dienst voor hij in 1979 portier werd, is geschokt als hij over zulke gaten in de beveiliging hoort. 'Ik zag een keer iemand over het hek springen toen ik in de portiersloge was,' herinnert hij zich. 'Hij kwam tot het midden van de North Grounds, toen werd hij omringd door agenten van de Geheime Dienst. Ik begrijp gewoon niet hoe iemand van het hek in de East Room kan komen zonder dat iemand ingrijpt.'

Andere bedreigingen waren minder opvallend, maar niet minder gevaarlijk. Chef-kok Walter Scheib zegt dat het zijn doel niet alleen was om de presidentiële familie gezond te houden, maar ook in leven. 'En dat is niet niets als je bedenkt hoeveel mensen de president haat toedragen, om welke reden dan ook, op internationaal of op nationaal niveau.'

Scheib, die voor de Clintons en voor de familie van George W. Bush werkte, zei dat er niemand belangrijker was voor de fysieke veiligheid van de president dan de patissier en de kok. Mesnier kan dat beamen. 'Zelfs na 9/11,' zegt hij, 'waren er geen voorproevers in de keuken. Wij waren alleen. Er werd op ons vertrouwd dat er niets zou gebeuren.'

Lyndon Johnson had manieren om de regels rond de voedselleverantie aan het Witte Huis te omzeilen (ze waren in de jaren zestig van de twintigste eeuw nog minder streng). De president was dol op de blintzes die door de vrouw van de minister van Defensie Robert McNamara, Margaret, werden gemaakt en af en toe vroeg zij haar man om een stapeltje naar Johnson te brengen en ze af te geven bij iemand op het Witte Huis. Een keer gaf McNamara de blintzes aan een politieagent die ze op zijn beurt weer aan de Geheime Dienst gaf. De blintzes werden vernietigd. Toen McNamara Johnson vroeg of de laatste stapel blintzes van zijn vrouw hem hadden gesmaakt, begreep de president waarom hij deze nooit ontvangen had en werd woedend.

'Bemoei je niet met mijn eten!' schreeuwde de wispelturige Johnson tegen een agent van de Geheime Dienst die die dag toevallig zijn pad kruiste. 'Gebruik die ruimte boven in je hoofd waar je hersens horen te zitten. Dacht je dat de minister van Defensie mij wil vermoorden?'

Chef-patissier Mesnier maakte slechts één keer misbruik van het systeem. Toen hij Reagans staatsbanket voor Michail Gorbatsjov bereidde, had hij frambozen in het dessert verwerkt – omdat in Rusland frambozen 'zo duur zijn als goud, als kaviaar'. Een paar dagen nadat de Sovjetpresident naar huis was teruggekeerd, was Mesnier met een andere kok in de keuken toen daar een grote, bruine doos opdook, die afkomstig was van Gorbatsjov. Hij wist dat de doos onmiddellijk moest worden vernietigd, wat er ook in zat, maar hij besloot hem toch eerst open te maken.

Toen hij er een blik in wierp, ontdekte hij tot zijn opwinding twee grote blikken, elk gevuld met drie kilo van de beste Russische kaviaar. 'Ik weet niet wat jij met de jouwe doet,' zei hij tegen zijn collega, 'maar ik neem die van mij mee naar huis. Hier wil ik mijn leven wel voor wagen!'

De lange werkuren en de betoonde trouw van het personeel op de residentie gaan niet onopgemerkt voorbij aan de presidentiële familie. President Ford wist dat portier Frederick 'Freddie' Mayfield van zwemmen hield, dus vroeg hij hem op een dag zijn zwembroek mee te nemen en gingen ze samen zwemmen. Ze kwamen samen binnen, lachend en in handdoeken gewikkeld.

First ladies hebben vaak een onuitgesproken verstandhouding met de favoriete leden van de huishoudelijke staf: ze helpen ze als het nodig is. In 1986 werd het dienstmeisje van Nancy Reagan, Anita Castelo, ervan beschuldigd dat ze twee mede-Paraguayanen had geholpen om munitie naar Paraguay te smokkelen. De first lady legde een verklaring af waarin ze instond voor Castelo's integriteit. Castelo werd vrijgepleit, net toen de Iran-Contra-affaire, die over wapensmokkel op veel grotere schaal ging, de kranten haalde. De president werd ervan beschuldigd wapenleveranties aan Iran goed te keuren in ruil voor de vrijlating van gijzelaars en de financiële steun van de contrarebellen in Nicaragua; het Witte Huis hoopte ongetwijfeld de Castelo-zaak stil te houden toen het Iran-Contraverhaal dreigde uit te komen. Maar Nancy Reagan wilde zo graag dat Castelo bleef dat ze bereid was om zich daarvoor een publiek schandaal op de hals te halen.

De uitzonderlijke toewijding van het personeel van de residentie aan president George H.W. Bush en zijn familie lijkt voort te komen uit de toegankelijkheid van de familie. De Bushes stelden iedereen om hen heen op hun gemak. Barbara Bush herinnerde zich een scène gedurende de Golfoorlog, toen ze gespannen naar het nieuws zat te kijken. Ze wachtte tot haar man binnen zou komen en de maître d' van het Witte Huis, George Hannie, vroeg haar: 'Wat wilt u drinken? En wat denkt u dat Pops wil drinken?' (In de media wordt hij soms 'Poppy' Bush genoemd sinds het presidentschap van zijn zoon, maar president Bush werd al sinds zijn jeugd 'Pops' genoemd; in het Witte Huis gebruikte alleen zijn familie die naam.)

Ze lachte bij de herinnering. 'Ik zei tegen hem – en hij wist dat *ik* een grapje maakte, net zoals ik wist dat *hij* een grapje maakte, zo goed waren we met elkaar – "George, dat kun je niet zeggen over de president van de Verenigde Staten."'

Hannie antwoordde direct: 'Geloof me, Mrs. Bush, in het Witte Huis volgen de presidenten elkaar op. Maar George Hannie blijft.'

'Zo'n verhouding hadden we nu eenmaal, waarin je kon plagen en lachen. En als iemand van ons iets verdrietigs meemaakte, dan steunden we elkaar,' zegt Barbara Bush.

Huisknecht Linsey Little zei dat de eerste president Bush gemakkelijker te benaderen was dan alle andere presidenten (onder wie zijn eigen zoon). 'De oude Bush, die was meer onder de mensen. Die andere praatte alleen maar tegen je en bleef ondertussen doorlopen. Geen gesprek, niets. Maar die oude Bush was heel aardig – hij en zijn vrouw.'

Little was geboren in Robbinsville, Noord-Carolina, een plaats met minder dan duizend inwoners, en werd al op zijn twaalfde van school gehaald om te helpen met de verzorging van zijn broertjes en zusjes. Zijn vader was een deelpachter, maar Little ontsnapte aan het loodzware werk op de pinda-, katoen-, en tabaksplantages en trok begin jaren vijftig naar het noorden, naar Washington.

Hij begon in 1979 op het Witte Huis en verliet zijn huis in de stad – zo dicht bij het Washington Redskins-stadion dat je het publiek kon horen juichen als er een wedstrijd aan de gang was – om vijf uur 's ochtends om om zes uur te kunnen beginnen. Hij had het huis klaar voor de eerste rondleiding van halfacht. Dan had hij de touwen opgehangen, de vloeren gedweild en de tapijten uitgerold. Als de rondleidingen waren afgelopen, haalde hij alles weer weg. Na een snel ontbijt werd hij gebeld door hoofd Huishouding Christine Limerick, die hem en zijn collega's vertelde of de familie al was opgestaan, en of ze op de tweede verdieping konden gaan stofzuigen, terwijl de dienstmeisjes afstoften en de bedden opmaakten.

De relatie van Little met de eerste president Bush ging veel verder dan het schoonmaken van het huis. Little was een van de personeelsleden die regelmatig *horseshoes* met de president speelden, soms twee of drie keer per week.

De president en zijn zoon Marvin gingen altijd vrolijk naar het veldje naast het zwembad om met Little en zijn chef te spelen als ze klaar waren met hun werk. Ze namen het spel zo serieus dat Little zelfs T-shirts liet maken waarop HOUSEMAN'S PRIDE stond.

'We versloegen hem altijd, tot op het laatst,' zei Little lachend.

LINSEY LITTLE

'Het laatste jaar wonnen hij en Marvin het kampioenschap.' Barbara Bush zei dat zij en de president verdrietig waren toen ze vertrokken, omdat ze wisten dat de Clintons die traditie niet zouden voortzetten.

Eén keer vroeg de president Little zelfs om bij hem te komen in de Family Dining Room op de tweede verdieping. 'Hij vroeg me aan tafel te komen zitten en we zaten daar en praatten met elkaar,' zei Little en hij schudde zijn hoofd. 'Aan tafel zitten met de president en een gesprek voeren. Geen van de andere presidenten zou zoiets gedaan hebben.'

Fouten die andere presidenten woedend gemaakt zouden hebben, zag Bush snel door de vingers. Een keer in de zomer, toen hij buiten in de tuin een spelletje horseshoes speelde, had Bush een personeelslid om insectenspray gevraagd. De man had de president van top tot teen ingespoten toen hij besefte dat hij per ongeluk een veel te sterk verdelgingsmiddel voor industrieel gebruik had gepakt. Toen zijn fout een paar minuten later tot hem doordrong, rende hij letterlijk naar de dokter die altijd in de buurt was.

Tegen de tijd dat ze terugkwamen, was het gezicht van de president al helemaal rood, zei portier Worthington White. Bush moest onder de douche worden ontsmet.

'President Bush was nu eenmaal president Bush en zei alleen: "Oké, oké, laten we verdergaan met ons toernooi!"' Er werd niemand ontslagen.

De Bushes leken de opofferingen van het personeel echt te waarderen en als gevolg daarvan deed het personeel alles om het hen naar de zin te maken. Het keukenpersoneel wist dat Barbara Bush er een hekel aan had als mensen 'Happy Birthday to You' voor haar zongen. 'Op campagne kreeg ik vier verjaardagstaarten op één dag van mensen die geen snars om mij gaven,' vertelde ze mij met haar gebruikelijke openhartigheid.

'Op een dag kwam ik thuis om te lunchen en ik kreeg een dessert – je eet toevallig heel goed op het Witte Huis. Het was een klein vierkant taartje met de muzieknoten van "Happy Birthday to You" erop. Ze zeiden het niet, ze zongen het niet, het waren alleen de noten.' Mesnier had het taartje voor haar gemaakt, zodat ze er in alle rust van kon genieten terwijl ze in haar eentje een boek las bij de lunch.

Barbara Bush ging vrijwel iedere ochtend bij Bloemstyling langs om even dag te zeggen, soms in haar badjas, over haar badpak heen, voordat ze ging zwemmen. En ze maakte grapjes met Mesnier als ze hem tegenkwam op de gang. Ze sloeg hem speels met een opgerold tijdschrift en zei plagend: 'Wat doe je hier? Moet je geen koekjes bakken of zo?'

Hoofd Operationele dienst Tony Savoy zei dat Barbara Bush alle personeelsleden behandelde alsof ze hun oma was. 'Als je in de lift stond, stapte zij erbij en dan zei ze: "O nee, jongens, niet uitstappen, ik moet ook naar boven."'

In 1992, toen orkaan Iniki Hawaii verwoestte, probeerde bloemstylist Wendy Elsasser wanhopig haar ouders te bereiken, die daar na hun pensioen waren gaan wonen. Het duurde dagen voor ze iets van hen hoorde, maar ze wilde de Bushes niet storen met haar persoonlijke sores. Uiteindelijk, op een zondag, terwijl ze met de bloemen bezig was in de woonvertrekken, vroeg Barbara Bush hoe het met haar ging.

'Heel goed, Mrs. Bush, dank u,' antwoordde ze en probeerde haar zorgen te verbergen. Een paar minuten later stond Barbara Bush weer naast haar. 'Wat is er nou echt aan de hand?' vroeg ze. 'Dat klonk helemaal niet als de Wendy die ik ken.'

Haar ogen stonden vol tranen. 'Mrs. Bush, mijn ouders zitten in die orkaan en ik heb al dagen niets van ze gehoord en ik ben zo van streek. Ik kan gewoon nergens anders aan denken.'

Zonder aarzelen zei Barbara Bush tegen haar: 'Wendy, als er iets is waarmee ik je kan helpen, dan doe ik dat.' Er was natuurlijk niets wat de first lady kon doen, maar Elsasser was getroffen door haar medeleven. (Een paar dagen later kreeg ze eindelijk bericht van haar ouders.)

Portier Chris Emery herinnert zich dat hij 'stilviel' toen hij onverwacht door de Bushes werd gebeld op de dag dat zijn vader overleed. Het was Thanksgiving en de Bushes waren in Camp David voor de vakantie. Minder dan een halfuur nadat hij had gebeld om zijn baas, Gary Walters, op de hoogte te stellen van de dood van zijn vader, ontving hij een telefoontje van de militaire telefonist in Camp David die tegen hem zei: *'Stand by for the president.'*

President Bush zei dat hij het heel erg vond van zijn vader, herinnert Emery zich, en vroeg of er iets was wat hij voor hem kon doen. Emery bedankte hem, maar er was niets wat er nog gedaan kon worden. De president wachtte even. 'Wacht even, Chris. Bar [Barbara Bush] is hier en ze wil ook even met je praten.'

'Kun je je dat voorstellen?' zei Emery, nog altijd verbaasd.

De Bushes deden extra hun best om ervoor te zorgen dat personeelsleden tijd voor hun gezin hadden. Als Emery avonddienst had, moest hij wachten tot de president en de first lady tegen hem zeiden dat hij naar huis kon gaan. 'De Reagans lieten om negen of tien uur 's avonds tweemaal de zoemer gaan, wat betekende dat ik naar boven kon gaan en de lichten uitdoen en de dienstdoende telefonist kon zeggen dat ik wegging. Bij de Bushes ging het anders. Barbara Bush belde soms en zei dan: "Wat doe je hier nog? Ga naar huis, naar je gezin!" Het was dan acht uur.'

Barbara Bush en Emery sturen elkaar tot op de dag van vandaag nog regelmatig e-mails. De voormalige first lady eindigt altijd met: *'Love, BPB'*.

HOOFDSTUK IV

*

Uitzonderlijke eisen

Een douche met een krachtige straal was een van de weinige luxes in het leven.

LUCI BAINES JOHNSON

Werken voor de presidentiële familie gaat veel verder dan omgaan met de meest veeleisende hotelgasten. Als ze tompoezen willen van de bakkerij in het Watergate Hotel (zoals Tricia Nixon vaak wilde), dan krijgen ze die. Als ze iemand nodig hebben die naar ze luistert zonder te oordelen als ze over de zware beslissingen spreken die ze dagelijks moeten nemen, dan is er een luisterend oor. Sommige presidenten stellen echter eisen waaraan onmogelijk kan worden voldaan.

President Lyndon Johnson, een onbehouwen, lompe beer, was nooit tevreden. ('Schiet op, verdomme, schiet een beetje op!' kon je hem horen schreeuwen. 'Wanneer haal je dat lood eens uit je kont?') Butler Wilson Jerman herinnert zich dat hij op het Truman Balcony eens creoolse garnalen met rijst aan de president serveerde. Bij de rijst zaten twee vorken. 'Hij keek naar me en zei: "Hoe denk je dat ik die rijst op mijn bord krijg met twee vorken?" Ik zei: "Het spijt me, Mr. President, ik ga onmiddellijk een lepel halen."'

Johnsons directheid en zijn regelrechte botte gedrag maakten dat veel personeelsleden hem uit de weg gingen. 'Het duidelijkste teken van hoe anders hij was dan andere presidenten was dat normaal gesproken altijd een aantal medewerkers met de president meeliep van het Oval Office naar de residentie,' zei voormalig hoofdportier Rex Scouton. 'Met president Johnson liepen alleen de beveiligingsagenten mee naar huis.'

Portier Preston Bruce had zijn eerste confrontatie met Johnson op de dag dat de Johnsons in het Witte Huis trokken. De president had die dag meer dan tweehonderd mensen uitgenodigd voor een receptie in de privévertrekken van de presidentiële familie, waar hij de voormalige adviseurs van Kennedy en zijn staf bijeenbracht. Bruce moest alle zeilen bijzetten om in zijn eentje de lift te bedienen, toen hij opeens het lampje zag knipperen. Dat betekende dat de president de lift nodig had. En hij was niet blij.

Tegen de tijd dat Bruce de tweede verdieping had bereikt, kwam de stoom bij de president uit de oren. 'Waar bleef je? Ik sta al úren op die lift te wachten!' brieste de president en hij leunde met opgezette borst over Bruce heen. Hij gaf hem wat later De Behandeling zou worden genoemd, iets wat hij deed om Congresleden te intimideren.

'Mr. President,' zei Bruce, zonder een stap achteruit te zetten. 'Ik probeer uw gasten naar buiten te helpen. Ik weet hoe dat moet, maar het kost nu eenmaal tijd.'

Johnson bleef tegen Bruce tekeergaan, onder de ogen van Kennedy's personeelsleden Ted Sorensen en Ken O'Donnell. Bruce voelde zich vernederd. Later die avond zei hij tegen portier Nelson Pierce: 'Ik wil hier niet langer werken als ik zo word behandeld. Ik zal de dood van president Kennedy nooit kunnen verwerken.'

De volgende dag deed Johnson alsof er niets was gebeurd – en Bruce besloot dat de enige manier om met deze nieuwe moeilijke president om te gaan was om je niet te laten intimideren. 'Het was mij duidelijk dat als ik zou inbinden als hij uit zijn slof schoot, ik verloren zou zijn.' Bruce wist van het begin af aan dat Johnson een tiran was en dat hij respect had voor kracht. 'Als ik gelijk had en niet voor hem opzijging, dan zou ik een vriend voor het leven hebben.' Bruce bleek inderdaad gelijk te hebben: voor zijn vertrek zei Johnson over de portier dat hij een van de mensen was geweest door wie hij het ambt had overleefd. De zesendertigste president was een moeilijk mens.

Johnson hield van wc-humor en als hij eenmaal op gang was, kreeg hij iedereen aan het lachen. Op een dag brak hij een wc-bril en volgens elektricien en hondenoppasser Traphes Bryant was het huis te klein. Er werd zo snel mogelijk een extra grote houten bril besteld. Hij schaamde zich daar helemaal niet voor, maar schepte tegen zijn mannelijke vrienden op over zijn nieuwe, op maat gemaakte wc-bril. Hij deed zich voor als een expert op dit gebied. 'Hij kende de voor- en nadelen van alle soorten die hij ooit had gehad: plastic, niet-plastic, bamboe, gebloemd, Grieks of vroeg-Amerikaans.'

Johnson zei tegen zijn vrienden: 'Waag het niet te zeggen dat de Eerste Kont van de natie erop moet passen.'

Johnson, die zijn carrière was begonnen als leraar op een middelbare school, trok door de gangen van het Witte Huis en gaf iedereen, ook zijn familie, cijfers voor hun gedrag. Hij stak zijn hoofd naar binnen in de verschillende werkplaatsen in de kelder en riep een cijfer naar elk personeelslid.

Op een dag stak hij zijn hoofd om de hoek van de afdeling Elektrotechniek en zei tegen Bill Cliber: 'Vandaag krijg je een drie.' Cliber weet niet meer waarom.

Maar aan de andere kant, zei butler Herman Thompson, hadden ze soms een diner en als dat voorbij was en de gasten waren vertrokken, kwam hij binnen en zei: 'Jongens, jullie hebben vanavond fantastisch werk gedaan.'

Loodgietervoorman Reds Arrington, die zijn bijnaam dankte

aan zijn bos vuurrood haar, vond Johnson in het begin wel grappig, maar hij was al snel aan het eind van zijn Latijn door de bizarre eisen van de president. Arrington, die in 1946 in het Witte Huis was begonnen en in 1979 met pensioen ging, overleed in 2007, maar zijn vrouw, Margaret, heeft veel van zijn verhalen opgeschreven. Ze herinnert zich nog goed hoe het wispelturige schema van Johnson hun leven en dat van hun drie dochters op zijn kop zette. 'We zaten in een restaurant in Annapolis en dan kwamen ze zeggen: "Het Witte Huis aan de lijn voor Mr. Arrington." Ik vond het zo gek. Dan wilde president Johnson dat er iets aan zijn wastafel gedaan werd.'

Johnson kwelde Reds met zijn obsessie met de waterdruk en de temperatuur van zijn douche. Wat het personeel ook deed, de straal was nooit hard genoeg en het water nooit warm genoeg voor Johnson. Als de president weer eens cijfers uitdeelde, kreeg de douche altijd een drie.

Johnsons obsessie met de douche werd het nog altijd rouwende personeel direct duidelijk gemaakt. Op 9 december 1963, net toen hoofdportier J.B. West terugkeerde van zijn eerste vrije dag sinds de moord op president Kennedy, werd hij direct gesommeerd om bij president Johnson te komen bij de liftdeur op de begane grond. De Johnsons waren twee dagen daarvoor naar het Witte Huis verhuisd en de president had iets dringends met hem te bespreken.

'Mr. West, als je mijn douche niet in orde kunt maken, dan moet ik terugverhuizen naar The Elms,' zei hij streng en hij liep weg. The Elms was het herenhuis van de Johnsons in Washington D.C. en daar was een douche die niemand van het personeel ooit eerder had gezien: er spoot water uit meerdere sproeiers, in alle richtingen, met een enorme kracht en intensiteit. Een van de sproeiers was direct gericht op de penis van de president, die hij de bijnaam 'Jumbo' had gegeven. Een andere spoot recht tegen zijn achterste aan. Misschien roept dit nu gegrinnik op, maar Johnsons douche-obsessie zou bepalend zijn voor zijn relatie met enkelen van zijn personeelsleden.

Johnson wilde dat de waterdruk in het Witte Huis exact gelijk was aan die van zijn douche thuis – gelijkstaand aan een brandslang – en hij wilde een eenvoudige schakelaar om de temperatuur direct van heet naar koud om te kunnen zetten. Nooit warm.

Een paar minuten nadat West door de president was gekoeioneerd, ontbood Lady Bird hem in de kleine Queens' Sitting Room op de tweede verdieping.

'Ik denk dat je het al gehoord hebt van de douche,' zei ze.

'Ja, ma'am.'

'Bij alles wat er hier gedaan wordt, of moet worden gedaan, moet je dit onthouden: mijn man komt op de eerste plaats, de meisjes op de tweede en ik stel me tevreden met wat er overblijft.' (Ze zei precies hetzelfde tegen kok Henry Haller: 'Je belangrijkste rol is het de president naar de zin te maken.')

De Kennedy's hadden nooit over de douche geklaagd, dus de technici hadden geen idee. Er werd een team naar The Elms gestuurd om de leidingen daar te bestuderen en Reds ging zelfs naar de ranch van de Johnsons bij Stonewall, Texas, bijgenaamd het 'Texas White House', om de waterdruk en de temperatuur van het water daar op te voeren tot het gloeiendheet was. Toen hij erachter kwam dat er voor een nieuwe douche nieuwe leidingen en een nieuwe pomp nodig waren, wilde Johnson dat het leger daarvoor betaalde. Het project, dat tienduizenden dollars kostte, werd betaald uit geoormerkte fondsen die voor de beveiliging waren bestemd. 'Uiteindelijk hadden we vier pompen, en toen moesten we de watertoevoer verhogen, omdat andere delen van het huis droogvielen,' vertelde Arrington aan het tijdschrift *Life*.

Margaret Arrington herinnert zich dat Johnson Reds zelf belde toen hij in de loodgieterswerkplaats zat, die ondergronds tussen het Witte Huis en de Westvleugel was ondergebracht. 'Als ik tienduizend troepen in een dag kan verplaatsen, dan kun jij toch zeker de badkamer zo maken als ik het wil!' brulde Johnson. Zijn stem echode door de gangen van het Witte Huis.

Reds was meer dan vijf jaar bezig met die douche; op een gegeven moment werd hij zelfs enkele dagen in het ziekenhuis opgenomen vanwege een zenuwinzinking. Johnson was zo geobsedeerd dat hij zijn eigen speciale douchekop meenam als hij op reis was, samen met tientallen dozen Cutty Sark whisky. Johnson wilde ook dat zijn badkamer heel erg licht was, en vroeg om spiegels die aan het plafond moesten worden gemonteerd. Reds en zijn team installeerden zoveel lampen dat ze ventilatoren moesten aanbrengen tegen de hitte. Door de extreme temperaturen in de douche ging regelmatig het brandalarm af.

Op een dag, zei Margaret, toen Reds een blik wierp in Johnsons scheerspiegel, schrok hij zich rot. 'Hij zag alle aderen in zijn gezicht. Hij zei dat het griezelig was!'

Er werden steeds meer mensen naar Pennsylvania Avenue nummer 1600 ontboden, onder wie mensen van de National Park Service, in een poging om de douchecrisis op te lossen. Portier Rex Scouten sprong zelfs in zijn zwembroek onder de douche om hem te testen. 'Hij werd door de straal tegen de muur gegooid, zo krachtig was hij,' zei Margaret. 'Reds zei dat hij zo rood was als een kreeft toen hij eruit kwam.'

Vijf vervangende douches, waaronder een op maat gemaakte door dezelfde fabrikant die ook de douche in The Elms had geplaatst, werden geïnstalleerd, maar geen ervan voldeed. De loodgieters lieten zelfs een speciale watertank installeren met een eigen pomp om de druk te verhogen, en voegden zes verschillende sproeikoppen toe op verschillende hoogten, zodat de straal elk deel van het lichaam raakte. De pompen sproeiden honderden liters water per minuut – meer dan er uit een brandslang kwam. En nog was het niet goed genoeg.

Cliber, die op het Witte Huis begon toen hij nog maar twintig jaar oud was en er eenenveertig jaar zou blijven, zei dat Johnson hem een keer vroeg om naar zijn badkamer te komen en te zien hoe hij de douche testte.

'Ben je er klaar voor?' zei de president, die poedelnaakt voor de elektricien stond, een van de tientallen medewerkers die waren opgetrommeld om de huiselijke crisis het hoofd te bieden.

'Ik laat het deze keer aan u over,' antwoordde Cliber.

'Oké, laat maar zien wat je kunt,' zei Johnson, en hij stapte eronder.

Toen Cliber de douchekraan opende, slaakte Johnson een kreet van pijn, zo enorm was de druk. 'Ho! Wat doe je me aan?' Maar even later klonken er enthousiaste kreten. 'Wacht eens, dit voelt goed! Wauw!' Hij werd tegen de muur gedrukt en hij kwam vuurrood naar buiten.

Maar nog was het niet precies goed.

De laatste dag dat Arrington Johnson in het Witte Huis zag, zat de president op de wc. Reds moest aan iets werken in de badkamer en stond buiten te wachten tot de president naar buiten kwam.

'Kom binnen,' blafte Johnson.

Reds stapte schaapachtig naar binnen.

'Ik wilde alleen zeggen dat de douche verrukkelijk is, en ik alles wat je gedaan hebt waardeer.'

Voor Reds maakte dat ene kleine bewijs van dankbaarheid die stressvolle jaren iets minder pijnlijk om aan terug te denken. Margaret zei dat Lady Bird hen na de dood van Johnson uitnodigde op hun ranch in Texas voor 'een laatste hoera!'. 'Het was echt geweldig. Er was een picknick en ik stond daar gewoon tussen de filmsterren en de generaals en... mijn god, wat heb ik ervan genoten!'

Johnsons oudste dochter Lynda zou later Reds en zijn vrouw persoonlijk bedanken: 'Als daddy gelukkig was, waren we allemaal gelukkig en dat hadden we aan Mr. Arrington te danken!'

Toen ik haar jongere zuster Luci interviewde, was zij meer beschouwend over haar vaders obsessie met de douche. 'Een douche met een krachtige straal was een van de weinige luxes in het leven,' zei ze. Ze is zich scherp bewust van de betekenis van haar vader en hoe zijn reputatie heeft geleden onder Vietnam. 'Hij heeft vast bepaalde richtlijnen en verwachtingen uitgesproken en was daar vast heel duidelijk in. Maar het is niet veel gevraagd, als je de leider bent van de vrije wereld, om dat beetje troost en luxe te krijgen.'

En toch, zodra Lyndon Johnson uit het Witte Huis vertrokken was, was zijn douche eveneens verleden tijd. Richard Nixon wierp één blik op de hele installatie en zei: 'Haal die rotzooi maar weg.'

Hoewel hij uitzonderlijke eisen stelde, was het personeel volstrekt loyaal aan LBJ. Social secretary Bess Abell, die Johnson de 'grote baas' noemde, ondervond wel enige druk van de kant van de president. Nadat haar eerste zoon was geboren, belde Johnson haar in het ziekenhuis en vroeg: 'Hoe heb je hem genoemd?' Toen ze 'Daniel' antwoordde, reageerde hij: 'Ach, wat jammer, als je hem Lyndon had genoemd, had ik hem een kalf gegeven.'

Ze zorgde ervoor dat ze haar tweede zoon wel Lyndon noemde. 'Hij wilde dat iedereen zijn kind naar hem vernoemde,' zei ze.

Lynda Bird Johnson Robb zei dat haar vader het als een 'heel groot compliment' beschouwde als mensen hun kinderen naar hem vernoemden. En hij schrok er nooit voor terug om een beetje aan te dringen. Een van Lynda's vriendinnen vertelde haar over een gesprek dat ze met haar vader had gehad voor haar zoon werd geboren. 'Je gaat de baby toch wel Lyndon noemen, hè?' vroeg Johnson haar, zijn imposante gestalte over haar heen gebogen.

'Nee, we hebben al een naam uitgezocht,' stamelde ze.

Toen ze de teleurstelling op zijn gezicht zag, voegde ze eraan toe: 'Maar u weet dat we van alle Johnsons houden, dus we geven onze jongen de naam "Johnson" als tweede naam.'

Lynda lachte bij de herinnering. 'Ik weet niet of dat voor ons was of dat ze papa alleen tevreden wilde stellen.'

Toen hij president werd, kondigde Johnson bezuinigingen aan voor elke afdeling. Hij was ervan overtuigd dat er enorm veel elektriciteit werd verspild in het Witte Huis en hij maakte iedereen die vergat het licht uit te doen bij het verlaten van een kamer het leven zuur. De Eisenhowers hadden een traditie in het leven geroepen dat alle lichten in de State Rooms tot middernacht aan moesten blijven, maar Johnson bepaalde dat daar een eind aan kwam. Hij inspecteerde zelf de gangen om te zien of de regel werd nageleefd. En als hij ergens een licht zag branden en hij er niet zelf op af wilde gaan, dan belde hij de portiersloge en vroeg ze om te gaan kijken wie er in die kamer was. Als de kamer leeg was, werd hij woedend.

Timmerman Isaac Avery was op een avond nog laat aan het werk op de afdeling Houtbewerking, toen de ruimte opeens stikdonker werd. 'Goddomme, wie deed het licht uit?' riep Avery. Het was even stil.

'Dat was ik,' gromde een lage stem vanuit de gang.

Avery deed het licht weer aan en liep de gang op om te kijken wie het was. Hij zag de president staan, geflankeerd door twee beveiligingsagenten.

'Ik wist niet dat jullie nog zo laat aan het werk waren,' zei Johnson. Hij bond in toen hij zijn fout inzag.

'Ik was nog bezig met de lijsten van alle schilderijen die u liet overkomen,' zei Avery verbijsterd.

Een ander ongelukkig personeelslid was op de afdeling Houtbewerking aan het werk – hij bevestigde trekkoordjes aan lampen – toen Johnson hem erop betrapte dat hij het licht aan had, overdag!

'Hij viel enorm tegen hem uit,' zei Bill Cliber en hij huiverde nog bij de herinnering.

Het personeel droeg vervolgens overal zaklantaarns met zich mee, zei Cliber, uit angst om in het donker te worden gezet.

Uiteindelijk leek een van Johnsons eisen echt te ver te gaan. De trappen waren allemaal verlicht, uit veiligheidsoverwegingen, maar de president vond dat dit te veel energie kostte.

'Je moet alle lampen van de trappen uitdoen,' zei Johnson tegen Cliber.

'Mr. President, dat gaat zomaar niet. Dit is een groot gebouw. Iedereen denkt dat het maar drie verdiepingen hoog is – maar er zijn acht verdiepingen. En het zijn marmeren trappen. Als je uitglijdt en valt, dan kun je je heel erg bezeren.'

'Weet je dat zeker?' Johnson wilde zo graag dat die lichten uitgingen.

'Ja, sir, dat weet ik zeker.'

'Goed, laat dan de lichten op de trap maar aan,' antwoordde Johnson. Het was uitzonderlijk dat hij toegaf. Toch kwam hij af en toe in Clibers kantoor in de kelder langs en vroeg: 'Heb je nou nog steeds die lampen op de trappen aan?'

De enige die Johnson ooit tegensprak (zelfs portier Preston Bruce moest oppassen met wat hij tegen de baas zei) was Zephyr Wright, de familiekok van de Johnsons, die ze hadden meegenomen uit Texas. Zij wist al lang voor hij president werd dat ze zich tegen hem moest verweren.

Op een avond kwam Johnson om ongeveer halftwaalf thuis en vroeg om zijn avondeten. Zelfs voor Johnson was dit erg laat, zo laat dat Wright naar beneden was gegaan om op haar bed wat uit te rusten. Toen hij belde om hem te bedienen, vergat ze de lampen uit te doen voor ze weer naar boven ging. Hij zag dat het licht beneden aan was en dreigde de kosten voor de verspilde elektriciteit van haar loon af te trekken.

Ze was woedend. 'Doe dat maar, want ik heb altijd thuis mijn eigen elektriciteitsrekening betaald. Niemand heeft me ooit iets gezegd over het uitdoen van de lichten. Maar als u gewoon op tijd naar huis zou komen, zou u zich geen zorgen hoeven maken of ik de lichten wel uitdoe. Ze zouden niet eens aan zijn geweest als u op tijd was.'

Haar benadering werkte. 'Natuurlijk zei hij er daarna niets meer over.'

Lyndon Johnson was niet de enige bewoner van het Witte Huis die de zenuwen van het personeel op de proef stelde. Ronn Payne herinnert zich een dag waarop Nancy Reagan hem naar de West Sitting Room op de tweede verdieping liet komen, waar ze onder het grote halvemaanvormige raam zat.

'Ronn, de lampen.' Ze maakte een theatraal gebaar boven haar hoofd. 'Ze zijn niet aan.'

Payne was een bloemstylist en had niet veel verstand van elektra. Hij keek om zich heen en zag een lichtknopje aan de muur.

'Ik dacht bij mezelf: er zit daar een lichtknopje. Zal ik de schakelaar omzetten en haar voor schut zetten of zeggen dat ik de elektricien zal roepen?'

Hij besloot op het knopje te drukken, waarna alle lampen in de kamer aangingen. Als een koningin keek de first lady hem aan en bedankte hem zonder een spoor van schaamte.

'Ze was vreselijk verwend,' zei Payne en hij trok een gezicht. 'Als zij iets wilde, dan wilde ze het vorige maand en als je haar ervan probeerde te overtuigen witte leeuwenbekken te nemen in plaats van witte fresia's, omdat je nergens witte fresia's kon krijgen, dan zei ze: "Je bedenkt vast wel een manier."' En zo geschiedde. De bloemstylisten lieten 's nachts bloemen uit Europa invliegen om haar tevreden te stellen.

En toch is Payne het met chef-patissier Mesnier eens in zijn waardering voor haar duidelijkheid over wat ze wilde. En als je deed wat ze vroeg, was ze tevreden.

'Ik herinner me dat ze op een dag haar persoonlijke dienstmeisje bij zich riep en dat ik me rot schrok – alleen al van haar toon. Ik wilde geen problemen met haar,' zei collega-bloemstylist Wendy Elsasser.*

Cletus Clark, die eigenlijk werkte van halfacht 's ochtends tot vier uur 's middags, herinnert zich hoe zwaar zijn rooster was toen Mrs. Reagan besloot om de tweede en derde verdieping opnieuw in te richten.

'Ze wilde gewoon niet dat ik naar huis ging! We werkten tien uur per dag, zeven dagen per week, en als ik haar om acht uur 's avonds tegenkwam, zei ze: "Waar ga je heen?" Ik zei dan: "Ik ga naar huis."' Het werd zo erg, zei hij, dat als hij haar in de West Sitting Room zag, hij de trap aan de oostkant van het huis nam, zodat zij hem niet zag weggaan. 'Ik moest gewoon naar huis. Na zeven dagen per week werken, achter elkaar, gaat je lichaam protesteren.'

Nancy Reagan had eigenaardigheden die bijna die van Lyndon Johnson evenaarden. Ze kon niet tegen lang haar bij vrouwen en ze liet het huishoudelijk personeel haar kleding merken met aankoopdata en er moest worden bijgehouden wanneer het stuk het laatst was gedragen.

Ze bezat ook enkele verzamelobjecten die ze uitgestald wilde zien in het Witte Huis, waaronder een groep kleine, handbeschilderde porseleinen Limoges-doosjes, ongeveer vijfentwintig in totaal, die keurig op een tafel moesten worden gerangschikt. Ze had ook een collectie porseleinen eieren en een collectie borden. ('Ze hadden een ongelooflijke hoeveelheid spullen. Dat is omdat ze nooit hoefden schoon te maken,' zei hoofd Huishouding Christine Limerick met een scheef lachje.) Als iemand een van die doosjes ook maar een centimeter verschoof, dan zag Nancy Reagan dat. Ook eiste ze dat al haar zilveren fotolijstjes en dure parfumflesjes perfect gerangschikt op de wastafel in de badkamer stonden – en precies in de goede volgorde werden teruggezet na het schoonmaken. Anders zwaaide er wat.

Limerick weigert consequent om iets slechts over haar voormalige werkgevers te zeggen, maar ze maakt een uitzondering voor Nancy Reagan. Ze herinnert zich nog levendig de overgang die er uiteindelijk toe leidde dat ze het Witte Huis vijf jaar lang de rug zou toekeren. 'Aan het begin van hun ambtstermijn waren er verschillende voorwerpen gebroken: een door de Huishouding, een door de Geheime Dienst, en een door de Operationele dienst.' Mrs. Reagan gaf Limerick de schuld. 'Ze kotste me uit. Echt waar.'

Ze ging zo heftig tegen Limerick tekeer, en zo langdurig, dat hoofdportier Rex Scouten uiteindelijk naar boven kwam, naar de tweede verdieping, om tussenbeide te komen. 'Chris, je kunt gaan,' zei Scouten en hij draaide zich om naar haar om Limericks plaats in te nemen en de scheldpartij voor haar te incasseren. Later vertelde hij Limerick waarom hij haar had gered: 'Je had genoeg over je heen gekregen.' De first lady richtte haar woede toen op Scouten, op wie ze zo dol was dat ze haar king spaniël Rex had genoemd, naar hem. Ze noemde Scouten zelfs de op een na belangrijkste man in haar leven. Dat was allemaal niet genoeg om hem de resten van haar tirade te besparen.

Meer dan twintig jaar later is Limerick nog altijd geschokt door het incident. Ze weet nog precies wat er gebroken was: 'Een Limoges-bord, een kandelaar, en er was iemand van de Geheime Dienst over een tafel gestruikeld waardoor een paar dingen waren gevallen.' Het waren ongelukjes. Maar dat maakte geen verschil voor de first lady. 'Ze was zo van streek dat ze mij zelfs een groot deel van haar persoonlijke bezittingen die ze op de schoorsteenmantel van de woonkamer had gezet weer liet inpakken. Ze bleven enkele maanden lang in dozen zitten. Uiteindelijk waaide het over en pakten we ze weer uit.'

Na de uitbarsting besloot Limerick een nieuw protocol in te stellen om mogelijke problemen voor te zijn. De dienstmeisjes stoften elke dag af in het huis, maar eenmaal per maand werd er ingrijpender schoongemaakt in elke kamer. Limerick besloot om de slaapkamers, badkamers, zitkamers en kantoren van de presidentiële familie te laten fotograferen voor de maandelijkse schoonmaakbeurt, zodat ze kon aantonen dat alles weer op zijn plaats was teruggezet.

Het moeilijkste was voor Limerick dat zij en de first lady nauw moesten samenwerken. Limerick pakte zelfs cadeautjes in die de first lady aan haar vriendinnen gaf. Als ze de wind van voren kreeg van Mrs. Reagan, kon ze zich echter niet verdedigen; het enige wat ze kon doen was haar hoofd buigen en zich blijven verontschuldigen.

'In mijn hele carrière had ik nog nooit een klacht gehad over het beddengoed of de bedden,' zei ze. 'De dames die voor me werkten konden het zelfs nog beter. En ik kan een goed bed opmaken.'

In 1986, nadat ze zeven jaar op het Witte Huis had gewerkt, vertrok ze en ging ze terug naar het Mayflower Hotel. Daarna woonde ze enkele jaren in Hawaii, waarna ze in 1991 terugkeerde naar het Witte Huis. Limerick geeft toe dat haar vertrek gedeeltelijk te wijten was aan de stress die ze ervaarde in haar worsteling om aan de eisen van de first lady te voldoen. 'Het was niet omdat Mrs. Reagan was wie of wat ze was. Het was omdat ik besefte dat ik er dichtbij was om haar te gaan tegenspreken.' Dat zou een doodzonde zijn geweest in het Witte Huis. En dat wist ze.

Tijdens haar vijfjarige afwezigheid zou haar vervanger een ravage aanrichten op het Witte Huis. Het nieuwe hoofd Huishouding kon niet omgaan met de stress die bij haar baan hoorde en uiteindelijk hoorde ook Limerick de verhalen over haar bizarre gedrag. Volgens Roland Mesnier kwam het hoofd Huishouding op een dag naar de voorraadkamer en wilde tienduizend teddyberen aanschaffen voor alle kinderen op de wereld. Ze vulde zelfs een opdrachtbon in voor de aankoop van de speelgoeddieren, zegt hij. Een andere keer kwam ze, volgens bloemstylisten Ronn Payne en Wendy Elsasser, naar haar werk met felblauwe driehoeken op haar oogleden geschilderd. Ze stond erom bekend dat ze door de gangen van de kelder liep en luchtverfrisser in de rondte spoot, roepend: 'Het stinkt hier!'

De Geheime Dienst wilde dat deze vrouw werd ontslagen na deze verontrustende berichten, maar Limericks opvolger mocht blijven. Limerick denkt dat de vrouw haar overleving te danken heeft aan Barbara Bush, die erg 'sympathiek' voor haar was. Elsasser is het met haar eens; zij denkt dat Mrs. Bush de getroebleerde werkneemster zoveel kansen gaf omdat ze wilde dat ze beter werd. 'Mrs. Bush heeft een hart van goud,' zei chef-patissier Mesnier. (In haar interview voor dit boek wilde Mrs. Bush niet over

Limericks opvolgster praten. Ze bevestigde alleen dat ze moeite had met de stress van de baan.)

Uiteindelijk werd het gedrag van het hoofd Huishouding ook Mrs. Bush te veel. Op een dag werd Skip Allen, belast met het toezicht op de afdeling huishouding, dringend verzocht naar boven te komen. Wendy Elsasser was bezig de bloemen in de Center Hall te vervangen, die leidde naar de slaapkamers van Jenna en Barbara Bush, toen het hoofd Huishouding een kussen pakte (met de hand geborduurd door de first lady) en het naar haar gooide, onder het roepen van 'Dit is bullshit!' Jenna en Barbara stonden er angstig bij te kijken. Het is niet duidelijk wat haar triggerde.

Toen haar kleinkinderen erbij betrokken raakten, besloot de first lady dat Limericks vervangster moest vertrekken. Allen hielp haar het gebouw uit leiden terwijl ze moord en brand schreeuwde. 'Ze vertrok niet in stilte,' zei hij.

Toen ze terugkeerde naar het Witte Huis, kreeg Christine Limerick te maken met minder moeilijke werkgevers – eerst werkte ze voor Mrs. Bush en vervolgens voor Hillary Clinton. Sommige personeelsleden hadden wat moeite met Hillary Clinton, maar Limerick zag haar positieve kanten voor de residentie.

'Hillary stond erg positief tegenover werkende vrouwen. Ze kon het heel goed vinden met de huishoudsters; ze had met iedereen een goed contact. Ze kende ieders sterke en zwakke punten.' Ze weet dat sommige mannelijke personeelsleden het misschien niet eens zijn met haar oordeel, maar wijt dat aan een aantal verschillende factoren. 'Een deel ervan was hun eigen schuld,' zegt ze over de mannen, maar ze is ook van mening dat het komt door de speciale aandacht van de first lady voor de vrouwelijke personeelsleden. 'Volgens mij was ze moeilijker voor mannen dan voor vrouwen. Ze zag het meestal door de vingers als we iets verkeerd deden.'

Op een keer, herinnert Limerick zich, vroeg Hillary haar om een van haar favoriete mantelpakjes in een andere kleur te verven. 'Meestal ben ik best goed met kleding,' vertelt ze giechelend. 'Het was een wasbare stof. Het was een maat tweeënveertig toen we begonnen en een maatje vierendertig toen we klaar waren! En ze moest erom lachen!'

Bill Clinton was niet altijd zo begripvol. Hij is allergisch voor dennen, maar de first lady wilde rond de kerst toch graag een echte boom in de Yellow Oval Room en op de tweede verdieping. Het plan was om de boom rond 19 december neer te zetten en hem 28 december weg te halen.

Het was Limericks taak om de persoonlijke kerstversieringen van de familie klaar te leggen. Dan zouden de mensen van Bloemstyling en Elektrotechniek komen en de lampjes bevestigen. Limerick wist dat de president graag de boom versierde, samen met Chelsea; dan voelde hij zich weer even als elke andere vader die Kerstmis viert met zijn gezin, al was het maar voor een paar uur.

Dat jaar echter wilde de first lady hem voor zijn. 'De president heeft vanavond iets te doen. Zou je vast alles in de boom willen hangen, behalve deze twintig versieringen?' vroeg Hillary aan Limerick en ze wees naar een doos kerstversiering. De huishoudster deed wat haar gevraagd was. Toen de president later naar boven kwam en zag dat de meeste versieringen al in de boom hingen, was hij woedend.

'Wie heeft dat gedaan?' riep hij.

'Chris, de huishoudster,' antwoordde een butler.

De butler vertelde Limerick later dat hij iets mompelde wat leek op: 'Nou, ze mag hopen dat ze morgen nog een baan heeft.'

Rond middernacht werd Limerick door een van de butlers gebeld die haar vertelde wat er was gebeurd. Ze maakte zich zorgen, maar rekende erop dat Hillary haar zou verdedigen. De volgende ochtend, een zaterdag, meldde ze zich op de derde verdieping om cadeautjes in te pakken voor de familie.

Mrs. Clinton kwam binnen en zei: 'Je kunt hier ook niets goed doen in dit huis. Ik heb met Bill gepraat. Maak je geen zorgen.'

'Dank u,' zei Christine en ze slaakte een zucht van verlichting.

Een andere keer kreeg Limerick thuis een telefoontje van een van de persoonlijke huisknechten van president Clinton, die zei dat hij een van de kleermakers die zij had aangeraden niet goed vond. Ze had hem een lijstje gegeven met vier namen. 'Het was twee uur 's nachts,' zei Limerick nog altijd verwonderd, 'en die huisknecht ging maar door over dat de president boos was en dat ik maar beter kon oppassen.'

Toen Limerick de volgende dag op haar werk kwam, belde ze naar het kantoor van de president. Ze had er genoeg van om alles uit de tweede hand te horen en ze vermoedde dat de butlers en huisknechten de dingen erger maakten dan ze waren en elk klein dingetje dat de president zei overdreven.

'Ik begrijp dat ik in de problemen zit, omdat de president de kleermaker niet goed vond,' zei ze tegen Clintons secretaresse Betty Currie.

'Wacht even, de president zit hier vlak naast me,' zei Currie en ze gaf de telefoon aan de president.

'Sir, het spijt me.'

'Het geeft niet,' zei hij en hij lachte erom.

Al die paniek voor niets, dacht ze.

Volgens Skip Allen waren de Clintons niet altijd duidelijk als ze iets vroegen. 'Als ze ergens om vroegen en je gaf het ze, dan was het niet wat ze echt wilden,' zei Allen. 'Ze wisten niet hoe ze duidelijk moesten maken wat ze wilden, en dus bleven ze om dingen vragen waarvan ze dachten dat ze ze wilden hebben, terwijl dat niet zo was.'

Allen herinnert zich een telefoontje van Hillary Clinton. De keuken had een bepaald kipgerecht te vaak geserveerd, zei ze, en ze wilde dat de kok het niet meer maakte. 'Dus ik belde de kok en zei hem dat we dat kipgerecht van het menu moesten halen, dat ze het niet meer wilden. Een paar maanden later werd ik gebeld door de first lady, die zei: "Vraag eens aan de kok waarom hij dat kipgerecht waar we zo dol op zijn nooit meer serveert?"' Hij zuchtte diep. 'En zo ging het acht jaar lang.'

De Clintons waren het tegenovergestelde van de Reagans, zeggen personeelsleden. Als zij om een uur 's nachts nog op waren en niet konden slapen, gingen ze de meubels verplaatsen. Volgens Allen, die toen ook hoofd was van de curatorenafdeling, was dit verschuiven van de meubels een ramp voor de curatoren, die elk meubelstuk in het Witte Huis elk jaar registreren. 'Ze besloten gewoon om een lamp van de ene kamer naar de andere te verplaatsen, of een tafel of een stoel. En als de curatoren naar boven gingen om te inventariseren – een bepaalde stoel stond volgens de lijsten in de studeerkamer – dan moesten ze het hele huis doorzoeken naar die stoel omdat de Clintons hem op de derde verdieping in een van de gastenkamers hadden gezet... Het maakte alles zo gecompliceerd.'

De Clintons negeerden ook de protocollen rond etenstijd – en niemand durfde het ze te zeggen. Kok John Moeller, die van 1992 tot 2005 in de keuken werkte, wist nooit wanneer de presidentiële familie wilde eten of voor hoeveel mensen hij moest koken. 'Bij de Bushes kregen we altijd een belletje van tevoren met de mededeling "twee voor de lunch om halfeen". Bij de Clintons wisten we niet wat er zou gebeuren, tot het zover was!'

Een week nadat de Clintons in het Witte Huis waren getrokken, rende butler Buddy Carter in paniek de keuken binnen om Moeller te zeggen dat de presidentiële familie aan tafel zat voor het avondeten. *Nu*. 'Ik heb het klaar, maar ik moet het nog warm maken, ik ben zo klaar,' zei Moeller. Vanaf dat moment had hij altijd een maaltijd klaarstaan rond lunchtijd en 's avonds.

De vrienden en politieke assistenten van de Clintons dienden het personeel ook van advies en zetten ze soms op het verkeerde been. 'Ze zeiden tegen ons dat Mrs. Clinton een bepaald soort shampoo en deodorant wilde, en dus kochten we zo'n twintig dozen daarvan,' herinnert Limerick zich lachend. 'Ik merkte al snel hoe dom dat was, want toen zei Hillary Clinton tegen mij: "Chris, ik houd niet van dat spul."'

Soms brachten pogingen om het de presidentiële familie naar de zin te maken gasten van het Witte Huis in gevaar. Elk jaar ontstaat er rond de kersttijd een hele discussie over hoe de State Floor het best kan worden versierd. Hoofdstyliste Nancy Clarke wilde tientallen votiefkaarsen op de tafels plaatsen, maar Mesnier was tegen vanwege het brandgevaar. Maar Mrs. Clinton wil ze, drong Clarke aan.

'Op een keer was er een dame met een vossenbontje om haar nek. Ze boog zich over de tafel om wat koekjes te pakken en natuurlijk zette de kaars het bont in brand. Ze was te dichtbij gekomen. Godzijdank hadden we een snelle butler, die de vos van haar af trok, er water overheen gooide en het vuur bluste,' zegt Mesnier. 'Natuurlijk stonden er daarna nooit meer kaarsen op mijn tafels!'

HOOFDSTUK V

*

Donkere tijden

Hij zei dat hij tegen de badkamerdeur was gelopen toen hij midden in de nacht was opgestaan. Maar we weten vrijwel zeker dat ze hem een klap had verkocht met een boek.

PERSONEELSLID VAN DE RESIDENTIE OVER HET LEVEN IN HET WITTE HUIS TEN TIJDE VAN DE MONICA LEWINSKY-AFFAIRE

Het bed van de president en de first lady zat onder het bloed. Een dienstmeisje die de rotzooi had aangetroffen belde paniekerig naar iemand van de staf. Er moest onmiddellijk iemand komen om de boel in ogenschouw te nemen.

Het bloed was van Bill Clinton. De president had verschillende hechtingen nodig in zijn hoofd. Hij beweerde dat hij midden in de nacht tegen de badkamerdeur was gelopen. Maar niet iedereen geloofde dat.

'We weten bijna zeker dat zij hem een klap had verkocht met een boek,' zei een personeelslid. En wie zou het nu beter kunnen weten dan het personeel? Het incident vond plaats kort nadat bekend was geworden dat de president een affaire had met een stagiaire op het Witte Huis – duidelijk een crisis in het huwelijk van de Clintons. En er lagen minstens twintig boeken op het nachtkastje waaruit zijn bedrogen vrouw kon kiezen, waaronder de bijbel.

In november 1995 begon Clinton een affaire met de twintigjarige Monica Lewinsky, stagiaire op het Witte Huis. Hij had ongeveer tien seksuele ontmoetingen met haar in anderhalf jaar tijd, de meeste in het Oval Office. Toen de affaire bekend werd, meer dan twee jaar nadat hij was begonnen, werd de rest van het presidentschap opgeslokt door de vloedgolf van media-aandacht die daarop volgde. De onthulling was het gevolg van meer dan vier jaar onderzoek door advocaat Kenneth Starr naar andere beschuldigingen, waaronder de Whitewater-zaak en het ontslaan van verschillende oudgedienden bij het Travel Office, het interne reisbureau van het Witte Huis, een schandaal dat bekend werd als Travel-gate. Hoewel ze geen deel uitmaakten van het personeel op de residentie, herinnert portier Skip Allen zich nog goed hoe geschokt zijn collega's waren over de ontslagen bij het interne reisbureau. De meeste stafleden van de residentie hadden hun gehele carrière tenslotte gewijd aan hun baan op het Witte Huis en sommigen begonnen zich kwetsbaar te voelen. 'De stemming op het Witte Huis was een beetje gespannen, omdat het iedereen kon treffen en je nooit wist, als het balletje eenmaal ging rollen, om hoeveel mensen het ging en wie ze zouden ontslaan.' Mensen die hun carrière opbouwen bij de overheid zijn als professoren met een vaste aanstelling. Ze zijn erg moeilijk te ontslaan en het was schokkend om ze terloops weggestuurd te zien worden. De Clintons hadden ook te maken met kritiek op het feit dat ze de Lincoln Bedroom ter beschikking hadden gesteld om rijke donateurs mild te stemmen.

Op 7 augustus 1998 werd Bill Clinton de eerste president die verantwoording moest afleggen ten overstaan van een grand jury. Hoofdelektricien Bill Cliber, die hielp met de elektra en bekabeling voor de vierenhalf uur durende getuigenis – die met behulp van een gesloten-camerasysteem werd afgenomen – herinnert zich dat de president die dag in een bijzonder slecht humeur was.

Later die avond zou Clinton tijdens een landelijke televisie-uitzending toegeven dat hij een 'ongepaste relatie' had met Lewinsky. Vier maanden later, in december, stemde het door de republikeinen geleide Huis van Afgevaardigden voor afzetting, maar dit werd na een proces van vijf weken in de senaat herroepen.

Het publiek hoorde pas in januari 1998 over Monica Lewinsky. Maar sommige personeelsleden wisten al van de affaire toen deze nog aan de gang was, tussen november 1995 en maart 1997. De butlers zagen de president en Lewinsky samen in de familiebioscoop, en ze werden zo vaak samen gezien dat de personeelsleden het elkaar lieten weten wanneer ze haar weer hadden gezien. De butlers, die het dichtst bij de familie stonden, bewaren dergelijke geheimen altijd goed, maar af en toe deelden ze fragmenten van verhalen met hun collega's, omdat de informatie nuttig kon zijn, of om te laten zien hoeveel zij wisten.

Een personeelslid van de huishouding, die niet bij naam genoemd wil worden, herinnert zich dat hij in de gang stond achter de keuken die door assistenten van de East en de West Wing werd gebruikt. 'Dat is ze – dat is de vriendin,' fluisterde een butler, en hij maakte een hoofdgebaar naar Lewinsky, die voorbijliep. 'Ja, dat is ze. Zij was laatst in de huisbioscoop.'

Bijna twintig jaar later zijn veel personeelsleden van de residentie nog altijd terughoudend om iets te zeggen over de ruzies tussen de Clintons die ze meemaakten. Maar ze voelden allemaal de somberheid die er over de tweede en derde verdieping hing, terwijl het verhaal zich in de loop van 1998 ontvouwde.

Het personeel van de residentie was getuige van de gevolgen van de affaire en de sporen die deze achterliet bij Hillary Clinton, maar de assistenten in de West Wing hadden het drama dat zich op de tweede verdieping van het Witte Huis afspeelde allang zien aankomen. 'Ze zou hem met een koekenpan op zijn hoofd slaan als ze er een bij de hand had gehad,' zei Hillary's goede vriendin en politiek adviseur Susan Thomases in een interview met het Miller Center aan de Universiteit van Virginia dat mondelinge getuigenissen verzamelt over het presidentschap van Bill Clinton. 'Ik denk niet dat ze ooit heeft overwogen bij hem weg te gaan of van hem te scheiden.'

Betty Finney, nu achtenzeventig jaar oud, begon in 1993 als dienstmeisje in het Witte Huis. Ze bracht de meeste tijd door in de privévertrekken van de familie en herinnert zich goed hoe de dingen die laatste jaren veranderden. 'Alles was duidelijk meer gespannen. Je had gewoon te doen met het hele gezin en wat ze doormaakten,' zegt ze. 'Je voelde het verdriet. Er werd niet veel meer gelachen.'

Bloemstylist Bob Scanlan was uitgesprokener over de sfeer in huis: 'Het was alsof je naar een mortuarium ging als je naar boven ging. Mrs. Clinton was nergens te bekennen.'

En als het niet doodstil was, dan was het huis een broeinest van intriges en het toneel van hooglopende ruzies. Een incident vond plaats rond Kerstmis 1996, toen de affaire van de president met Lewinsky nog steeds gaande was.

De afdeling Huishouding was bezig met hun gebruikelijke taken, zoals cadeautjes inpakken voor de presidentiële familie. Soms werd hun gevraagd om meer dan vierhonderd cadeaus in te pakken voor vrienden, verwanten en personeelsleden. Het inpakken was een arbeidsintensief karwei, waarmee tijdens de ambtsperiode van Reagan was begonnen (toen lag de lat toch al bijzonder hoog). Er werden precieze logboeken bijgehouden van elk cadeau dat werd ingepakt. (Deze logboeken werden vernietigd zodra een nieuwe presidentiële familie het Witte Huis betrok.) De personeelsleden die de geschenken inpakten verborgen altijd een kaartje met de inhoud van het pakje en de naam van de ontvanger zorgvuldig onder een lint. Vervolgens zetten ze de pakjes op een daarvoor bestemde tafel in de West Sitting Hall of in de Yellow Oval Room.

Een personeelslid herinnert zich dat er dat jaar een exemplaar van *Leaves of Grass* van Walt Whitman bij was, dat ze moest inpakken. Ze legde het ingepakte boek op de tafel en dacht er niet meer aan. Een paar maanden later, in februari 1997, gaf de president Lewinsky een boek cadeau: het was *Leaves of Grass*. Pas later drong tot het personeelslid door dat het boek dat ze had ingepakt waarschijnlijk hetzelfde was als het boek dat de president aan zijn vriendin gaf.

Na de kerstperiode, vertelde het personeelslid, wilde de president per se een boek uit de slaapkamer van de Clintons hebben, maar de first lady was nog niet aangekleed en niemand wilde haar storen. 'Betty Currie [de secretaresse van de president] belde de huisknecht en hij kwam naar me toe en vroeg me of ik naar binnen wilde gaan en ik zei: *"Geen sprake van."*' herinnert het personeelslid zich. (Een vergrendelde deur van de slaapkamer stond gelijk aan een NIET STOREN-bordje in een hotel.) 'Ik denk dat Betty Currie uiteindelijk direct naar Mrs. Clinton heeft gebeld.'

Even later vloog er een boek de slaapkamer uit. Hillary had het de gang in gegooid. De huisknecht van de president raapte het op en bracht het naar Currie. Het is niet zeker of het boek dat de first lady uit hun slaapkamer slingerde hetzelfde boek was dat de president aan Lewinsky gaf, maar de herinneringen van het personeelslid illustreren de gespannen sfeer.

Bloemstylist Ronn Payne herinnert zich dat hij op een dag omhoogging met de dienstlift met een karretje om oude bloemstukken op te halen, toen hij twee butlers buiten de West Sitting Hall zag staan die luisterden naar een hoogoplopende ruzie van de Clintons. De butlers gebaarden dat hij erbij moest komen en legden hun vinger op hun lippen omdat hij stil moest zijn. Opeens hoorden ze de first lady tegen de president roepen: *'Goddamn bastard!'* en vervolgens hoorden ze hoe er een zwaar voorwerp door de kamer werd gesmeten. Het gerucht ging onder het personeel dat ze met een lamp had gegooid. De butlers, zei Payne, moesten de rommel opruimen. In een interview met Barbara Walters zwakte Mrs. Clinton het verhaal, dat de roddelrubrieken had bereikt, wat af. 'Ik heb een goede worp,' zei ze. 'Als ik een lamp naar iemand had gegooid, dan had je dat wel geweten.'

Payne was niet verbaasd over de uitbarsting. 'Je hoorde zoveel scheldwoorden in het Witte Huis tijdens de Clintons,' zei hij. 'Als je in iemands huis werkt, dan weet je wat er speelt.'

Bij Payne werd hiv vastgesteld toen hij in het Witte Huis werkte. Hij werd erg ziek en had op een bepaald moment bijna twintig kilo verloren. Hij wilde vrij nemen om te herstellen, maar kreeg te horen dat hij twee opties had: ontslag nemen of met vervroegd pensioen gaan. Hij besloot met pensioen te gaan. Hij hoopte dat hij zou kunnen terugkeren als hij weer gezond was, omdat verscheidene andere gepensioneerde personeelsleden waren teruggekomen. 'Je kunt je voorstellen hoe ik eruitzag. Ik wist heus wel dat ze mij niet boven wilden zien,' zegt hij. 'Ik wilde weer op krachten en op gewicht komen.' Toen hij zich weer in staat voelde om te werken, kreeg hij echter te horen dat hij niet kon terugkomen omdat hij met een ziekte was gepensioneerd. Er werd nooit expliciet tegen hem gezegd dat hij was ontslagen, omdat hij hiv-positief was, hij weet ook niet wat er uiteindelijk achter de beslissing zat – het is vrijwel zeker dat de Clintons er niets van wisten – en hij heeft de beslissing ook niet formeel aangevochten. Maar het was verscheidene jaren de regel dat personeel met hiv niet in contact mocht komen met de presidentiële familie. 'Ik zag dat het andere mensen die hiv-positief waren erg moeilijk werd gemaakt,' zegt Payne. 'Sommigen werden naar de kelder verwezen om in de wasruimte te werken. Anderen moesten naar buiten.' Bloemstylisten komen in elke ruimte van het huis, ook in de slaapkamers van de familie, dus het was onmogelijk om terug te keren in zijn oude baan. Hij was erg verdrietig over de pijnlijke manier waarop zijn carrière in het Witte Huis ten einde kwam en wordt met liefde herinnerd door veel van de collega's die hij achterliet.

Op het hoogtepunt van het drama miste Hillary Clinton regelmatig middagafspraken. Het bestieren van het huis viel begrijpelijkerwijs in het niet bij het redden van het presidentschap van haar man en van hun huwelijk. In 1996 sliep de president drie of vier maanden op een bank in een kamer naast hun slaapkamer op de tweede verdieping. De meeste vrouwelijke personeelsleden vonden dat zijn verdiende loon.

Zelfs butler James Ramsey, die zichzelf een echte *ladies' man* noemt, bloosde als het onderwerp ter sprake kwam. Hij zei dat Clinton 'zijn maatje was, maar... nou ja, zeg'. Natuurlijk hield Ramsey tijdens het Lewinsky-schandaal zijn mond dicht.

Sommige personeelsleden hebben gezegd dat Hillary al lang voor het naar buiten werd gebracht over Lewinsky wist en dat ze niet zozeer van streek was over de affaire zelf als wel over de ontdekking ervan en de ophef in de media die erop volgde.

Het lontje van de first lady was erg kort in deze moeilijke maanden. Butler James Hall herinnert zich dat hij koffie en thee serveerde in de Blue Room tijdens een receptie voor een buitenlandse staatsman. Hij stond achter de bar toen de first lady opeens naar hem toe kwam. 'Waar zitten je ogen?' zei ze boos tegen hem. 'Ik moest het kopje van de vrouw van de premier aanpakken... Ze was klaar en zocht naar een plek om het neer te zetten.' Hij was sprakeloos – andere butlers liepen rond met bladen om het serviesgoed op te halen. Zijn taak was het serveren van de drankjes – maar hij wist dat het geen zin had om zichzelf te verdedigen. Clinton diende een klacht in bij de portiersloge en Hall werd een maand lang niet meer opgeroepen.

'Het was op zich niet zo erg om er te werken tijdens de afzettingsprocedure,' zegt voormalig hoofd Voorraadkamer Bill Hamilton, maar hij geeft toe dat het niet altijd even gemakkelijk was om in die moeilijke maanden met Mrs. Clinton te werken. 'Het was allemaal erg veel voor haar en als je iets tegen haar zei, schoot ze uit haar slof,' herinnert Hamilton zich hoofdschuddend. Toch zegt hij dat hij het heerlijk vond om voor de Clintons te werken, en hoewel hij in 2013 met pensioen ging, zou hij willen dat hij gebleven was, nu hij weet dat Hillary misschien ooit terugkeert als eerste vrouwelijke president van Amerika. Hij zegt dat hij het geweldig zou vinden om weer voor haar te werken, zelfs na de chaos van de acht jaar dat zij de residentie bewoonde.

Hij voelt mee met de first lady in die moeilijke dagen. 'Het gebeurde en zij wist het en iedereen keek naar haar,' zei Hamilton.

Chef-patissier Roland Mesnier zei dat hij er alles aan wilde doen om ervoor te zorgen dat Hillary zich beter voelde. Haar favoriete dessert was mokkataart en hij herinnert zich dat hij toen het schandaal op zijn hoogtepunt was 'heel veel mokkataarten maakte, geloof het of niet'. Laat in de middag belde Hillary de afdeling Patisserie en vroeg met een klein stemmetje – heel anders dan haar gebruikelijke, zelfverzekerde toon: 'Roland, mag ik vanavond mokkataart?'

In een zonnig weekend in augustus 1998, kort voor de president zijn bekentenis aflegde aan het land, belde de first lady portier Worthington White met een ongebruikelijk verzoek.

'Worthington, ik wil naar het zwembad, maar ik wil *niemand* zien, behalve *jou*,' zei ze.

'Yes, ma'am, ik begrijp het,' antwoordde hij. En White wist inderdaad precies wat ze bedoelde. Ze wilde geen spoor van de bewaking zien, ze wilde niemand zien die het uitgestrekte terrein van het Witte Huis onderhield, en ze wilde zeker niemand zien die een rondleiding door het Witte Huis maakte. Daar kon ze even helemaal niet tegen, herinnert hij zich. Ze wilde gewoon een paar uur met rust gelaten worden.

White zei haar dat hij vijf minuten nodig had om het terrein te ontruimen. Hij ging snel op zoek naar haar beveiligingsagent en zei hem dat ze samen moesten werken om het voor elkaar te krijgen. En snel.

Het was een gesprekje van twintig seconden, maar White wist precies wat ze bedoelde. Hij zei tegen de beveiligingsagent: 'Als iemand haar ziet, of als zij iemand ziet, dan ben ik mijn baan kwijt, zoveel is zeker. En jij waarschijnlijk ook.'

En dus besloten de beveiligingsagenten die waren aangesteld om de first lady te beschermen om haar te volgen, ook al schreef het protocol voor dat er een agent voor haar liep en een achter haar.

'Ze zal zich niet omdraaien om naar je te zoeken,' zei White tegen ze. 'Ze wil je gezicht alleen niet zien. En ze wil niet dat jullie haar gezicht zien.'

Hij ontmoette Clinton bij de lift en begeleidde haar naar het zwembad. De beveiligingsagenten liepen achter hen aan en verder was er niemand te zien. Ze had een rode zonnebril op en droeg een stapeltje boeken. Ze had geen make-up op en haar haren waren ongekamd. White vond dat ze er erg verdrietig uitzag.

Ze wisselden geen woord onderweg naar het zwembad.

'Ma'am, hebt u de diensten van een butler nodig?' vroeg White nog, voor ze ging zitten.

'Nee.'

'Hebt u niets nodig?'

'Nee, het is gewoon een prachtige dag en ik wil hier alleen zitten en van de zon genieten. Ik roep je wel als ik weer terug wil.'

'Goed, ma'am,' antwoordde White. 'Het is nu twaalf uur. Ik ga om een uur naar huis en dan heeft er iemand anders dienst.'

Clinton keek hem doordringend aan. 'Ik bel jou als ik klaar ben.'

'Ja, ma'am,' antwoordde White. Het betekende dat hij moest blijven tot zij verkoos weer naar het huis te lopen. Hij werd pas om halfvier 's middags gebeld. White begeleidde de first lady weer zonder iets te zeggen van het zwembad naar de tweede verdieping. Voor ze de lift uit stapte, liet de zwaar onder vuur liggende first lady hem weten hoeveel zijn inspanningen voor haar betekenden.

'Ze pakte mijn handen en kneep er even in, terwijl ze me recht in de ogen keek en alleen "dank je wel" zei.'

Haar dankbaarheid raakte hem in het hart, zei White. Het betekende erg veel voor hem.

Enkelen van de huishoudelijke medewerkers raakten zelfs bij het drama betrokken. Op een bepaald moment werd huisknecht

Linsey Little op de tweede verdieping ontboden om enkele vragen te beantwoorden over de affaire. Toen hij bovenkwam, werd hij ontvangen door een intimiderende geheim agent die hem vroeg of hij Lewinsky ooit eerder had gezien. Nee, antwoordde hij zenuwachtig.

'Ze willen je het gevoel geven alsof ze denken dat je iets weet,' zei hij. Hij houdt vol dat hij nooit iets verdachts heeft gezien, maar geeft ook toe dat hij zijn baan niet op het spel zou zetten en daarmee zelf in het nieuws zou willen komen. 'Ze zetten je naam meteen in grote letters in de krant,' zei hij.

Mesnier beschrijft 1998 als een erg verdrietige periode, waarin hij twee briljante mensen verteerd zag worden door een schandaal. En hij had, zoals vele anderen, erg te doen met de dochter van de Clintons, Chelsea.

Op een beroemde foto, genomen op 18 augustus 1998, de dag na de ontluisterende bekentenis van haar vader, hield Chelsea haar beide ouders bij de hand terwijl ze naar de helikopter op het South Lawn lopen. Mesnier schudt zijn hoofd bij de gedachte aan wat de jonge vrouw doormaakte. 'Chelsea was absoluut het liefste meisje dat je je kunt voorstellen, en als je dan ziet dat ze zoiets moet meemaken... Het was zo dóm. Het was heel moeilijk voor haar.'

Butler Skip Allen geeft toe dat het gemakkelijker was om te werken voor families die hij aardig vond dan om te doen alsof.

'Maar we zijn wel heel goed in doen alsof,' zei hij.

Allen kan zijn gereserveerde gevoelens ten opzichte van de Clintons niet verbergen. Tijdens een lunch aan het zwembad bij zijn grote huis in het landelijke Pennsylvania haalt hij herinneringen op hoe Mrs. Clinton hem altijd vroeg om te helpen bij het maken van strikken in haar kleding, iets wat ze zelf niet kon. Maar hij zei ook dat de Clintons het personeel op de residentie nooit volledig vertrouwden en vooral wantrouwig stonden tegenover de portiersafdeling. 'Ze behoorden tot de meest paranoïde mensen die ik ooit heb gezien.'

Allen is niet de enige met minder goede herinneringen aan het Witte Huis onder de Clintons. Portier Chris Emery, die het goed met de Bushes had kunnen vinden, herinnert zich dat hij zich onterecht gecontroleerd voelde door de Clintons. In de veertien maanden dat hij onder hen werkte, werd hij onderworpen aan drie drugstests en een achtergrondcheck, die hij al enige jaren niet meer had hoeven ondergaan. Hij zei dat enkele van de vragen die hem werden gesteld – waaronder tot welke kerk hij behoorde – veel te persoonlijk waren en hij ze daarom weigerde te beantwoorden. 'Ik denk dat ze gewoon op zoek waren naar iets om mij te kunnen ontslaan.' Hij zuchtte. En inderdaad, toen Emery in 1994 werd ontslagen, was dat voor een deel vanwege een gunst die hij aan voormalig first lady Barbara Bush had verleend.

Tijdens de regering Bush was Emery altijd erg behulpzaam geweest voor Mrs. Bush. 'Wij konden het goed met elkaar vinden. Chris leerde me een computer te gebruiken,' vertelde Barbara Bush mij. Nadat ze het Witte Huis hadden verlaten, werkte ze aan haar memoires en raakte een hoofdstuk kwijt. En dus belde ze Chris om haar te helpen. Emery deed dat graag – maar de gunst wakkerde het vermoeden van de Clintons aan dat het personeel veel te gehecht was aan de familie Bush. Toen de Clintons zijn belgegevens zagen, zei Emery, kwamen ze tot de conclusie dat hij diepe geheimen deelde met de Bushes in Houston. Wat niet zo was.

Korte tijd later ontbood hoofdportier Gary Walters Emery in zijn kantoor.

'Mrs. Clinton is niet tevreden over je,' zei Walters tegen hem.

'Wat betekent dat?' vroeg Emery verbaasd.

'Dat betekent dat morgen je laatste dag is.'

Barbara Bush geeft toe dat haar telefoontjes naar Chris 'problemen veroorzaakten'. Emery werd publiekelijk beticht van een 'verbazend gebrek aan discretie' in de woorden van Hillary's woordvoerder Neel Lattimore. 'We geloven dat de positie die hij bekleedde, als staflid op de residentie, het uiterste respect vereist voor de privacy van de presidentiële familie.'

Emery zegt dat hij kapot was van het verlies van zijn baan, en zijn salaris van vijftigduizend dollar. 'Ik zat een jaar zonder werk,' zegt hij. 'Ze hebben het kleed zo onder mijn voeten vandaan getrokken. Je vraagt je af hoe ze omgaan met iemand die echt machtig is.' Toen hij die avond thuiskwam, was de assistente van de Bushes de eerste die hem belde. Ze zei dat de Bushes het nieuws hadden gehoord en hem wilden helpen. 'Het volgende telefoontje was van het kantoor van Maggie Williams [de chef-staf van Hillary Clinton], met de boodschap dat als ik door de pers zou worden gebeld, ik die moest doorverwijzen naar het Witte Huis. Ik dacht: natuurlijk, dat doen we toch altijd? Ik legde de telefoon neer en zei: "Wacht eens even, ze hebben me net ontslagen!"'

Al die jaren later vertelde Emery me bedroefd dat hij begrijpt waarom hij werd ontslagen. 'Ze stond onder grote druk,' zegt hij over Hillary Clinton, 'en jammer genoeg was ik daar het slachtoffer van.'

Tenminste één van Emery's voormalige collega's denkt daar anders over. Deze persoon, die anoniem wil blijven, zei dat de Clintons terecht zo paranoïde waren. Veel van de medewerkers op het Witte Huis hadden twaalf jaar lang onder republikeinse presidenten gediend. Volgens deze bron was iedereen in de portiersloge van streek toen president Bush niet werd herkozen... en ze staken dat tegenover de Clintons niet onder stoelen of banken. Met name Emery was een republikein in hart en nieren, volgens deze bron, en Emery zelf zegt dat hij met de Reagans zou zijn meegegaan naar Californië als ze het hem hadden gevraagd.

Emery heeft inderdaad misschien niet altijd zijn gevoelens over de Clintons verborgen gehouden. Volgens zijn collega zei Emery, toen president Clinton op een dag naar beneden kwam om een evenement bij te wonen: 'Ik kan gewoon niet begrijpen dat iemand een orgasme heeft als hij in de buurt is.' Hij maakte dit soort opmerkingen zo luid dat assistenten van Clinton ze konden horen, volgens zijn collega.

De Clintons hadden wellicht ook goede redenen om zich zorgen te maken over hun veiligheid. Ze waren nog niet van de schrik bekomen na de beweringen van militairen die gouverneur Clinton in Arkansas hadden moeten beschermen, die later aan de pers vertelden dat ze Clintons buitenechtelijke affaires faciliteerden. Deze zaak werd later 'Trooper-gate' genoemd.

Over één incident in het bijzonder maakten de Clintons zich zorgen. Laat op een avond in 1994, toen ze in Camp David waren voor de paasvakantie, was Helen Dickey, Chelseas voormalige oppas en assistente van de staf op het Witte Huis, in haar kamer op de derde verdieping van het Witte Huis en hoorde geluiden uit de woonvertrekken van de presidentiële familie, een verdieping onder haar. Toen ze ging kijken wat er aan de hand was, trof ze een aantal in het zwart geklede, gewapende mannen aan die de spullen van de Clintons doorzochten.

'Wat doen jullie hier? Jullie hebben het recht niet om hier te zijn!' riep ze uit.

'Wij zijn van de Geheime Dienst en doen ons werk. Ga weg,' zeiden ze tegen haar.

Toen Hillary terugkwam, vroeg ze hoofdportier Gary Walters om een verklaring. Hij verontschuldigde zich ervoor dat hij vergeten was haar te zeggen dat de agenten de tweede verdieping kwamen doorzoeken naar afluisterapparatuur. Ze was woedend.

De Clintons waren graag alleen. In een interview in 1993 zei Hillary Clinton dat ze hield van de tweede verdieping van het Witte Huis, omdat dat de enige plek was waar de Geheime Dienst haar familie niet volgde. 'Daar kunnen we zeggen dat ze naar huis kunnen gaan. We hoeven ze daar niet erbij te hebben,' zei ze. 'Dat is een heerlijk gevoel, want we hebben altijd overal mensen om ons heen.'

Volgens de meeste verhalen gedroeg Chelsea Clinton zich altijd respectvol tegenover het personeel. Toch gelooft Ronn Payne dat ze zich de haat die haar ouders koesterden ten opzichte van de Geheime Dienst enigszins eigen had gemaakt. In het eerste begin van de ambtsperiode van Clinton stonden er bewakers op de overloop van de trap van de tweede verdieping, bij de lift van de president. Een andere post was boven aan de Grand Staircase, tegenover de Treaty Room op de tweede verdieping. (Deze posten werden later, op verzoek van de Clintons, verplaatst naar de State Floor.)

Op een dag liep Payne door de privékeuken op de tweede verdieping, toen een agent achter hem binnenkwam om Chelsea te begeleiden naar Sidwell Friends, de particuliere school in Noordwest-Washington die zij bezocht. Chelsea was aan het telefoneren.

'O, ik moet ophangen,' zei ze tegen haar vriendin. 'De varkens zijn er.'

De agent werd vuurrood, herinnert Payne zich. 'Ms. Clinton,' zei hij. 'Ik moet u iets vertellen. Het is mijn werk om tussen u, uw familie en een kogel in te staan. Begrijpt u dat?'

'Nou ja, zo noemen mijn vader en moeder u,' antwoordde ze.

Portier Preston Bruce zei dat hij een voorgevoel had dat twee van Richard Nixons trouwste assistenten de president op een dag zouden verraden. Het was november 1968 en Bruce was al vijftien jaar portier op het Witte Huis. Hij wist dat er iets speelde toen een politiek assistent, drie of vier dagen na Richard Nixons verkiezing, steeds weer op het Witte Huis te vinden was. 'Ik hoorde deze man gedetailleerde vragen stellen over hoe de dingen hier toegingen,' zei Bruce. 'Geen detail was te klein om aan zijn nieuwsgierigheid te ontsnappen.'

Deze man was Nixons adviseur en assistent Binnenlandse Zaken John Ehrlichman. Hoofdportier J.B. West leidde hem rond door de residentie terwijl Ehrlichman vragen op hem afvuurde.

Bruce had nog nooit zoiets meegemaakt. 'Wij van de huishoudelijke staf wisten allang hoe je het de presidentiële familie naar de zin maakte – dat was ons werk. Wat was deze man van plan?'

Bruce vond het prettig dat de familie Nixon de tijd nam om ieders naam te leren kennen – alle tachtig – maar voelde zich ongemakkelijk bij de manier waarop Ehrlichman en Nixons nieuwe chef-staf H.R. 'Bob' Haldeman hem behandelden. 'Ze hadden steeds maar weer de lift nodig. Elke keer zeiden ze, kortaf, "Tweede verdieping" zonder een alsjeblieft of dankjewel. Ze keken dwars door me heen, alsof ik onzichtbaar was.'

Nixon kon het goed vinden met Bruce, maar Haldeman deed er alles aan om duidelijk te maken dat het personeel van de residentie niets meer was dan dat. Zijn kantoor deed een memo uitgaan waarin stond dat iedereen van het personeel die de president of een van zijn familieleden om een foto met handtekening vroeg of een andere gunst, direct zou worden ontslagen. 'We vonden hem allemaal een goedkoop ventje,' zei Bruce. 'We hadden wel wat beters te doen dan de president voor dat soort dingen te benaderen.'

Haldeman wilde dat er niemand in de gang stond buiten de State Dining Room als er een staatsbanket was – zelfs de Geheime Dienst niet. Het was een traditie en een speciale gunst geweest voor de butlers dat ze vanuit de gang konden luisteren naar de toosten die werden uitgebracht.

'Er was iets aan Haldeman en Ehrlichman, waaraan je kon zien dat ze nooit respect zouden hebben voor iemand als jij,' zei butler Herman Thompson.

De meeste adviseurs stelden zich heel beschermend op tegenover een president en bemoeiden zich niet met hoe het in de residentie toeging. 'Zelfs als we de tafel dekten, zag je Haldeman en Ehrlichman voorbijlopen,' zei Thompson hoofdschuddend. 'Zoals ze zich gedroegen, was het alsof ze overal de leiding over hadden.'

Vóór Watergate was Nixon heel geliefd bij het personeel, al zijn de meesten het erover eens dat hij en zijn familie formeler en stijver waren dan hun voorgangers. Kok Frank Ruta vertelt een verhaal over afwasser Frankie Blair, een vrolijke Afro-Amerikaan die altijd in de keuken te vinden was. Op een avond was Blair aan het opruimen nadat de presidentiële familie klaar was met eten. President Nixon liep de keuken binnen en ze raakten aan de praat over bowlen – Nixon was zo'n fervent bowler dat hij een baan had laten aanleggen in de kelder onder de North Portico. Nixon vroeg Blair of hij zin had om met hem te spelen en ze bowlden tot twee uur 's nachts. 'Er kan ook een fles whisky bij betrokken zijn geweest,' voegde Ruta toe.

Toen ze opbraken, wendde Ruta zich tot de president en zei: 'Mijn vrouw gaat nooit geloven dat ik tot zo laat met u heb gebowld.'

'Kom mee,' zei Nixon tegen hem.

Ze liepen naar het Oval Office, waar de president een verontschuldigend briefje schreef aan Blairs vrouw, omdat hij zo lang beslag op hem had gelegd.

Portier Nelson Pierce herinnert zich ook leuke momenten met de Nixons voordat Watergate Nixons presidentschap beëindigde. Toen hij hoorde dat de president en de first lady naar de omgeving van Seattle gingen, waar hij vandaan kwam, vertelde hij de first lady hoe hij de met sneeuw bedekte bergen van het noordwesten miste. Niet lang daarna vroeg ze of hij met hen meeging.

'De secretaresse van de president gaf me het vluchtschema,' herinnert Pierce zich, en hij bestudeerde dat zorgvuldig. 'Ik probeerde te bedenken wat ik allemaal zou zien, wat ik nog zou herkennen. Maar hoe dichter we bij Washington kwamen, hoe minder ik zag.' En toen, net toen hij probeerde zich te oriënteren, 'maakten we opeens een scherpe bocht naar rechts en natuurlijk zag ik toen Mount Adams, Mount St. Helens, Mount Baker en Mount Rainer... Ik wist dat iemand de piloten had gevraagd om zo te vliegen, zodat ik de bergen kon zien.'

Pierce was sinds 1941, toen hij zestien jaar oud was, niet meer terug geweest. 'Het was zo ontroerend toen we die scherpe draai maakten en ik wist wat er gebeurd was. De tranen sprongen in mijn ogen.'

Toen ze weer in het Witte Huis waren, vroeg Pierce de first lady of zij de piloot had gevraagd om voor hem langs die route te vliegen. 'Ik wilde de bergen ook graag zien,' antwoordde ze met een knipoog.

De Nixons waren formeel met het personeel, maar ze waren vriendelijk en juist dat maakte het zo pijnlijk om getuige te zijn van de val van de president. Het Watergate-onderzoek duurde meer dan twee jaar en naarmate de dagen verstreken, raakte de president meer en meer uitgeput. Zijn schouders hingen verslagen neer als hij 's ochtends naar het Oval Office liep. Elektricien Bill Cliber, die later hoofdelektricien zou worden, herinnert zich dat Nixon tijdens zijn eerste termijn volgens een strak schema leefde en elke ochtend vroeg naar het Oval Office liep. Maar Watergate bezorgde hem een stevige depressie, zijn hele discipline 'stortte in'.

Op het hoogtepunt van het schandaal leken Pat Nixon en hun twee dochters ook in wanhoop te verzinken. 'O Mr. Bruce,' zei Nixons dochter Julie in tranen tegen de portier: 'Hoe kunnen ze zulke vreselijke dingen zeggen over mijn vader?' Nixons andere dochter, Tricia, vertelde me dat ze zich getroost voelde door de steun van het personeel: 'Je voelde die positieve sfeer om je heen – dat gevoel van: we weten wie je bent, we weten wie je vader is en we houden van je. We zullen je vader altijd bewonderen.' Als je in de residentie werkt, dan kijk je 'verder dan politiek, verder dan het verhaal,' zegt ze. 'Je ziet de mens zelf.'

Maar achter de schermen vrat de spanning die het Witte Huis onder Nixon binnensloop ook aan het personeel. Nixon had Johnsons overdreven krachtige douche misschien van de hand gedaan, hij had ook zijn bijzondere badkamergewoonten, en hij vroeg om een rustgevende whirlpool te laten installeren. 'Manieren vinden om te ontspannen leek een groot deel van zijn tijd in het Witte Huis in beslag te nemen,' zei Traphes Bryant. Nixon was zo bezeten van zijn eigen paranoia – hij had bijvoorbeeld een beruchte 'lijst van vijanden' met namen van politieke tegenstanders erop – dat zelfs personeelsleden van de residentie nooit wisten waar ze

BILL CLIBER

aan toe waren. Voor veel van hen, onder wie portier Nelson Pierce, was Watergate zelfs traumatiserender dan de moord op Kennedy, omdat het zich zo lang voortsleepte. 'Je zag iemand dag na dag aftakelen en er was niets wat je kon doen om hem te helpen.'

Op 8 augustus 1974 maakte Nixon om negen uur 's avonds zijn aftreden bekend. Hij deed dat vanachter zijn bureau in het Oval Office, en had gevraagd of er zo weinig mogelijk mensen aanwezig konden zijn. Hij had zelfs zijn beveiligingsagent gevraagd om weg te gaan. 'Het waren alleen een cameraman, een technicus van de televisie, twee militairen, en ik. Wij waren nodig voor het geluid en de beelden,' herinnert Cliber zich, zittend aan de keukentafel in zijn huis in Rockville, Maryland. Hij weet het nog alsof het gisteren was. 'Het was doodstil in die kamer. En dan bedoel ik griezelig stil.'

Nadat Nixon zijn nederige uitzending had afgerond, verliet

Cliber het Oval Office en liep langs de zuilengalerij. Nixon volgde hem zwijgend. Cliber stond stil om de te schande gemaakte president voor te laten gaan.

'Waar ga je heen, Bill?' vroeg Nixon op wat de moeilijkste dag uit zijn leven moet zijn geweest.

'Terug naar de residentie,' antwoordde Cliber.

'Wil je met me meelopen?' zei de president.

Ze liepen naast elkaar door de zuilengalerij die langs de Rose Garden loopt. Cliber bleef staan en wendde zich tot Nixon.

'U moet trots op uzelf zijn. U hebt het prima gedaan. Zo goed als u maar kon.'

'Ja, ik wilde dat meer mensen er zo over dachten,' antwoordde Nixon. Zijn ogen glansden. Cliber dacht dat hij zijn best deed om niet te gaan huilen.

'Het zal op een dag tot ze doordringen,' zei Cliber.

Ze namen afscheid op de begane grond van de residentie, zonder een woord te zeggen. Nixon liep naar de presidentiële lift en Cliber ging de trap af naar de kelder, naar de afdeling Elektrotechniek.

Die avond bleef Nixon tot twee uur 's nachts op. Hij zat te telefoneren vanuit zijn favoriete kamer in het huis, de Lincoln Sitting Room. Buiten kon je de mensen horen scanderen: *'Jail to the Chief! Jail to the Chief!'* Uiteindelijk ging hij naar bed, maar hij sliep onrustig en toen hij wakker werd en op zijn horloge keek, was het vier uur. Toen hij de slaap niet meer kon vatten, liep hij naar de keuken om iets te eten te halen. Hij schrok toen hij butler Johnny Johnson daar zag staan.

'Johnny, wat doe je hier zo vroeg?'

'Het is niet vroeg, Mr. President,' zei Johnson. 'Het is al bijna zes uur.'

In een interview in 1983 legde Nixon uit wat er gebeurd was: 'De batterij van mijn horloge was leeg, om vier uur 's nachts, de laatste dag van mijn presidentschap,' zei hij. 'Ik was zelf ook leeg.'

Preston Bruce herinnert zich dat hij Nixon die laatste dag in het

Witte Huis in de lift zag. 'Mr. President, dit is een periode in mijn leven waarvan ik wilde dat hij nooit gebeurd was,' zei Bruce tegen hem. In de lift omhelsden ze elkaar en huilden ze – net zoals de vrouw en broer van president Kennedy samen met hem hadden gedaan na de moord op JFK, meer dan tien jaar eerder.

'Je bent een echte vriend,' zei Nixon tegen Bruce.

President Reagan was zo vriendelijk dat de dienstmeisjes, butlers en portiers na een tijdje de gewoonte ontwikkelden om snel achter een deur te verdwijnen als ze hem zagen om te voorkomen dat ze in een lang gesprek met hem verwikkeld raakten. Hij praatte vooral graag over Californië, de staat waar hij acht jaar gouverneur was geweest. Cletus Clark herinnert zich dat hij bijna elke avond langskwam toen hij de fitnessruimte van de president schilderde. 'Op een dag kwam hij binnen toen een van de schilders net op zijn loopband stond. Ik schrok me dood! Ik dacht dat hij uit zijn vel zou springen. Maar in plaats daarvan zei hij: "Ik zal je even laten zien hoe dit ding werkt." Hij stapte erop en begon te lopen!'

Nancy Reagan was niet altijd blij met de gewoonte van haar man om met het personeel te praten. 'Ze probeerde hem zo te houden als ze vond dat hij zijn moest,' zegt Clark. 'Ze wilde niet dat hij zich onder de bedienden mengde.'

Op 30 maart 1981, om vijf voor halfdrie 's middags, toen hij negenenzestig dagen president was geweest, schoot John Hinckley Jr. zesmaal met een revolver op Reagan nadat hij in het Washington Hilton een toespraak had gehouden. De moordaanslag was een schok voor het personeel van de residentie, dat nog bezig was deze vriendelijke president te leren kennen.

Op de dag dat Reagan werd neergeschoten was Clark in het Solarium. Nancy Reagan, haar binnenhuisarchitect Ted Graber en hoofdportier Rex Scouten waren vlakbij. 'Ik zal dat nooit vergeten,' zei Clark. 'Er kwam iemand naar boven en fluisterde iets tegen hen en voor je het wist, waren ze vertrokken. Ik bleef achter en probeerde verf te mengen tot een kleur die bij een bepaalde stof paste.'

De volgende dag liep Nancy Reagan, toen haar man in het ziekenhuis lag om te herstellen, zelf een verwonding op. Toen ze terugkeerde naar de residentie, ging ze naar de Game Room op de derde verdieping, een gezellige ruimte met een pooltafel, om het favoriete schilderij van haar man van de wand te halen en dat als verrassing mee te nemen naar het ziekenhuis. Er stond beneden een auto op haar te wachten. Ze klom op een stoel om bij het schilderij te kunnen en viel eraf, waarbij ze een paar ribben brak. Slechts een enkeling binnen de residentie wist van haar ongelukje; het is nooit naar buiten gebracht en het personeel praatte er nooit over, tot nu.

De zoon van de Reagans, Ron, herinnert zich het incident niet eens, al was hij niet verbaasd toen hij er tientallen jaren later van hoorde. 'Ze zal op dat moment alleen aan hem hebben gedacht, en zal zich door een paar gebroken ribben niet hebben laten tegenhouden.'

Op dat moment liet Nancy Reagan dezelfde hardheid voor zichzelf zien als het personeel van de residentie dagelijks tentoonspreidt.

HOOFDSTUK VI

*

Opoffering

Die eerste dag leek de portiersloge een gekkenhuis van drieënhalve vierkante meter. Mensen renden in en uit, de telefoon stond roodgloeiend en de zoemer bleef maar zoemen.

J.B. WEST, PORTIER EN HOOFDPORTIER, 1941-1969, *UPSTAIRS AT THE WHITE HOUSE: MY LIFE WITH THE FIRST LADIES*

Portier Nelson Pierce woonde met zijn vrouw Caroline in een mooi wit koloniaal huis in Arlington, Virginia, zo'n zesenhalve kilometer van het Witte Huis. Voor zijn dood op 27 november 2014 zaten hij en Caroline 's zomers graag op hun veranda. Toen ik hem tijdens een interview vroeg hoelang ze getrouwd waren, keek hij even naar haar en vroeg haar om zijn geheugen op te frissen. Ze leek dat niet erg te vinden. Ze leek het zelfs gewend te zijn om de leiding te nemen binnen hun relatie. Vanwege het moordende schema van haar man had Caroline het grootste deel van hun zesenzestig jaar durende huwelijk hun vier kinderen – twee jongens en twee meisjes – vrijwel in haar eentje grootgebracht.

Pierce herinnerde zich wel wanneer hij was begonnen met zijn werk op de residentie: 16 oktober 1961. Gedurende zijn dienstperiode van meer dan twintig jaar maakte hij zulke lange dagen op het Witte Huis en waren zijn werktijden zo onvoorspelbaar dat zijn vrouw het een 'vreemd gevoel' vond als hij eens thuis was. De diensten van de portier veranderden zo vaak dat de Pierces een kalender bij de telefoon hadden liggen zodat Caroline wist wanneer hij moest werken. Ze zei: 'Onze kinderen hebben het Witte Huis geleefd.' Steeds weer moest Caroline ze vertellen: 'Dat kan niet, want papa moet werken.' 'We kunnen vandaag niet gaan, want hij moet werken.' (Ze plaagde hem met het feit dat de vrienden en vriendinnen van hun kinderen nooit begrepen wat Nelson voor werk deed: ze dachten altijd dat hij portier was in een bioscoop of zo. 'Dat zette hem wel weer even op zijn plaats,' zei ze lachend.)

Het voorrecht in het Witte Huis te mogen werken ontging Pierce echter niet. Op een dag verliet Steve Bull, een assistent van Richard Nixon, net de West Wing toen Pierce de trap beklom om aan zijn dienst te beginnen. Bull lachte hem een beetje uit, omdat hij zijn Witte Huis-badge op straat al droeg voor hij hem nodig had. Pierce reageerde in volle ernst: 'Hoeveel van de tweehonderdtien miljoen mensen in dit land hebben het voorrecht deze badge te mogen dragen?' Bull zweeg even en antwoordde toen: 'Zo had ik het nooit bekeken.'

Van al zijn jaren op het Witte Huis waren het de jaren met Lyndon B. Johnson die de grootste druk op zijn huwelijk uitoefenden. Johnson was een nachtmens. Hij at zijn avondeten vaak om tien uur 's avonds, sliep dan een paar uur en stond om vier uur 's ochtends weer op. (Timmerman Isaac Avery, die in 1930 in het Witte Huis was begonnen, had nog nooit zoiets meegemaakt. 'De Kennedy's leefden snel,' zei hij, 'maar president Johnson leefde razendsnel.')

Lynda, de dochter van president Johnson, herinnert zich dat haar vader in een regelmaat van twee dagen leefde. Ze zei dat hij 's ochtends opstond en aan het werk ging, en dan om een uur of twee, drie, of hoe laat hij een pauze kon inlassen, naar de residentie kwam om te lunchen – soms was dat al behoorlijk laat in de middag, drie of vier uur of zo. Dan ging hij naar zijn slaapkamer, trok hij zijn pyjama aan sliep een halfuur of een uur. Daarna begon zijn tweede dag.

Het personeel van de residentie paste de roosters aan om aan Johnsons eisen te kunnen voldoen. Ze werkten in shifts: portiers, dienstmeisjes, butlers en koks begonnen om zeven of acht uur 's ochtends en werkten tot vier of vijf uur in de middag. Een andere groep kwam na de lunch binnen en werkte tot laat in de avond of vroeg in de ochtend.

Elke avond gaf de marinecommandant president Johnson een massage in de presidentiële woonvertrekken. Als Pierce avonddienst had, wachtte hij beneden tot de commandant hem kwam zeggen dat de president naar bed was gegaan. Dan mocht hij naar huis. Af en toe, herinnerde Pierce zich, viel de president op de massagetafel in slaap en moest de commandant wachten tot hij weer wakker werd en hij zijn massage kon afmaken.

'Het was soms drie, vier, ook wel eens vijf uur in de ochtend voor we naar huis konden,' zei Pierce, met nog steeds een spoortje ergernis in zijn stem.

Johnson was niet de enige president die het zo laat maakte. Pierce herinnert zich een paar feesten van de Kennedy's die tot zo diep in de nacht doorgingen dat hij zijn vrouw belde en haar vroeg om tegen zijn oudste zoon te zeggen dat hij moest wachten met zijn krantenwijk (hij bracht de *Washington Post* rond). Dan haastte hij zich naar huis om hem met de auto door zijn wijk te rijden; soms was het het enige moment waarop hij zijn zoon zag die dag.

De hoeveelheid werk die de portier op zijn schouders heeft verbaast zelfs de belangrijkste stafleden van de West Wing. De voormalige persoonlijke secretaresse van Obama, Katie Johnson, was verbijsterd hoe efficiënt ze een op het laatste moment ingelaste viering voor de staf die aan de historische gezondheidszorgwetgeving van president Obama had gewerkt coördineerden, de avond nadat de wet werd aangenomen, op 21 maart 2010.

'We wisten pas om vier uur 's middags dat de wet werd aangenomen en natuurlijk was de lijst met namen van mensen die eraan hadden meegewerkt veel langer dan iemand vooraf had kunnen bedenken. Om halfvijf belde ik naar de residentie en zei hun dat we om acht uur eten en drinken nodig hadden voor honderd man,' herinnert ze zich. Ze verwachtte dat er zou worden geprotesteerd. 'Ze zeiden: "O, dat is goed, geen probleem."' Binnen een paar uur slaagden ze erin om een memorabele avond te organiseren voor de harde werkers van de West Wing, die op het Truman Balcony toostten met champagne.

Voor voormalig woordvoerder van het Witte Huis Reid Cherlin was het de enige keer dat hij ooit de woonvertrekken betrad. (De Obama's zijn erg op hun privacy gesteld en alleen een paar goede vrienden, onder wie Valerie Jarrett, worden regelmatig boven gezien.) Cherlin noemt de herinnering bijzonder, omdat hij wist dat hij er nooit meer zou komen.

Terwijl ze aan hun champagne nipten, vroeg speechschrijver Adam Frankel aan Reggie Love of hij de Lincoln Bedroom mocht zien. Al snel wilde iedereen mee op deze spontane rondleiding.

'Loop maar rond,' zei de president tegen de feestgangers.

Dat was het sein. 'Iedereen, van de belangrijkste mensen tot de jongste bedienden, liep gewoon rond in de slaapkamers op de tweede verdieping. Iedereen straalde van oor tot oor,' herinnert Cherlin zich. 'De president was in een goed humeur.'

'Ik kom er alleen mee weg dat ik jullie hier binnenlaat, omdat Michelle de stad uit is,' zei Obama tegen ze. Hij wees naar het exemplaar van de Gettysburg Address dat in de Lincoln Bedroom hangt en de president – die erom bekendstaat dat hij trots is op zijn handschrift – zei tegen de jonge stafleden hoezeer hij de mooie schrijfstijl van Lincoln bewonderde.

Voor een politicus die soms wat hooghartig wordt gevonden, praat Obama vaak over het Witte Huis met een soort jongensachtige charme. Kort na de inauguratie nam Frankel een nieuwe speechschrijver mee naar het Oval Office.

‘Ben je hier voor het eerst?’ vroeg Obama.

‘Yes, sir,’ antwoordde Frankels collega.

‘Best cool, hè?’

Kok Walter Scheib geeft meteen toe hoe vereerd en dankbaar hij is voor de kans om in het Witte Huis te werken – ook al vergelijkt hij het met een verblijf in een gevangenis.

‘Je werkt elke dag voor dezelfde mensen, je hebt geen persoonlijk leven, geen familie, geen sociaal leven, je werkt volgens wat wij Witte Huis-flextijd noemen – dat betekent dat je de vijfentachtig uur die je elke week wilt werken zelf uitzoekt. Je werkt in veel gevallen dag in dag uit met dezelfde groep mensen. En dus moet je een manier vinden om fris te blijven.’

Een groot deel van de butlers die ik interviewde was gescheiden, sommigen van hen vanwege hun werk. Butler James Ramsey benadrukte dat hij nooit gelukkiger was dan na zijn scheiding in 1995, ook al raakte hij als gevolg daarvan zijn huis en zijn auto kwijt. ‘Mijn leven bestaat er nu uit dat ik kom en ga wanneer het mij uitkomt. Ik doe wat ik wil. Ik heb niemand die tegen me zegt wat ik moet doen. Ik houd van mijn leven.’ Aan niemand verantwoording hoeven afleggen is prettig als je zulke onvoorspelbare werktijden hebt. Ramsey vertrok om vijf of zes uur in de ochtend van huis en kwam bij staatsbanketten soms pas om twee uur ’s nachts thuis.

Butler James Hall (die van Nancy Reagan de bijnaam ‘Big Man’ kreeg) begon in 1963 in het Witte Huis en scheidde negen jaar later van zijn vrouw. Hall werd gevraagd om tijdens staatsbanketten te werken en de fulltime butlers te helpen als er te weinig personeel was. Hij werd vaak pas op het laatste moment gebeld en maakte die uren naast zijn vaste baan als bibliotheekmedewerker in het Nationaal Archief.

Hall overleed rond dezelfde tijd als zijn vriend James Ramsey. Voor zijn dood interviewde ik Hall in zijn keurige flat in een bejaardenhuis in Suitland, Maryland, waar zijn tweede slaapkamer was ingericht als een museum gewijd aan zijn carrière. Tot zijn souvenirs behoren brieven van hoofdportier Rex Scouten, die hem bedankte voor zijn werk tijdens een diner ter ere van krijgsgevangenen uit Vietnam, en voor zijn hulp bij de huwelijksreceptie van Tricia Nixon. De brieven hingen naast een condoleance die president Clinton hem stuurde na de dood van zijn vader in 1995.

Hall voelde geen woede over zijn scheiding of de lange uren die hij in het Witte Huis had moeten werken. Hij dacht terug aan de dagen tijdens het presidentschap van Nixon, toen de butlers nog in rok liepen. 'We moesten ons witte vest verruilen voor een zwart, omdat ze zeiden dat wij er beter uitzagen dan de gasten.'

Natuurlijk zette het werk in de residentie niet het huwelijk van elk personeelslid op het spel. Sommige echtelieden vonden elkaar juist tijdens het werk op het Witte Huis. Na veel overreding vond hoofd Huishouding Christine Crans in 1980 de tijd om verliefd te worden op technicus Robert Limerick. Ze ontmoetten elkaar toen Crans Limerick de maat nam voor zijn uniform. Limericks baas, het hoofd Technische dienst, bleef ze maar plagen, tot ze uiteindelijk besloten om samen uit te gaan. Christine herinnert het zich als: 'Vooruit, laten we ze dat plezier doen.' Minder dan een jaar later waren ze getrouwd.

Toen ze Nancy Reagan vertelde dat ze verloofd was, vond de first lady dat geweldig. Ze was ook opgelucht. 'Ik denk dat ze bezorgd was dat ik zou overblijven,' zei Limerick lachend. De huishoudster voor haar was met de patissier getrouwd en sindsdien werd er altijd gezegd dat huishoudsters op zoek waren naar een man. Op hun kleine huwelijksceremonie in Deale, Maryland, waren zo'n veertig van de vijfenzestig gasten personeelsleden van het Witte Huis en hun echtgenoten, onder wie Gary Walters en Rex Scouten.

En toch konden hun lange werkuren een uitdaging zijn. Toen de Clintons in het Witte Huis zaten, moest Limerick altijd met Kerstmis werken en besloten zij en Robert uiteindelijk dat het

het beste was als hij ontslag zou nemen als technicus op het Witte Huis, omdat hun rooster te zwaar werd. Naast de frustratie over het op elkaar afstemmen van hun roosters, konden de Limericks nooit met elkaar praten over de ongelooflijke dingen die ze tijdens hun werk zagen en hoorden – ook al werkten ze allebei in het Witte Huis. Limerick zegt: 'We konden niet altijd ons ei kwijt als we thuiskwamen.'

Portier Skip Allen, die van 1979 tot 2004 op de residentie werkte, kende iemand van de staf die zelfs zijn leven opofferde aan zijn werk. Frederick 'Freddie' Mayfield was in 1962 als huisknecht begonnen met stofzuigen en het verplaatsen van zwaar meubilair. Eenmaal opgeklommen tot portier werd hij een soort instituut met zijn zilvergrijze haren, witte stropdas en zwarte pandjesjas (hij bezat dezelfde rustige waardigheid als zijn collega Preston Bruce). Als portier wachtte hij elke avond bij de lift om de president naar de residentie te begeleiden. 'Hij had een geweldige glimlach,' zei Luci Baines Johnson. 'Voor Freddie Mayfield was het elke dag Kerstmis.'

Op een dag vertelde Mayfield Allen in vertrouwen dat zijn dokter hem gezegd had dat hij een bypassoperatie nodig had – direct. Mayfield zei: 'Ik weet dat ik het moet laten doen, en de dokter zei dat ik er niet mee kan wachten, maar ik wacht nog even tot de volgende dienstreis van de president.' Tegen de tijd van de volgende dienstreis was het te laat. Mayfield kreeg onderweg naar zijn werk een hartaanval en overleed. Hij was nog maar achtenvijftig jaar oud. 'Hij deed niets aan zijn hart,' zei Allen, 'omdat hij maar bleef zeggen: "De president heeft mij nu nodig. Ik wacht tot hij weer op reis gaat en dán ga ik wel naar het ziekenhuis." Hij heeft het niet gehaald.' Het was niet zo dat Mayfield dacht dat hij de enige was die zijn taak kon uitoefenen, volgens Allen. 'Het is gewoon eergevoel. Het is: ik wil mijn best doen voor de president. Daar gaan sommigen heel ver in.'

Nancy Reagan ging op 17 mei 1984 naar Mayfields begrafenis.

Ze was zo aangedaan door zijn dood dat ze zei: 'Het voelt gewoon niet goed hier zonder hem.' Butler Herman Thompson herinnert zich zijn ontroering toen hij haar tussen de mensen in de aula zag zitten. 'Ik vond het van veel respect getuigen.' Tientallen jaren later zegt ze dat ze zich nog steeds herinnert dat ze gebeld werd toen hij was overleden en hoe geschokt en verdrietig ze was door het nieuws. Ze wist meteen dat het nooit meer hetzelfde zou zijn zonder zijn glimlach bij de lift.

Het personeel is als familie voor elkaar. Velen van hen speelden samen golf in de tijd van Mayfield, en elke vrijdagavond verzamelde zich een groepje personeelsleden bij de kleine bowlingbaan in het Eisenhower Executive Office Building voor een partijtje bowlen tegen beveiligingsagenten en politiemannen. Toen de vrouw van Nelson Pierce, Caroline, de naam van haar oude vriend Freddie hoorde vallen, lichtte haar gezicht op. 'Hij hield van kalkoennekken. Ik moest de nekken altijd bewaren met Thanksgiving en ze naar Freddie laten sturen.'

Die vriendschappelijke sfeer bestaat nog steeds. Als er bij iemand van het personeel een sterfgeval in de familie is, of iemand kan zijn dokterskosten niet betalen, dan sparen zijn of haar collega's hun geld op in een potje in de butlerskeuken op de eerste verdieping om te helpen.

'Soms had je een slechte dag en dan kwam er 's ochtends een butler de kamer in en zei goeiemorgen en maakte je aan het lachen,' herinnert portier Nancy Mitchell zich. 'Er is altijd wel iemand die je er weer bovenop helpt.'

Butler James Jeffries behoort tot een lange lijn van personeelsleden in het Witte Huis. Negen van zijn familieleden hebben er gewerkt. De broer van zijn moeder, Charles Ficklin, was er maître d', en een andere oom, John Ficklin, werkte er als butler en later ook als maître d'.

'Toen mijn moeder in 2012 overleed,' herinnert Jeffries zich met tranen in zijn ogen, 'was vrijwel iedereen op haar begrafenis, behalve de president.' Zijn moeder had nooit op het Witte Huis gewerkt, maar butlers Buddy Carter en James Ramsey en hoofd Voorraadkamer Bill Hamilton kwamen allemaal om de familie Ficklin te steunen. En zijn collega's droegen ook nog eens vierhonderd dollar bij aan donaties, hoewel geen van hen zelf erg rijk was. Jeffries was nog verbaasder toen hetzelfde gebeurde na de dood van een van zijn ooms. 'Mijn oom werkte niet op het Witte Huis, maar hij was een Ficklin en hij was gestorven in Amissville, Virginia. We waren daar en de begrafenis was aan de gang en opeens hoorde ik de deur van de kerk opengaan en daar waren Mr. West en de portiers en nog een heel aantal andere mensen van het Witte Huis. Ik geloof dat ze een brief bij zich hadden van de president die iemand in de kerk voorlas.' Hij zweeg even. 'Ik begon te huilen, omdat ik het zo geweldig vond dat mensen genoeg aan ons dachten om te komen.'

Jeffries werkt nog altijd een paar dagen per week als butler op het Witte Huis. Hij zegt dat hij pas met pensioen gaat 'als zijn benen niet meer willen'. Als hij op het Witte Huis aankomt, kijkt hij eerst op het lijstje op de kast in de kantine wat hij moet doen. Soms heeft hij dienst in de keuken op de eerste verdieping, soms staat hij in de bar en soms haalt hij de vuile glazen op. Hij zegt dat hij het liefst in de bar werkt of borden afwast, want een blad vol glazen dragen is zwaar werk voor een man van in de zeventig met artritis. Hij vertelt dat zijn chef hem laatst vroeg of het wel ging toen hij buiten adem tussen de butlerskeuken en de East Room heen en weer liep met twee borden per keer. Maar hij wijst die bezorgdheid van de hand. 'Ik wil niet klagen,' zegt hij. Tegenwoordig behoeden zijn collega's hem voor zwaar werk, zoals hij dat ook deed bij de oudere butlers toen hij in 1959 begon.

'Ik weet nog dat de butlers zo oud waren geworden dat als ze een blad vasthielden met glazen of drankjes erop, je die glazen ineens hoorde rinkelen omdat ze niet genoeg kracht in hun armen hadden,' zegt hij. 'Ik ging erheen, nam het blad over en nam de plaats in van die man zodat hij achterin kon gaan werken.'

Butlers maken vaak blijvende indruk op de presidentiële familie en hun assistenten. Desirée Rogers herinnert zich het wegvallen van butler Smile 'Smiley' Saint-Aubin, die in 2009 plotseling overleed. Rogers noemt zijn dood een van de meest heftige dingen in zijn carrière en die van het hele team. Ze praat erover alsof het een familielid betreft en zegt dat de Obama's samen met zijn familie in het Witte Huis een mis opdroegen tot zijn nagedachtenis.

'Hij was zo'n ongelooflijk lieve man, die heel erg goed was in zijn werk. Daarom noemden ze hem "Smiley" – altijd opgewekt, altijd bereid om te werken, en altijd zo behulpzaam, of het nu iets was wat hij voor ons kon doen, of iets wat zijn collega's nodig hadden,' zei ze en ze voegde eraan toe: 'Ik denk dat het voor ons allemaal een groot verlies was, zo vroeg al, toen we ons net thuis begonnen te voelen. Het was een moeilijke periode.'

De opofferingen van de staf blijven niet onopgemerkt. Charles Allen, zoon van butler en maître d' Eugene Allen, herinnert zich een verhaal dat zijn vader hem ooit vertelde, waaruit de wederzijdse toewijding blijkt van de presidentiële familie en haar staf. Lady Bird Johnson was zo bezorgd over de door kanker getroffen vrouw van een butler dat ze hem maar vragen bleef stellen over haar behandeling. Toen zijn antwoorden haar niet bevielen, belde ze twee van de meest gerespecteerde oncologen van het land. Diezelfde middag nog arriveerden ze uit New York op Washington National Airport om de vrouw van de butler te onderzoeken.

Elektricien Bill Cliber herinnert zich dat in een vergelijkbare uiting van liefde en respect beveiligingsagenten hem na de geboorte van zijn zoon vragen stelden.

'Waar is je vrouw?' vroegen ze.

'Ze is in het Washington Adventist Hospital in Takoma Park,' vertelde hij hen. 'Waarom?'

Ze zeiden dat Lady Bird overwoog om haar bloemen te sturen. Hij zwijgt. De tranen springen hem na zoveel jaren weer in de ogen. 'Nee,' zei hij ongelovig. 'De first lady kocht bloemen en ze bracht ze zelf naar mijn vrouw in het ziekenhuis.' Zijn vrouw,

Bea, zit naast hem als hij dit vertelt, maar zij schudt alleen haar hoofd als ik haar vraag om er meer over te vertellen. Het is een herinnering die ze voor zichzelf wil bewaren.

Toen Cliber de first lady de volgende dag bedankte, zei ze dat het het gemakkelijkste was wat ze ooit had hoeven doen als first lady.

HOOFDSTUK VII

*

Ras en de residentie

Voor elke Amerikaan die de complexe geschiedenis van zijn land een beetje begrijpt voel je het. Vooral als je naar de tekeningen kijkt van hoe dit huis is gebouwd en je de vele slaven die het gebouw niet binnen mochten aan het werk ziet om het neer te zetten. Sommigen van die mensen zouden mijn voorouders kunnen zijn en er zit een diepe kracht en betekenis in het feit dat wij in al die jaren de eerste Afro-Amerikaanse familie zijn die het huis bewoont.

FIRST LADY MICHELLE OBAMA

De historische verkiezingsoverwinning van president Obama in 2008 was een belangrijk keerpunt in de Amerikaanse geschiedenis en werd door velen bejubeld als de kroon op het werk van de burgerrechtenbeweging. Niet veel meer dan veertig jaar voor zijn verkiezing was het in het diepe zuiden van Amerika nog legaal om Afro-Amerikanen te discrimineren; zo'n honderd jaar daarvoor werden er nog slaven verkocht op het Lafayette Square, tegenover het Witte Huis. Nu wordt de eerste Afro-Amerikaanse presidentiële familie bediend door overwegend Afro-Amerikaans personeel.

Toen ze het huis betrokken hadden de Obama's hun bedenkingen over het personeel van de residentie. Sommige waarnemers dachten dat ze zich niet helemaal op hun gemak voelden met butlers om zich heen. De presidentiële familie is zich natuurlijk terdege bewust van haar unieke historische status. Obama is niet alleen de eerste Afro-Amerikaan die tot president is verkozen, maar – zoals hij in zijn veelgeprezen speech over racisme die hij tijdens zijn eerste ambtstermijn in 2008 hield opmerkte – hij is ook getrouwd met een zwarte Amerikaanse die het bloed van slaven en slaveneigenaren in zich draagt. De overgrootvader van Michelle, Fraser Robinson, kon als jongeman lezen noch schrijven, al leerde hij later lezen. Enkelen van haar familieleden hadden banen die erg leken op die van de personeelsleden op de residentie – onder wie haar grootvader van moederskant, Purnell Shields, die klusjesman was in Chicago, en een van haar tantes, die als dienstmeisje werkte.

Sinds zijn verkiezing heeft de president zijn best gedaan om niet in raciale verwikkelingen betrokken te raken, en zijn assistenten hebben niet veel op te merken over de relatie tussen de huishoudelijke staf en de presidentiële familie. Maar hoofdportier Stephen Rochon, die in 2011 met pensioen ging als de eerste zwarte hoofdportier, zegt dat hem een bepaalde verstandhouding opviel tussen de Afro-Amerikaanse personeelsleden en de Obama's, omdat ze 'tot dezelfde cultuur behoren'. Hij noemde het gevoel van trots onder het personeel over het feit dat het land zover gekomen is dat ze een zwarte president hebben.

Voor Desirée Rogers – nu directeur van Johnson Publishing, uitgeverij van de tijdschriften *Jet* en *Ebony* – had haar baan als eerste Afro-Amerikaanse social secretary voor deze bijzondere presidentiële familie een speciale betekenis. 'Op Inauguration Day kon ik mijn ogen niet afhouden van al die heren die voorbereidingen troffen voor de komst van de eerste Afro-Amerikaanse president – ik kon niet helpen dat hun uiterlijk mij trof. Eerlijk gezegd deden ze mij aan mijn opa denken, die vanzelfsprekend een vaste waarde was binnen onze familie.' Ze zei dat ze had gewild dat hij erbij had kunnen zijn.

Rogers hoorde de butlers vaak zeggen dat ze nooit hadden gedacht dat ze onder de eerste Afro-Amerikaanse president zouden dienen. Ze liepen misschien iets harder dan anders. 'Ik kon de trots op hun gezichten zien dat ze de komst van de presidentiele familie voorbereidden. Het was heel ontroerend voor mij om te zien hoe ze het huis op hun komst voorbereidden en dat die heren zo hun best deden om ervoor te zorgen dat alles perfect was als ze terugkwamen van de parade.'

Lonnie Bunch, oprichter en directeur van het Smithsonian's National Museum of African American History and Culture en lid van het Committee for the Preservation of the White House, zei dat het hem zou verbazen als Michelle Obama nooit iets tegen het Afro-Amerikaanse personeel zou zeggen over hun gedeelde achtergrond. Hij wijst er echter direct op dat de afkomst van de Obama's niet noodzakelijkerwijs hoeft te betekenen dat hun relatie met het Afro-Amerikaanse personeel beter is dan die van hun voorgangers. 'Maar er bestaat een duidelijk begrip en waardering voor wie deze mannen en vrouwen zijn,' zei hij. 'Ik denk dat er een gevoel heerst, zoals Michelle heeft gezegd, dat ze het zelf zou kunnen zijn of dat het familieleden van hen zouden kunnen zijn.'

Hoofd Operationele dienst Tony Savoy, die in 2013 met pensioen ging, houdt vol dat de komst van Obama in het Witte Huis geen enkele invloed had op hoe hij zijn werk uitvoerde. 'Ik doe altijd mijn best voor iemand, ongeacht wie hij is,' zei hij. 'Ik had niet meer aan hem kunnen geven dan aan een vrouwelijke president of aan een blanke president. Het had geen verschil gemaakt. Ik zou altijd honderdtien procent hebben gegeven.'

De beide overwinningen van president Obama zijn des te opmerkelijker vanwege de gespannen verhoudingen tussen het Witte Huis en de slavernij. Er bestond in het Washington van de negentiende eeuw een bloeiende slavenhandel, al waren er ook veel vrije gekleurde mensen: tegen de tijd van de Amerikaanse Burgeroorlog tonen volkstellingen aan dat er 9029 vrije zwarten en 1774 slaven in Washington D.C. woonden. In 1792, toen met de bouw van het huis werd begonnen, was de nieuwe hoofdstad nog een primitief moeras, ver van de grote knooppunten in het oosten – en deel van de slavenstaten Maryland en Virginia. In november 1800, toen John Adams het huis betrok, was een derde van de bevolking van Washington zwart en de meesten van hen waren slaven. Afro-Amerikanen – vrije mensen en slaven – bouwden het grootste deel van de hoofdstad. Ze sjouwden de stenen waarmee de pilaren en muren van het Witte Huis en het Capitool werden opgetrokken. Deze arbeiders werden door hun meesters verhuurd om in steengroeven van de overheid te werken in Aquia, Virginia. Ze kregen alleen uitbetaald in eten (varkensvlees en brood) en drinken (een dagelijks rantsoen van een halve liter whisky de man). Er is weinig over ze bekend, behalve een lijst met hun voornamen – 'Jerry, Charles, Bill' – bewaard in de overheidsarchieven.

Het is moeilijk voor te stellen hoe het terrein van het Witte Huis er tijdens de bouw uitzag. Er werd een stenen plaats aangelegd aan de noordoostkant van het huis met tientallen grote barakken met werktafels waarop stenen werden gehakt. Vlak bij de nieuwe muren van het huis stonden twee grote driepotige stellages waarmee de blokken steen op hun plaats werden gesleept. Aan die stellages hingen enorme katrollen, sommige wel vijftien meter hoog, die de bouwplaats domineerden. Ondanks de grootse stijl van de architectuur – het was waarschijnlijk het grootste gebouw in de Verenigde Staten tot na de Burgeroorlog – zou het Witte Huis nog tientallen jaren een weinig comfortabele woonplaats zijn.

Toen het huis eenmaal werd bewoond, nam tot 1860 elke president uit het zuiden slaven mee die er moesten werken, ook Thomas Jefferson, James Madison en Andrew Jackson. In 1830, gedurende de ambtstermijn van Jackson, werden er bij de volkstelling veertien slaven op het Witte Huis geteld, onder wie vijf jonger dan tien jaar. 'Er is vanaf het allereerste begin een Afro-Amerikaans stempel op het Witte Huis gedrukt,' zegt Lonnie Bunch. Omdat de eerste presidenten het personeel op de residentie uit eigen zak moesten betalen, hadden ze veel minder hulp; Jefferson had slechts een tiental bedienden. Onder hen waren er slechts drie blank. De rest was Afro-Amerikaans: slaven uit Monticello, Jeffersons huis in Virginia.

Veel van de vroege presidenten uit het zuiden probeerden de kosten te verlagen door betaalde blanken en vrije zwarten te vervangen door hun eigen slaven. Ook president James Madison nam slaven mee uit zijn huis, Montpelier. Zijn huisknecht, een slaaf genaamd Paul Jennings, kocht uiteindelijk zijn vrijheid en schreef de allereerste memoires over het leven in het Witte Huis.

President Andrew Jackson, een slavenhouder uit Tennessee, besloot de kosten te drukken toen hij het Witte Huis betrok door verschillende blanke bedienden te vervangen door slaven uit zijn huis in Tennessee. De slaven die zichtbaar waren voor het publiek droegen blauwe jasjes met koperen knopen en gele of witte broeken. De meesten van hen leefden in volle slaapzalen in de kelder of op zolder, onder schuine daken, met weinig licht. De kamers in de kelder lagen vlak bij een grote keuken waar grote haarden brandden. In de eerste helft van de negentiende eeuw sliepen betaalde bedienden en slaven op oude, versleten bedden.

Toen Zachary Taylor in maart 1849 aan zijn ambtstermijn begon, spraken de mensen uit het noorden hun afschuw uit over de slavernij. In een poging geld te besparen nam hij naast de vier bedienden die hij in zijn staf had zo'n vijftien slaven mee uit zijn huis in Louisiana, onder wie kinderen, maar hij hield ze grotendeels uit het zicht, uit angst voor reacties uit het publiek. De slavernij werd uiteindelijk in 1862 in de hoofdstad afgeschaft.

De rol van het personeel van de residentie ontwikkelde zich geleidelijk. In 1835 was de hoofdtuinman de enige die als een soort manager stond ingeschreven in het Federal Register. Het Congres creëerde de officiële betrekking van 'steward' in 1866, toen president Andrew Johnson William Slade aannam, een Afro-Amerikaan die een persoonlijk boodschapper van president Abraham Lincoln was geweest. Hij werd daarmee de eerste officiële manager van de residentie. Zijn taakomschrijving lijkt in veel opzichten op die van de tegenwoordige hoofdportier. Hij moest toezicht houden op al het personeel in het huis en had de leiding over alle openbare en particuliere gebeurtenissen. Omdat Slade verantwoordelijk was voor alle overheidseigendommen in het huis kreeg hij een budget van dertigduizend dollar – een astronomisch bedrag in de negentiende eeuw. Slades kleine kantoor lag tussen twee keukens in de kelder in. Er stonden vrijstaande kasten vol zilver en porselein en grote leren koffers met serviesgoed en bestek dat terugging tot James Monroe en Andrew Jackson en na de Burgeroorlog nog altijd werd gebruikt. Slade bewaarde de sleutel van die koffers persoonlijk en streepte elk stuk af als het na een officieel diner was afgewassen en opgeborgen. Het Witte Huis zou pas in 2007 weer een Afro-Amerikaanse hoofdportier hebben, toen admiraal Stephen Rochon de taak op zich nam.

Meer dan een eeuw nadat president Jefferson bezuinigde op zijn uitgaven door blanke bedienden door zwarte slaven te vervangen, nam Franklin D. Roosevelt de blanke huishoudster Henrietta Nesbitt mee uit Hyde Park om de exorbitante uitgaven van de presidentiële familie terug te schroeven. Kort na de inauguratie hielp Nesbitt de first lady met het reorganiseren van het huishoudelijk personeel. Eleanor Roosevelt nam het besluit al het blanke personeel (uitgezonderd Nesbitt) te ontslaan en alleen de Afro-Amerikanen aan te houden. Gegeven haar doorgaans lovenswaardige houding als voorvechtster van de burgerrechten, waren haar overwegingen verrassend: 'Mrs. Roosevelt en ik waren het erover eens,' schreef Nesbitt in haar memoires, 'dat een staf van één kleur beter met elkaar samenwerkt en dat zo de huishouding soepeler zal verlopen.'

Vóór dit ontslag van het blanke personeel waren er aparte eetkamers voor blanke en Afro-Amerikaanse personeelsleden. Als Afro-Amerikaanse stafleden de president vergezelden naar Roosevelts huis in Hyde Park, New York, dan mochten ze niet gebruikmaken van de eetkamer die voor het personeel was bestemd, volgens Alonzo Fields, een Afro-Amerikaanse butler uit die tijd. Ze moesten in de keuken eten. Vanwege deze praktijk, schreef Fields in zijn memoires, had hij zijn bedenkingen over het Witte Huis als voorbeeld voor de rest van het land.

Naarmate de jaren verstreken, zouden de Afro-Amerikaanse personeelsleden meer en meer profiteren van hun prestigieuze positie. Ook al waren ze slechts bedienden, ze waren bedienden in het belangrijkste huis van het land. Lynwood Westray begon zijn carrière, die tweeëndertig jaar zou duren, als parttime butler in het Witte Huis in 1962. Hij was geboren en getogen in Washington D.C. en weet nog dat hij in 1939 slechts zes dollar per week verdiende als bediende in een groentewinkel. Hij is nu drieënnegentig jaar oud en denkt terug aan zijn tijd in het Witte Huis, zittend in zijn bungalow met drie slaapkamers in Noordoost-Washington die hij in 1955, een paar jaar na zijn huwelijk met zijn vrouw Kay, voor nog geen veertienduizend dollar kocht. Buiten klinkt het geraas van een vierbaansweg. ('De mensen lijken tegenwoordig wel gek, zoals ze elkaar voor de wielen rijden!') In de hal hangen ingelijste foto's van Abraham Lincoln en Barack Obama naast elkaar; een Michelle Obama-pop staat op een bijzettafeltje. Twee ingelijste kerstkaarten van de Johnsons en de Carters hangen in de eetkamer.

Westray was lid van Private Butlers Incorporated, een groep Afro-Amerikaanse butlers van het Witte Huis, die elkaar aan werk hielp in particuliere huizen op avonden dat ze niet waren ingeroosterd in 'het huis'. Ze speelden in op een toenemende behoefte, zei Westray. Mensen in de regering belden vaak de maître d' van het Witte Huis om te vragen naar namen van butlers die op hun feesten konden werken, wat hun een kans bood op eersteklas service (waarover ze konden opscheppen) op hun privéfeesten. Dus als hij het niet druk had met zijn fulltime baan bij de posterijen (hij klom er op van bediende tot chef), of zijn parttime baan in het Witte Huis, dan diende Westray bij Congresleden, ambassadeurs en andere machtige mensen in Washington op diners en feesten in de chique wijk Georgetown.

'Ze vonden het prachtig. Ze stelden je voor, niet als Sam, of John, of Charles, maar als "meneer". Ik was Meneer Westray!'

Volgens Westray werd het werk van een butler van oudsher gezien als 'werk voor een zwarte'. Hij zei dat zijn vrienden niet beseften hoe indrukwekkend zijn positie was tot ze erachter kwamen dat hij daarnaast al dat geld verdiende! Vanwege hun connectie met het Witte Huis, zei Westray, hadden de butlers het gemaakt in deze stad!

Tijdens een van onze eerste interviews lichtten Westrays ogen op toen zijn vrouw Kay langzaam de kamer binnen scharrelde achter haar rollator. Ze had haar lippen felrood gestift en ze droeg een blauw broekpak. Hun liefde voor elkaar was aanstekelijk; ze plaagden elkaar voortdurend. Op de vraag naar het geheim van hun lange huwelijk antwoordde Kay: 'Je houdt van elkaar, je maakt ruzie, je legt het weer bij en je begint weer van voren af aan.'

Lynwood voegde daar stralend aan toe: 'De eerste vijftig jaar zijn het moeilijkst.'

Kay overleed in mei 2013, na een huwelijk van vijfenzestig jaar. Westray zegt dat hij niet weet wat hij zonder haar moet beginnen. Hij vertelt hoe hij haar voorhoofd kuste, vlak voor ze stierf, niet verdrietig, maar meer verwonderd. 'De dood hoort bij het leven,' zegt hij. Hij bewaart een gelamineerd exemplaar van haar overlijdensbericht in zijn zak en haar as staat in een urn op de schoorsteenmantel, boven haar kerstsok, die daar op een voorjaarsdag, een jaar na haar dood, nog steeds hangt. Maar hij doet zijn best om door te gaan. 'Ik leer nu om alleen te zijn. Ik kook, ik was mijn kleren, ik maak schoon, al die dingen die ik nooit hoefde te doen,' zegt hij verdrietig. Als hij voor zichzelf kookt, maakt hij Kays favoriete recepten, zoals gebakken appels, om aan zijn familie te laten zien dat hij het in zijn eentje redt. Maar hij moet er niet aan denken om een andere vrouw te zoeken. 'Ik ben veel te oud!'

De eerste tien jaar werkte Lynwood Westray parttime op het Witte Huis en vulde hij zijn inkomen aan met zijn baan op het postkantoor. Nadat hij in 1972 stopte bij de post, nodigde de hoofdportier hem uit om zich bij de vaste ploeg te voegen. 'Mijn vrouw wilde dat niet vanwege de werktijden.' Maar het enige kind van de Westrays, Gloria, zei dat de baan van haar vader deuren voor hen opende. Ze vertelde graag aan mensen dat haar vader op het Witte Huis werkte – en merkte dat het bijdroeg aan haar gevoel voor eigenwaarde. 'Het legde de lat hoger,' zegt ze nu. 'Ik kon niet buiten de boel op stelten zetten.'

Als tiener, zegt Gloria, zat de FBI een keer op haar te wachten toen ze thuiskwam van school. 'Mijn moeder was woedend. Het bleek dat mijn vriendje – hij was wat ouder – betrokken was in iets wat niet oké was en de FBI ondervroeg mij. Ik dacht alleen: ik weet echt helemaal niets. Je kunt wel raden wat er gebeurde toen mijn vader thuiskwam.' Ze beloofde haar vader dat ze die man nooit meer zou zien; zijn reputatie – en het inkomen van hun gezin – stond op het spel.

Ze vertelde dat ze vaak al sliep wanneer haar vader thuiskwam van zijn werk, maar dat ze hem de volgende ochtend bij het ontbijt ondervroeg over het chique diner dat hij de vorige avond had opgediend. Meestal kreeg ze niet meer te horen dan wat er te eten was.

Westray bewaarde zijn geheimen goed gedurende zijn loopbaan, maar naarmate hij ouder werd, begon hij verhalen te vertellen. Tijdens een interview liep hij naar een kast om er herinneringen uit te halen, waaronder foto's van zichzelf waarop te zien is hoe hij drankjes serveert bij een picknick op het South Lawn in

1970, een foto van hem met dominee Billy Graham, na een van zijn zondagse gebedsdiensten op het Witte Huis en zelfs een sieradendoosje met een hard geworden stukje van de bruidstaart van Tricia Nixon.

Westray denkt met vreugde terug aan een avond in 1976 toen er iets buitengewoons gebeurde. Het was in de Red Room, met zijn prachtige meubels en met gouddraad geborduurd rood satijn op de muren, tussen de Blue Room en de State Dining Room in, op de State Floor. Op die bewuste avond waren koningin Elizabeth II en prins Philip te gast op het Witte Huis, waar het tweehonderdjarig jubileum van de Amerikaanse Revolutie werd gevierd. Westray, gekleed in zijn rokkostuum, en zijn vriend en collega Sam Washington troffen prins Philip laat op de avond aan, alleen in de Red Room.

'Majesteit, wilt u misschien een cocktail?' vroeg Westray en hij hield de prins het blad met cocktails voor.

'Graag... alleen als ik hem zelf mag inschenken,' antwoordde Philip.

Westray wierp een blik op Washington. 'Hij kon zijn oren niet geloven. Niemand had ons ooit zoiets gevraagd.' Westray en Washington namen de uitnodiging aan, schoven een stoel bij en lieten zichzelf een drankje inschenken. Hij weet niet meer waarover ze praatten of wat ze dronken, maar die avond wilde de hertog van Edinburgh zich even een gewoon mens voelen.

'Hij wilde gewoon even een van de jongens zijn, dat was alles.' Westray zweeg even. 'Ik werd bediend door iemand met koninklijk bloed. Ongelooflijk.'

In 1994, meer dan drie decennia nadat hij voor het eerst het imposante smeedijzeren hek van de residentie binnenliep, ging Westray met pensioen. Hij had langer willen blijven, maar toen hij hoorde dat hij een driedubbele bypassoperatie nodig had, deed hij wat hij het beste vond voor de waardigheid van de residentie en de personeelsleden die hem draaiende houden: 'Het zou een schande zijn geweest voor de mannen die in het Witte Huis werken als ik een blad op iemand zou hebben laten vallen,' zei hij. 'Het was beter dat ik ermee ophield.'

Westray was niet de enige butler die een minder formele kant meemaakte van de hertog van Edinburgh. Alonzo Fields, die als butler en maître d' werkte van 1931 tot 1953, beschreef een vergelijkbare ontmoeting, ongeveer een kwarteeuw eerder. Het gebeurde toen hij het koninklijk paar en hun hofhouding het ontbijt serveerde in Blair House, waar de meeste buitenlandse hoogwaardigheidsbekleders logeren. Nadat (toen nog) prinses Elizabeth en haar personeel waren gaan zitten, wachtte niemand op de komst van haar man en begonnen ze te eten. Toen het gezelschap bijna hun meloen ophad, rende de hertog naar binnen en zei: 'Ik ben een beetje laat.'

'Hij was in hemdsmouwen, met de kraag van zijn overhemd los en hij pakte een stoel voordat iemand hem die kon aanbieden,' vertelt de in 1994 overleden Fields in zijn memoires. 'De prinses at gewoon door, maar de anderen stonden op toen de hertog ging zitten. De hertog, in hemdsmouwen en met zijn kraag los, gaf me het gevoel dat dit het gedrag was van een gewone burger en niet wat je verwacht van iemand met koninklijk bloed. Ik bewonderde zijn durf, want ik weet wat ik thuis te horen zou hebben gekregen als ik met mijn vrouw op bezoek was en ik in hemdsmouwen tevoorschijn was gekomen... Het was prettig om te zien dat de hertog een gewoon mens was, die zich meer op zijn gemak voelde in zijn hemdsmouwen.'

Prins Philip was niet de enige van de koninklijke familie die het personeel van het Witte Huis verraste met een informeel moment. Koningin Elizabeth II heeft de staf ooit geschokt door zich na een staatsbanket uit te kleden – ze liet haar diamanten tiara, een zwaar diamanten collier en andere kostbare sieraden verspreid in de kamer achter.

Herman Thompson, een generatie jonger dan Fields, was voorbestemd om op het Witte Huis te werken. Hij werkte weliswaar fulltime in het Smithsonian Printing Office, maar zijn vader werkte als parttime butler in 'het huis' (en was een van de oprichters van Private Butlers Incorporated) en zijn oom werkte er als huisknecht. Hij was bevriend met maître d' Charles Ficklin, en met Eugene Allen, die vlakbij woonde. Hij liet zijn haar zelfs knippen door Preston Bruce, die als kapper werkte als hij geen hoogwaardigheidsbekleders begeleidde naar de president. 'Ze kenden me allemaal al voor ik mezelf leerde kennen,' zegt Thompson over de hechte groep Afro-Amerikaanse butlers.

De staf lette op elkaar, zowel persoonlijk als professioneel, herinnert Thompson zich. 'Iedereen wilde Charles steunen, en toen John, en later Eugene,' zei hij. 'Het voornaamste doel was de maître d' te helpen, want zij waren zwart en je wilde er zeker van zijn dat ze een goed figuur sloegen.' En omgekeerd hadden de maître d's een kaartenbak vol betrouwbare parttime butlers, gekozen omdat ze wisten hoe het moest, van het onberispelijk dekken van een tafel tot het schenken van een martini van wereldklasse.

'Je hoefde ze niets te leren, je hoefde ze niet te vertellen wat ze moesten doen,' zei Thompson, die in 1960 in het Witte Huis begon te werken en aan het eind van de ambtstermijn van president George H.W. Bush vertrok. Thompson is nu vierenzeventig jaar oud en dekt nog steeds elke avond de tafel voor zijn vrouw met wie hij meer dan vijftig jaar is getrouwd,

Bij staatsbanketten was Thompson verantwoordelijk voor het serveren van de wijn – voor elke gang een andere. Hij moest ervoor zorgen dat elke fles geopend was en klaarstond om te worden ingeschonken als het eten werd opgediend. 'Dit klinkt misschien als iets heel eenvoudigs,' zei hij, maar dat was het niet als er tien mensen aan een tafel zaten en je ervoor moest zorgen dat het de hele avond door kon gaan. Kerstfeesten, herinnert hij zich, waren vooral moeilijk – ook omdat het zijn taak was om een reusachtig gebraad aan te snijden.

Maar Thompson beschouwde zijn baan altijd als een voorrecht dat hij ook weer heel snel kon kwijtraken. Als een butler te veel met de gasten praatte – je wist tenslotte nooit met wie je praatte – of de borden te luidruchtig afschraapte in de keuken ernaast, werd hij misschien wel nooit meer gevraagd. 'Gasten moesten de beste service krijgen die je in de Verenigde Staten kon vinden,' zei Thompson. 'Er keken mensen uit de hele wereld toe.'

Zelfs Mary Prince kon niet geloven hoe het geluk haar ineens toelachte. Minder dan een jaar nadat ze tot levenslang was veroordeeld voor de moord op een man in het kleine plaatsje Lumpkin, Georgia, verruilde de Afro-Amerikaanse gevangene, die halverwege de twintig was, haar cel in Georgia voor het huis van de gouverneur, waar ze verantwoordelijk werd voor de verzorging van het driejarige dochtertje van gouverneur Jimmy Carter, Amy.

'Toen ik werd gebeld dat ik naar het huis van de gouverneur moest gaan, had ik geen idee wat ik kon verwachten,' vertelde Mary Prince mij. 'Zodra ik binnenkwam waren Amy en ik meteen de beste vrienden. En dan bedoel ik echt de beste vrienden, vanaf de eerste dag. Vanaf dat moment was het Amy en ik.'

Prince nam deel aan een programma dat gevangenen aanwijst om in verschillende capaciteiten in het huis van de gouverneur te werken: sommigen werken in de tuin, anderen koken, en sommigen zorgen zelfs voor de kinderen. Prince had op dat moment geen idee dat haar sterke band met Amy haar werkelijkheid nog wonderbaarlijker zou maken: ze zou vier jaar in het beroemdste huis van Amerika werken.

Prince' problemen waren begonnen op een avond in april 1970 toen haar nichtje buiten een café ruzie kreeg met een man en een andere vrouw. Volgens Prince probeerde ze het pistool van ze af te pakken toen het per ongeluk afging. Een ooggetuige vertelt echter dat Prince het pistool pakte en de man doodschoot om haar nichtje te verdedigen. Prince blijft bij haar versie. 'Ik was op het verkeerde moment op de verkeerde plaats,' houdt ze vol. 'Ik raakte verzeild in een situatie die ik niet begreep. Er waren zes jaar en tien maanden voor nodig om mijn naam te zuiveren.'

Op dat moment bewees het gerechtelijk systeem Prince een slechte dienst. Ze zag haar advocaat voor het eerst toen ze de rechtszaal binnenkwam voor haar proces. Hij zei haar dat als ze bekende hij ervoor zou zorgen dat ze er met een lichte straf van afkwam, maar het plan werkte niet. Mary Fitzpatrick, zoals ze toen heette, werd veroordeeld tot een levenslange gevangenisstraf. (Ze nam haar meisjesnaam weer aan in 1979, nadat ze officieel van haar man was gescheiden.)

Maar voor het jaar 1970 ten einde was, was Prince echter al uitgekozen door Rosalynn Carter om voor haar dochtertje te zorgen in het huis van de gouverneur. Mrs. Carter was ervan overtuigd dat de jonge vrouw ten onrechte was veroordeeld. 'Ze was totaal onschuldig,' zegt Rosalynn Carter. De Carters bleven eeuwig trouw aan de oppas van hun dochter en beschouwden haar praktisch als familielid. 'Ze had er niets mee te maken,' zei Rosalynn beslist en klonk tientallen jaren later nog geïrriteerd toen ze ernaar werd gevraagd.

Toen Jimmy Carter in 1976 tot president werd gekozen, werd Prince' werkverlof beëindigd en werd ze teruggestuurd naar de gevangenis – haar geluk leek ten einde. Maar Mrs. Carter was zo overtuigd van haar onschuld dat ze zich tot de reclassering wendde en opschorting van haar straf verkreeg, zodat Amy's lievelingsoppas voor ze kon blijven werken op het Witte Huis. Nog opmerkelijker was dat de president zelf de rol op zich nam van reclasseringsambtenaar. Uiteindelijk werd haar zaak heropend en kreeg Prince volledige vrijspraak.

De voormalige first lady, die aan de zijde van haar echtgenoot stond in zijn vele humanitaire projecten tijdens het langste postpresidentschap van Amerika, zegt dat Prince was veroordeeld vanwege haar huidskleur. 'Het waren moeilijke tijden. Het was thuis ook moeilijk,' zei ze. 'Toen president Harry Truman de rassenscheiding ophief in het leger,' herinnert zij zich, 'hadden we officieel een land zonder rassenscheiding.' Maar het racisme was niet weg. 'Je praatte er gewoon niet over. Je kon gemakkelijk zien waarom Mary was opgepakt.' President Carter, die veel kritiek kreeg op de beslissing Prince naar het Witte Huis te halen, is het eens met het oordeel van zijn vrouw. 'Haar verhaal stond niet op zichzelf bij de arme, zwarte bevolking, tot er bepaalde hervormingen in ons land werden doorgevoerd,' schreef de president in zijn memoires.

In haar eerste zes maanden als beroemdste oppas van het land kreeg Prince zo'n vijftig brieven per dag en werd ze benaderd om de president om een gunst te vragen door mensen die deden alsof ze verre familieleden van haar waren. 'Ik was wereldnieuws,' zei ze en ze leek niet heel erg onder de indruk van haar vroegere sterrendom. 'Ik was van de gevangenis naar het Witte Huis gegaan.' Maar de pers kon niet geloven dat de Carters een veroordeelde moordenaar voor hun dochtertje lieten zorgen en niet alle aandacht was positief. Het verhaal kreeg zoveel aandacht dat er in *Saturday Night Live* zelfs een sketch aan werd gewijd: actrice Sissy Spacek speelde de jonge Amy Carter en cabaretier Garrett Morris speelde, verkleed als vrouw, Mary.

De media-aandacht moet niet gemakkelijk zijn geweest, maar Prince legde zich erbij neer. 'Ik ben een christen en ik bid veel,' vertelde ze mij. 'Ik vroeg aan God of Hij mij alsjeblieft wilde vergeven als ik iets verkeerds gedaan had. En ik denk dat de Heer mij daarom heeft gezegend met het goede leven dat ik daarna heb gehad. Het was een echte zegen voor een gevangene om naar het huis van de gouverneur te mogen gaan en zo'n hechte band met de familie op te bouwen.'

Ook binnen de muren van het Witte Huis was het niet altijd gemakkelijk. Prince had moeite om vrienden te maken onder het personeel van de residentie, die haar als een buitenbeentje beschouwden – die ook nog eens een omstreden verleden had. Sommigen hadden een hekel aan haar omdat ze door de president was binnengehaald en haar eigen appartement had op de derde verdieping. Anderen benijdden haar om haar machtspositie: als Prince besloot dat ze een maaltijd in southern stijl voor de presidentiële familie wilde bereiden, kon ze op het laatste moment alle koks naar huis sturen. Ze hoefde met niemand rekening te houden, zolang de Carters maar tevreden waren. En zij waren dol op haar. Op een avond toen ze een ommetje maakte langs het zwembad aan de zuidkant van de West Wing, trof ze daar de first lady die baantjes aan het trekken was. 'Kom erbij!' riep Mrs. Carter. Prince had geen zwemkleding bij zich. 'Spring er gewoon in in je uniform!' zei de first lady lachend. En dus schopte ze haar schoenen uit, sprong in haar gesteven witte nanny-uniform het zwembad in en liet de first lady zien wat ze tijdens zwemles had geleerd. (Amy was dol op zwemmen, dus ze was zelf ook begonnen met zwemlessen.) Prince zegt dat die avond – 'Alleen de first lady en ik, samen in het zwembad' – haar beste herinnering is aan haar tijd op het Witte Huis.

Maar achter de schermen werd flink geroddeld en sommige stafleden geloofden dat ze wel schuldig was aan moord. 'Een mooie manier om van je man af te komen,' zei een personeelslid lachend, niet wetend dat het niet om haar man ging.

Prince vertelt een ander verhaal over haar tijd in het Witte Huis en zegt dat ze geen last had van de luxe van het leven daar. 'Dat maakte allemaal geen indruk op mij.' In plaats daarvan was ze gericht op haar werk en op het onderhouden van haar twee zoontjes, nadat ze hen van Atlanta naar een flat in Suitland, Maryland, had verhuisd, een arbeiderswijk in Washington. Als ze 's avonds klaar was met de zorg voor Amy nam ze een taxi om bij haar jongens te zijn, die overdag door haar zuster werden verzorgd. Ze hielp hen met hun huiswerk en zorgde ervoor dat hun kleren voor school klaarlagen, waarna ze laat op de avond weer een taxi nam, terug naar het Witte Huis, zodat ze de volgende ochtend weer vroeg met Amy kon opstaan. Ze heeft de Carters nooit gevraagd of haar zoontjes bij haar konden wonen, ook al miste ze hen verschrikkelijk.

'Ik dacht niet dat het gepast zou zijn als mijn familie in het Witte Huis zou wonen, onder hun dak. Het was mijn werk. Daardoor kon ik het betalen dat ze dicht bij me waren en ze hun eigen plek hadden.' Ze vond het belangrijk dat er een grens was tussen haar werk en haar leven thuis, met haar jongens. Als ze klaar was met werken, zei ze, kon ze altijd naar huis gaan.

Ze vond nooit dat ras een grote rol speelde op het Witte Huis, tot een portier naar haar toe kwam met een boodschap die haar woedend maakte. 'Mijn kinderen zijn altijd netjes gekleed,' zei ze, 'daar zorgde ik wel voor.' Maar een van haar zoons werkte bij een tennisclub in Georgetown en soms, als hij haar opzocht op het Witte Huis, had hij zijn tenniskleren nog aan. Op een dag kwam een portier naar haar toe en zei: 'Mary, ik kreeg een telefoontje dat je kinderen hierheen kwamen in slordige kleding. Maar trek het je niet aan. Het zijn roddels. Ik heb die kinderen nog nooit slordig gekleed gezien.'

Voor Prince was het een dubbele belediging: haar Afro-Amerikaanse kinderen werden onverzorgd genoemd, en er werd gesuggereerd dat ze haar taak als moeder niet goed vervulde. 'Ik denk dat ze mij als oud vuil beschouwden,' zegt ze. Ze is er nooit achter gekomen wie deze kwaadwillende klacht over haar indiende. 'Ik denk dat het iemand was die er moeite mee had dat president Carter mij uit de gevangenis heeft gehaald en mij meenam naar het Witte Huis.'

Maar Prince liet zich er niet door van haar stuk brengen en ze volbracht haar tijd op het Witte Huis waardig. Ze is nog steeds bevriend met de familie die haar uit de gevangenis redde. Ze woont op slechts drie blokken afstand van de Carters in Plains, Georgia, en ziet ze nog elke dag als ze in de stad zijn. Bovendien zorgt ze voor hun kleinkinderen.

Portier Nelson Pierce wist dat hij een probleem had – en er moest onmiddellijk iets aan worden gedaan.

Toen hij zich in 1961 als jongeman voor het eerst bij de portiersloge meldde, was hij verantwoordelijk voor het up-to-date houden van de personeelsdossiers. Dat betekende dat hij moest controleren hoeveel elk personeelslid verdiende. 'Ik stond versteld van de salarissen,' zegt hij. De Afro-Amerikaanse staf verdiende veel minder dan hun blanke collega's.

Het tijdstip van deze ontdekking was rampzalig. In zijn eerste State of the Union-toespraak had president Johnson een 'onvoorwaardelijke oorlog tegen armoede' uitgeroepen. De armoedegrens lag toen rond de drieduizend dollar per jaar of minder (tegenwoordig zou dat tussen de drie- en vierentwintigduizend dollar zijn). 'Ons gezamenlijke federale-lokale doel moet zijn om armoede te bestrijden waar het voorkomt – in sloppenwijken en kleine stadjes, in hutjes van deelpachters of in werkkampen voor migranten, in indianenreservaten, bij blanken en zwarten, bij jong en bij oud, in bloeiende steden en in gebieden waar het slecht gaat,' had de president op 8 januari 1964 gezegd in zijn speech voor beide kamers van het Congres.

Nu bleek dat armoede pal onder de neus van de president bestond. De beter betaalde banen op het Witte Huis – portiers, bloemstylisten, koks, staf van de huishouding, timmerlieden en loodgieters – werden als meer professioneel beschouwd en werden vervuld door blanken. De traditionele huishoudelijke taken, die van butlers en dienstmeisjes, werden voor het overgrote deel uitgevoerd door Afro-Amerikanen en werden veel slechter betaald. (Als jonge portier verdiende Pierce bijna zesduizend dollar per jaar, tweemaal zoveel als de onderbetaalde nieuwe personeelsleden.) Alle personeelsleden kregen een lager salaris dan ze zouden verdienen in een gelijkwaardige baan in de particuliere sector, maar de blanke personeelsleden kregen het meest.

Op 9 januari zei Pierce tegen hoofdportier J.B. West dat hij hem wilde spreken. De president had twee mensen aangenomen die onder de armoedegrens uitkwamen. 'Voor de pers erachter komt dat er armoedegevallen op het Witte Huis voorkomen,' zei Pierce dringend, 'kun je het salaris van de nieuwe dienstmeisjes die we net voor negenentwintighonderd dollar per jaar hebben aangenomen maar beter verhogen.'

West kende de salarissen – hij had de dienstmeisjes zelf aangenomen – maar hij had er nog niet bij stilgestaan dat de pers deze informatie kon aangrijpen om de president hypocriet te noemen. West verhoogde het salaris van de twee dienstmeisjes onmiddellijk.

Pierce wist heel goed dat het dreigen met de pers nodig was om West te overtuigen. 'De stafleden van de residentie zijn zo toegewijd aan elke president voor wie ze werken dat het mij verbijsterde dat ze niet meer betaald kregen dan het geval was.'

Curator Betty Monkman zou niet verbaasd zijn geweest over de verschillen in de salarissen. Vrijwel meteen nadat ze op het Witte Huis begon, in 1967, voelde ze een onderstroom van racisme, herinnert ze zich. Ze noemde het 'dat southern-gevoel' dat onder de gemoedelijkheid van het Witte Huis zat. Ze kon bijvoorbeeld niet geloven dat iedereen portier Preston Bruce bij zijn achternaam noemde. 'Hij was een heel eerbiedwaardig man met een enorme uitstraling,' zei ze. 'Toen ik er voor het eerst kwam, noemde iedereen hem "Bruce", dus ik dacht dat dat zijn voornaam was. Na een tijdje besefte ik pas dat het zijn achternaam was. Ik vond het vreselijk dat ik hem al die tijd zo genoemd had.'

Hoofd Voorraadkamer Bill Hamilton houdt vol dat hij degene was die de opstand voor gelijke beloning voor het onderbetaalde Afro-Amerikaanse personeel leidde. Dat klopt niet met het beeld dat werd geschetst in de film *The Butler*, van Lee Daniels, losjes gebaseerd op het leven van butler Eugene Allen. Hier gaat de hoofdpersoon het kantoor van de hoofdportier binnen om om salarisverhoging te vragen. Volgens de meeste verhalen was Allen te verlegen en te veel onder de indruk van de heersende hiërarchie om zoiets te doen.

Hamilton heeft daar niet zo'n last van. Hij is acht blokken van het Witte Huis vandaan geboren. Zijn moeder bleef thuis om haar tien kinderen op te voeden. Na het leven op Capitol Hill wilde zij nooit meer in een blanke buurt wonen, vertelde zij hem. Hamilton was nog maar twintig jaar oud toen hij als huisknecht begon, tijdens het presidentschap van Eisenhower. De Eisenhowers leidden het Witte Huis als een militaire operatie. Hij weet nog dat hij aan het stofzuigen was na de rondleidingen van die dag en probeerde om de voetstappen uit de kleden te verwijderen voordat Mamie Eisenhower ze zou zien. Het was de gewoonte dat als een gast langsliep op de begane grond, de huisknecht de stofzuiger uitzette en zijn gezicht naar de muur draaide. (Toen president Kennedy het personeel zich zo zag gedragen, vroeg hij: 'Wat mankeert hen?') Hamilton werkte van negen tot vijf in de voorraadkamer om zijn zeven kinderen te onderhouden (op een bepaald moment studeerden er vier tegelijk) en was na zijn werk nog tot elf uur werkzaam als taxichauffeur. 'Ik heb gewerkt als een paard,' zei hij. 'Maar ik zorgde er altijd voor dat ik in de weekends thuis was.'

Steeds als een nieuwe president zijn plaats inneemt, zei Hamilton, kijken zijn politieke adviseurs altijd neer op de staf van de residentie. 'De staf van de West Wing denkt gewoon altijd dat ze beter zijn dan jij. En dan leren ze hun lesje: dat je ons allemaal nodig hebt om die hele poppenkast voor de president te laten lopen.' Maar Hamilton had er een hekel aan als hij verkeerd werd behandeld en hij moest een manier vinden om zijn frustratie tot uitdrukking te brengen.

'Ik vergeet het nooit dat we bij J.B. West langsgingen,' herinnert Hamilton zich in zijn huis in een rustig middenklasse bejaardencentrum in Ashburn, Virginia, ongeveer een uur rijden van Washington D.C. vandaan. Hij zette die stap eind jaren zestig, rond de tijd van de moord op Martin Luther King Jr. en de rellen die daarop volgden. Washington stond in brand toen demonstranten hun woede uitten over Kings dood en de ongelijkheid die ze om zich heen zagen door molotovcocktails te gooien en winkels te plunderen. Sommigen naderden het Witte Huis tot op twee blokken.

Hamilton, binnen de hekken, was ook woedend. Iedereen leek salarisverhoging te krijgen, zei hij, behalve de zwarte mensen onder het personeel. Geïnspireerd door de demonstraties voor gelijke rechten verzamelde hij een handvol collega-huisknechten – het personeel dat verantwoordelijk was voor het stofzuigen en het zwaardere schoonmaakwerk – en legde een verklaring af.

'Ze hebben een staatsbanket vanavond en wij gaan niet aan het werk.'

Er viel een lange stilte. Zijn collega's moesten dat even laten bezinken. Ze hadden al toegezegd die avond te zullen helpen (medewerkers van andere werkplaatsen werd vaak gevraagd om tijdens evenementen te helpen, omdat zij al door de beveiliging waren gescreend).

'Wat bedoel je met "wij gaan niet aan het werk"? We raken onze baan kwijt!' zei een van hen.

'Dit probeer ik jullie te vertellen. Als we leren om solidair te zijn, kunnen ze ons niets maken.'

Ze kunnen niet iemand van buiten halen om op het evenement te werken, want zij zijn niet gescreend. Hamilton overtuigde uiteindelijk zijn collega's en samen gingen ze naar hoofdportier J.B. West.

West was woedend. 'Ben jij woordvoerder van de groep?' vroeg hij aan Hamilton.

'Dat zou je kunnen zeggen,' antwoordde hij.

West zag paars van woede, herinnert Hamilton zich lachend. Eindelijk had hij zijn baas eens te pakken.

'Dus je verwacht van mij dat ik een zwarte strikdas omdoe en een wit hemd en een zwart pak aantrek? En dat als iemand iets laat vallen ik dat opraap?' vroeg West aan de groep.

Hamilton gaf geen krimp. 'Sir, het kan me geen donder schelen wat u doet als wij hier weggaan.'

Anders dan de film *The Butler* laat zien, waren het niet de butlers die de verschillen in salarissen aan de kaak stelden; die maakten volgens Hamilton geen enkele ophef. Hamilton was zelfs teleurgesteld toen ze zich niet bij hem aansloten – de butlers hadden de meeste macht van het personeel op het Witte Huis, omdat ze het dichtst bij de presidentiële familie werkten. Als zij de moed hadden kunnen opbrengen om de president en de first lady te vertellen dat ze te weinig verdienden, dan wist Hamilton zeker dat dat zou zijn rechtgezet. Maar de butlers weigerden niet alleen om mee te doen aan zijn protest, sommigen waren zelfs boos op hem omdat hij hun baan op het spel had gezet.

'We waren niet actief in de burgerrechtenbeweging. Onze rol was de president en zijn familie te dienen. Punt uit,' zegt voormalig butler en maître d' George Hannie. In 1963 zei Hamilton dat hij de enige van het personeel van het Witte Huis was die ging luisteren toen Martin Luther King Jr. zijn beroemde speech 'I have a dream' hield bij het Lincoln Memorial tijdens de March on Washington. Hij beschrijft de ervaring als 'opwindend'. Maar toen hij een paar jaar later zijn geweten volgde en om actie vroeg, irriteerde hij zijn collega's. Hij zegt: 'Er waren meer van míjn mensen kwaad op me, omdat ik om opslag vroeg. Maar ik had kinderen voor wie ik moest zorgen. Ik wilde dat mijn kinderen het beter hadden dan ik. Het maakte niet uit wat daarvoor nodig was, het moest en zou gebeuren. Ik ging op een dag naar huis en zei tegen mijn vrouw: "Ik heb genoeg van die mensen [blank management dat Afro-Amerikanen minder betaalt]. Misschien heb ik geen baan meer, maar van nu af aan pik ik het niet langer."'

Toen Hamilton en zijn collega's van de residentie ten slotte in opstand kwamen, zou het recht eindelijk zegevieren. Twee dagen nadat ze dat staatsbanket hadden uitgezeten, kregen de zwarte stafmedewerkers hun salarisverhoging. Hamilton denkt dat het kwam omdat J.B. West de bui zag hangen buiten het Witte Huis. 'Hij wist, met alles wat er binnens- en buitenshuis voorviel, dat hij er niet onderuit kwam. Ik wist dat ik hem klem had. Ik twijfelde geen moment.'

Hoewel hij nog altijd boos is over het racisme op het Witte Huis, spreekt Hamilton zelfs nu nog met een soort verwondering over de vijfenvijftig jaar dat hij onder elf presidenten heeft gewerkt. 'Toen ik het Witte Huis binnenliep voor mijn sollicitatie, voelde dat als de eerste dag van mijn leven,' zei hij. Hij was nog nooit in het Witte Huis geweest, ook niet tijdens een rondleiding. 'Ik kon het gewoon niet geloven, en mijn ouders net zomin. Zoiets gebeurt gewoon niet!'

Eugene Allen was een stuk voorzichtiger dan Bill Hamilton als het ging om herrieschoppen.

Toen Allens enige zoon Charles in Vietnam was, zag hij vreselijk op tegen de grondgevechten. 'De enige keer dat ik mijn vader ooit heb gevraagd om van zijn positie in het Witte Huis gebruik te maken, was toen ik hem vroeg om aan president Johnson te vragen me daar weg te halen,' herinnert hij zich.

In zijn brief smeekte hij zijn vader wanhopig: 'Ga naar hem toe, haal me uit de infanterie. Ik blijf in de oorlog, maar haal me uit de infanterie. We lopen vijftien tot twintig kilometer per dag. Ik ga dood van de honger.' Charles voegde eraan toe: 'Ik ben geen lafaard, pap, maar kun je er niet voor zorgen dat Mr. Johnson mij in een luchtmachteenheid plaatst?'

Toen Charles een brief van zijn vader kreeg, was het niet het antwoord waarop hij had gehoopt. 'Hij schreef me terug en zei iets in de trant van dat als de Kennedy's nog aan de macht waren hij misschien wel iets had kunnen doen. Als Bobby er nog was geweest.' Maar het Witte Huis onder Johnson was een heel ander verhaal. 'Ik ken die mensen niet zo goed,' zei hij. 'Dus je moet maar even volhouden.'

Butlers, dienstmeisjes, afwassers en huisknechten die op het Witte Huis werkten stonden in de jaren zestig en zeventig in aanzien in de Afro-Amerikaanse buurten van Washington. 'Er werd altijd tegen opgekeken, men was het erover eens dat je een bijzondere baan had,' zei Lonnie Bunch. Hij schreef het gevoel van trots en professionalisme in deze beroepen toe aan het feit dat veel families het werk van generatie op generatie hadden doorgegeven. 'Van vader op zoon en van zoon op kleinzoon.'

Voor generaties zwarte Amerikanen was een baan op het Witte Huis meer dan zomaar een baan. 'Ze zagen in dat hun dienstbetrekking meer betekende. Ze droegen een dubbele last. Ze moesten hard werken om hun baan te behouden, maar ze waren ook belast met bepaalde verwachtingen en houdingen die uit hun ras voortkwamen. Ze wilden er zeker van zijn dat ze de besten van de besten waren.'

Het feit dat de butlers op het Witte Huis vaak Afro-Amerikanen waren leidde soms tot vragen. Portier Chris Emery vertelt dat toen Sovjetleider Michail Gorbatsjov in 1987 zijn historische bezoek bracht aan het Witte Huis, ze opeens allemaal moesten opdraven om de twee wereldleiders op het South Lawn te beschermen tegen een plotselinge regenbui.

'[Hoofdportier] Gary Walters zag alle butlers staan met paraplu's in de aanslag en zei: "Ik kan niet al die Afro-Amerikanen paraplu's laten ophouden voor die wereldleiders. Dat is geen gezicht."' En dus vroeg Walters Emery en een andere blanke portier om naar buiten te gaan en een paraplu boven de hoofden van Reagan en Gorbatsjov te houden, zodat het Witte Huis er niet uit zou zien als de 'laatste plantage', zoals Emery het noemde.

Butler Herman Thompson, die deel had uitgemaakt van de eerste volledig geïntegreerde middelbareschoolklas in Washington, stond in de frontlinie van de desegregatie. De discriminatie die hij ondervond en de haat die hij voelde bij zijn blanke klasgenoten maakte hem 'zeer opstandig als persoon', vertelde hij onlangs tijdens een lunch in een restaurant in het centrum van Washington, niet ver van waar hij opgroeide. 'Het was niet prettig.'

Thompson ervoer op het Witte Huis hetzelfde soort racisme als in de rest van de stad, en hij probeerde het te bestrijden, maar op een bedekter manier dan Bill Hamilton. 'Vaak, als er Afro-Amerikanen te gast waren, maakten we er een punt van om ervoor te zorgen dat ze het naar hun zin hadden, dat ze dezelfde aandacht kregen als de anderen,' zei hij. Nog tijdens de regering Nixon droegen de butlers een rokkostuum bij staatsbanketten. Naarmate meer zwarte muzikanten, zoals Duke Ellington en The Temptations, op het Witte Huis kwamen optreden, en er meer Afro-Amerikaanse gasten kwamen, werd de butlers gezegd dat ze het rokkostuum niet meer mochten dragen, om te voorkomen dat de sociale scheidslijn tussen het personeel en de gasten te sterk naar voren zou komen.

'Wij zeiden altijd voor de grap tegen elkaar dat ze die rokkostuums afschaften, omdat de wereld veranderde. Vaak wisten mensen die binnenkwamen niet wie de butlers waren en wie de gasten.' Hij grinnikte. 'Er werkten een paar zeer gedistingeerde heren, en mensen moesten er soms naar gissen wie wie was.' Thompson zei dat hij menigmaal voor een gast werd aangezien.

Hij had een geleidelijke verbetering gezien, maar hij was geschokt toen hij admiraal Stephen Rochon, de nieuwe hoofdportier, op de begrafenis van Eugene Allen zag. 'Je zou zeggen dat je moest wachten tot Pasen en Pinksteren op één dag vielen voor een zwart iemand die baan kreeg!'

Rochon was in 1950 geboren en groeide op in New Orleans in een tijd waarin tien procent van de Amerikanen onder de armoedegrens leefde. Een incident dat voorviel toen hij dertien jaar oud was stond hem nog levendig voor de geest. Een rode Chevrolet uit 1957, met een grote Amerikaanse vlag op de achterruit stopte naast hem toen hij naar een bijeenkomst van de padvinderij liep. De auto zat vol blanke tieners die *nigger* naar hem riepen en een colaflesje naar hem gooiden. Vanwege die pijnlijke ervaring, zei hij, vertelde hij het personeel op het Witte Huis dat hij altijd naar hun zorgen over discriminatie zou luisteren. 'Ik wilde niet dat iemand anders die pijn zou voelen.'

Soms kwamen hem beschuldigingen over racisme ter ore. De enige Afro-Amerikaan die in een van de werkplaatsen werkte benaderde Rochon een keer en zei hem dat hij werd vernederd vanwege zijn huidskleur. Rochon riep onmiddellijk de chef van deze man bij zich en zei dat hij dat niet zou tolereren. 'Er wordt veel gepraat op het Witte Huis,' zei hij. 'Als het op een afdeling gebeurt, geloof me, dan weet elke afdeling ervan.'

Er is een verschil tussen personeelsleden als Bill Hamilton en Herman Thompson, die racisme waarnamen op het Witte Huis en zich verplicht voelden daar iets aan te doen, en Eugene Allen, Lynwood Westray en James Ramsey, die zich neerlegden bij de dingen zoals ze waren.

Butler Alvie Paschall, nu drieënnegentig jaar oud, lijkt veel op zijn vriend Lynwood Westray. Hij was nog maar vier jaar oud toen hij als katoenplukker begon in Henderson, North Carolina. Hij en zijn zes broers en zusters, werkten gedurende de gehele Grote Depressie, en hij zegt dat zijn ouders hem geleerd hadden om respect te hebben voor autoriteit. Hij wil liever niet te veel loslaten en hij is een vertegenwoordiger van een oudere generatie Afro-Amerikanen die was geleerd niet te 'mondig' te zijn, omdat dat hun hun baan kon kosten. 'Je bent daar maar om één ding te doen, en dat is je werk. Je baan komt op de eerste plaats.'

Chic gekleed, met bretels en een crèmekleurige zijden das, vertelde Paschall me dat hij die les tot in het Witte Huis met zich meedroeg. Hij begon zijn carrière daar tijdens het presidentschap van Truman. Als er een conflict was, of een privégesprek waarvan hij wist dat hij het niet zou mogen horen, moest hij snel beslissen of hij discreet de kamer zou verlaten of moest blijven en doen alsof hij niets had gemerkt. 'Dat deed ik allemaal!' Hij lachte.

Westray is ongelooflijk mild. De gouverneur van Alabama, George Wallace, voorstander van apartheid, wiens toespraak 'Apartheid nu, apartheid morgen, apartheid voor altijd' een zwarte vlek was op de politiek van de jaren zestig, probeerde zijn imago op te vijzelen nadat hij in 1972 ternauwernood een moordaanslag had overleefd. Westray herinnert zich dat hij ook probeerde om de Afro-Amerikaanse personeelsleden van de residentie voor zich te winnen als hij een bezoek bracht aan het Witte Huis. 'Nadat

George Wallace was neergeschoten deed hij alsof hij een van ons was,' zei Westray hoofdschuddend. 'Elke keer als hij naar het Witte Huis kwam, ging hij direct naar achteren, om bij ons te zijn, in de butlerskeuken. De moordaanslag veranderde hem compleet,' zei Westray. 'De wegen van de Heer zijn ondoorgrondelijk. Er was een kogel voor nodig om hem op andere gedachten te brengen.'

In plaats van hun neus op te halen voor Wallace, ontvingen de Afro-Amerikaanse butlers Wallace vriendelijk en maakten ze grapjes met hem. En dat was niet omdat ze hem geen verwijten maakten of hem zijn fouten vergaven, maar omdat ze hun werk deden. Dan moest je soms je tong afbijten.

Charles, de zoon van butler en maître d' Eugene Allen, zei dat zijn vader meer racisme meemaakte in de dure Kenwood Country Club in Bethesda, Maryland, buiten Washington D.C., waar hij de golfschoenen van de leden poetste, dan op het Witte Huis. Niet omdat er geen racisme voorkwam, maar omdat niemand de president voor de voeten wilde lopen.

'Mensen zijn heel voorzichtig in de manier waarop ze je behandelen, vanwege de manier waarop de presidentiële familie misschien zal reageren. Je vliegt zo de laan uit als je niet respectvol bent.'

Lynwood Westray is het met hem eens. In het Witte Huis kwam dat soort gekkigheid niet voor, zegt hij. 'We waren wel zwarte butlers, maar de mensen respecteerden ons, omdat we koningen en koninginnen ontmoetten.'

Buiten het Witte Huis was het een heel ander verhaal. Westray vertelt graag een verhaal over zijn oude vriend Armstead Barnett, die op het Witte Huis woonde en werkte toen Franklin Roosevelt president was. 'Op een dag nam hij een taxi en zei: "Naar Pennsylvania Avenue nummer 1600 graag." Het was een blanke taxichauffeur en hij wilde hem niet brengen. "Er wonen geen zwarten op het Witte Huis," zei de chauffeur tegen hem. Uiteindelijk bracht hij hem toch en toen ze bij het hek waren en Armstead uitstapte, bleek iedereen hem te kennen. Hij hoefde zich niet te identificeren.'

Westray glimlachte. 'Toen hij het hek binnenging en niet meer terugkwam, zat die taxichauffeur daar nog te denken: waar is die vent in hemelsnaam gebleven?'

President Kennedy deelde een hoogtepunt van de burgerrechtenbeweging met portier Preston Bruce. Minder dan drie maanden voordat hij werd vermoord, nodigde Kennedy Bruce uit in het Solarium om te luisteren naar de drommen mensen die zich verzamelden om naar de historische speech van Martin Luther King Jr. bij het Lincoln Memorial te luisteren. Ze hoorden de massa het volkslied van de burgerrechten, 'We shall overcome', zingen terwijl ze naast elkaar stonden – Bruce, de zoon van een deelpachter en Kennedy, een telg van Amerika's koninklijke familie. De president greep de vensterbank zo hard vast dat zijn knokkels wit werden. 'O Bruce' – hij draaide zich om naar zijn vriend – 'ik wilde dat ik erbij was!'

Het respect dat Kennedy had voor het Afro-Amerikaanse personeel op de residentie was wederzijds. Eugene Allen sloeg in zijn vijfendertig jaar op het Witte Huis nooit een dag over en klaagde nooit over zijn collega's of over zijn chefs, de president of de first lady. Zijn zoon Charles zei dat de enige keer dat hij zijn vader zag huilen was toen hij zijn jas weer aantrok om terug te gaan naar zijn werk op het Witte Huis nadat Kennedy was vermoord. 'Het deed hem vreselijk veel verdriet,' zei Allen nadenkend over zijn vader. 'Maar, om militaire termen te gebruiken, hij was een soldaat. Je recht je rug. Het enige verdriet dat hij niet kon verwerken was de dood van mijn moeder. Daarna kon hij zichzelf niet meer oprichten.'

Allen, die in 2010 overleed, was de laatste die zou hebben gewild dat er een film over zijn leven werd gemaakt. Iedereen beschrijft hem als een verlegen en vriendelijke man die er nooit in toestemde om met de media te praten als Helene, vijfenzestig jaar lang zijn vrouw, daar niet op aandrong. Zij zei dat ze wilde dat mensen Eugenes dienstbaarheid aan het land zouden erkennen.

'Als hij thuiskwam, klaagde hij nooit over zijn collega's, hij praatte nooit op een slechte manier over de chefs voor wie hij werkte. Die dingen hield hij voor zich. Dat was ons levensonderhoud.'

James Ramsey had dezelfde houding. Toen hij opgroeide werkte hij op de tabaksvelden in Noord-Carolina en serveerde soms de lunch in de cafetaria op zijn middelbare school 'alleen om iets te eten te hebben'. Hij schopte het ver in het leven en was dankbaar voor de kans die hij kreeg om in 'het huis' te werken. Ramsey zei dat hij het vreselijk vond om te horen dat butlers direct naar de hoofdportier liepen om te klagen over de werkomstandigheden of over hun collega's. 'We hadden geen problemen, we steunden elkaar.'

Hij zei ook dat hij nooit enig blijk van racisme zag of dat hij verkoos om erboven te staan. 'De mensen zijn altijd heel aardig voor mij geweest. Ik werkte in de parttime catering en ontmoette veel mensen. Apartheid?' vroeg hij. 'Dat is voorbij – klaar.'

Iets wat Ramsey kan hebben geholpen om de vernederingen van apartheid te verdragen was het feit dat hij over een flinke dosis humor beschikte. Kok Frank Ruta herinnert zich dat Ramsey openlijk racistische grappen maakte. Hij stak dan zijn hoofd om de hoek van de keuken op de tweede verdieping en vroeg Ruta, die blank is, hoe hij zijn koffie wilde: 'Wil je het als mij of wil je het als jou?'

Maar James Ramsey, een trotse en waardige man, voelde ook de grote verandering die de verkiezing van 2008 voor het Witte Huis betekende. Hoe was het om als zwarte man voor de eerste Afro-Amerikaanse presidentiële familie te werken?

'Het was prachtig. Het was prachtig.'

Zephyr Wright maakte echt deel uit van de familie Johnson. Ze was ingehuurd door Lady Bird Johnson toen ze nog economie studeerde in Texas, en ze kookte al zevenentwintig jaar voor de Johnsons in Texas en in Washington D.C., toen de familie haar met zich meenam naar het Witte Huis.

Toen ze onderweg naar Washington door het gesegregeerde Zuiden reden, stopte Lady Bird bij een hotel, op zoek naar een kamer voor de nacht. Ze weigerde in een hotel te overnachten als Zephyr er niet ook kon slapen.

'Hebt u een kamer voor vannacht?' vroeg Lady Bird in een hotel.

'Ja, we hebben een kamer voor u,' antwoordde de vrouw aan de balie haar.

'Ik heb deze twee mensen bij me,' antwoordde Lady Bird en ze gebaarde naar Zephyr en een andere Afro-Amerikaan die voor de Johnsons werkte.

'Nee. Ze mogen hier werken, maar niet slapen,' antwoordde de vrouw.

Lady Bird was ontzet. 'Dat is een erg lelijke houding,' zei ze over haar schouder toen ze naar buiten stormde.

Na die vernedering zou het nog tien jaar duren voordat Wright weer terug wilde reizen naar Texas. Die reis voedde de passie van de president en de first lady voor de burgerrechten. Nadat president Johnson in 1964 de Civil Rights Act doordrukte die de zogenaamde Jim Crow-wetten verving, stemde Wright erin toe om de staat waar ze geboren was weer eens te bezoeken. 'Het is er nu heel anders,' verzekerde Johnson haar. 'Je kunt gaan en staan waar je wilt.' LBJ was er trots op dat de historische wetgeving waarvoor hij zich sterk had gemaakt een directe invloed zou hebben op het leven van zijn vriendin.

Johnson beschouwde Zephyr Wright als een soort klankbord voor zijn inspanningen voor de burgerrechten. Toen hij nog vicepresident was vroeg hij haar naar haar mening over de March on Washington van Martin Luther King Jr. Als president haastte hij zich naar Wright om haar het nieuws te vertellen toen hij Thurgood Marshall had benoemd als de eerste Afro-Amerikaanse rechter van het Hooggerechtshof. Johnson bleef onzeker over de vraag of Afro-Amerikanen de hervormingen die hij doorvoerde waardeerden en klaagde daar soms over tegen Wright: 'Ik begrijp niet waarom ze niet zien wat ik allemaal voor hen doe.' Sinds zijn dood is duidelijk geworden dat Johnson ondanks zijn inspanningen voor de burgerrechten het woord 'nigger' gebruikte. Een assistent van Johnson vertelde me dat de president het racistische scheldwoord in de mond nam als hij zijn frustratie uitte over sommige Afro-Amerikaanse burgerrechtenactivisten die verdergaande hervormingen wilden. Ze gedroegen zich afschuwelijk en maakten het alleen maar moeilijker voor hem, zei de assistent. Voor sommigen ging de verandering niet snel genoeg.

Een regelmatige gast van Johnson op het Witte Huis was de senator van Georgia, Richard Russell, Johnsons mentor in de senaat, maar ook zijn tegenstander in de burgerrechtenbeweging. Eerst kende Zephyr Wright hem alleen als bezoeker. Hij was erg vriendelijk achter gesloten deuren, zei ze. Toen de strijd om de burgerrechten openlijker werd gevoerd, kreeg ze echter een beter beeld van Russell. 'Als ik las en hoorde wat hij allemaal deed en zei in het Congres, kreeg ik een heel ander gevoel over hem.' Maar ze liet dat nooit merken. 'Ik had het gevoel: hier ben ik, ik werk voor Lyndon B. Johnson. Dit zijn zijn vrienden. Ik moet ze accepteren zoals ze zijn, omdat hij ze accepteert. Ik kan er niets aan veranderen.'

Veel van de mensen die nauw samenwerkten met de Johnsons hadden geen idee dat hij op 31 maart 1968 zou aankondigen dat hij zich niet zou laten herverkiezen. Social secretary Bess Abell hoorde het toen ze de televisie aanzette. Wright was ook thuis, en ze huilde toen ze haar baas hoorde zeggen dat hij het Witte Huis zou verlaten. Ze wist dat dit het einde betekende van haar tijd bij de Johnsons: Washington was nu haar stad. Ze wilde er blijven.

Wright bewonderde Johnson, zowel vanwege zijn burgerrechtenhervormingen als de moeite die het hem had gekost om die door het Congres te krijgen. 'Hij was altijd zo'n vechter geweest,' zei ze. Politiek was zijn leven, zag ze en ze was ervan overtuigd dat hij ermee stopte omdat hij het gevoel had dat de grootste prestaties van zijn presidentschap werden overschaduwd door Vietnam.

Johnsons frustraties waren geen geheim bij de personeelsleden van de residentie. Op een dag, vlak voor zijn aankondiging, liep hondenverzorger en elektricien Traphes Bryant een kamer binnen toen Johnson net tekeerging over de oorlog. 'Ze hebben me neergehaald. Het enige verschil tussen de moord op Kennedy en die op mij is dat ik nog leef en het kan voelen,' klaagde hij.

Wright had het gevoel dat hij vrede had met zijn besluit om Washington te verlaten. 'We gaan tenminste weer naar huis,' zei hij de dag na zijn aankondiging tegen haar. 'Ga je met ons mee?'

'Nee. Ik blijf hier,' zei ze.

Hij was verbijsterd. 'Het zal niet hetzelfde zijn zonder jou,' zei hij verdrietig.

Wright was ook verdrietig, en ze voelde zich een beetje in de steek gelaten door de beslissing van de president. 'Voor mij was het alsof ik een familie kwijtraakte. Maar het was wat hij wilde.'

Nadat hij was teruggekeerd naar zijn ranch in Stonewall, Texas, kreeg Johnson last van ernstige hartproblemen en depressieve klachten. Zijn dochter Luci ging bij hem langs om te zien of ze iets kon doen. 'Je kunt niets doen,' zei hij tegen haar. 'Ik mis gewoon een paar van mijn basisbehoeften.' Hij miste in ieder geval de pudding die zijn moeder en Zephyr voor hem maakten.

'Misschien kan ik helpen,' bood ze aan.

'Nee, dat kan je niet. Je moeder kookt niet. Mijn moeder is dood, en Zephyr kreeg het in haar bol en heeft me in de steek gelaten,' klaagde Johnson.

'Zephyr kreeg het in haar bol en heeft je in de steek gelaten?' herhaalde Luci verbijsterd. Het leek bespottelijk dat haar vader, die zich zo sterk had gemaakt voor burgerrechten, boos was op Zephyr omdat zij haar hart had gevolgd en in Washington was gebleven, waar ze zich het meest thuis voelde. 'Je hebt je uit de naad gewerkt om haar kansen te geven in het leven, en toen jij uit Washington vertrok, koos zij ervoor om daar te blijven omdat ze binnen de gemeenschap in Washington D.C. veel vrijer was dan in Texas.'

Haar vader gaf toe dat hij egoïstisch was, maar zei dat hij haar pudding en lekkere eten gewoon miste. Luci bood aan om te helpen. 'Pappa, Zephyr zei me dat ik het uit haar keuken mee kan nemen, of dat ze het me wil leren. Dus waar heb je zin in van de dingen die ze voor je maakte? Want dan maak ik het en rijd ik elke dag van Austin naar hier en breng ik het langs.'

De oud-president somde een hele lijst gerechten op en vroeg of ze ze allemaal kon maken. Toen ze ja zei, groeide ze ineens boven zichzelf uit. Het betekende veel voor haar. Al vermoedde ze dat de cardioloog er niet zo blij mee was.

James Jeffries was in 1959 nog maar zeventien jaar oud toen hij een familietraditie volgde en in de keuken van het Witte Huis begon te werken. Zijn ooms Charles, John en Sam Ficklin waren nooit ver weg als hij ze nodig had. 'Als ik daar ging werken, gaven ze mij elke dag een enorme emmer ijs en dan at ik daar de hele dag van. Ze probeerden me vet te mesten!'

Het was zijn werk om de desserts op te maken. 'Ze hadden toen nog niet van die ingewikkelde desserts. Het was gewoon vanille-ijs en dan moesten we er wat chocolade overheen strooien. Ik vond het leuk werk.' Hij werkte ongeveer een jaar in de keuken en ging toen naar boven om in de pantry te helpen.

Jeffries is nu vierenzeventig. Hij is geboren in Virginia, waar zijn moeder van hun huis in de buurt van Warrenton naar het Freedmen's Hospital moest rijden om daar te bevallen – het enige ziekenhuis dat medische zorg verleende aan de Afro-Amerikaanse gemeenschap in het gebied. Hij was zich ervan bewust dat het doorsudderende racisme van die tijd ook op het Witte Huis bestond. 'In die tijd dachten blanke mensen altijd dat ze beter waren dan zwarte mensen,' zei Jeffries tijdens een interview dat ik met hem had in zijn rijtjeshuis in Washington. 'Ik liet me door niemand iets zeggen.'

Aan het eind van de week moest Jeffries een formulier met zijn gewerkte uren inleveren bij chef-kok Henry Haller. Pas als hij dat had getekend, kon Jeffries worden uitbetaald. 'Er kwam een parttime kok binnenlopen en hij keek naar mijn formulier en zag dat ik meer verdiende dan hij,' zei Jeffries. De pas aangenomen blanke medewerker ging naar hoofdportier Gary Walters en vroeg hoe het kon dat een Afro-Amerikaanse bordenwasser meer verdiende dan hij.

Jeffries was woedend toen hij dat hoorde. 'Het antwoord was eenvoudig. Ik maakte meer uren. Het gebeurde heel vaak dat ik nog twee, drie uur nadat zij allemaal naar huis waren gegaan aan het werk was.' Hij ging naar Haller en zei: 'Henry, hoe zou jij het vinden als er een jonge vent binnenkwam die meteen hetzelfde verdiende als jij? Ik werkte hier al jaren voordat er sprake was van die kerel. Ik wil niet dat mijn loon omlaaggaat.'

'Je hebt gelijk,' antwoordde Haller.

Jeffries herinnert zich deze gebeurtenis van tientallen jaren geleden nog levendig. 'Het was grappig. Er lagen die dag matten op de grond die een paar centimeter dik waren en hij stond op de rand van zo'n mat heen en weer te wiegen en zei: "Jimmy, ik moet hierover nadenken." Hij liep naar de oven en zei: "Jimmy, wat geeft jou eigenlijk het recht om zo tegen mij te spreken?"'

'Ik trek mijn broek op dezelfde manier aan als jij. Waarom zou ik niet zo tegen jou spreken? Ik zeg je gewoon hoe ik erover denk,' antwoordde Jeffries.

Haller keek naar hem en zei: 'Jimmy, je hoeft je nooit zorgen te maken over je geld. Niet zolang ik hier ben.' En hij hield zijn woord.

Het Witte Huis was lange tijd een plaats waar talent naar voren werd geschoven. De Kennedy's nodigden het American Ballet Theatre uit om in de East Room op te treden en toen de Clintons er zaten, traden Eric Clapton, B.B. King en Yo-Yo Ma er op.

In 1969 nodigde de drieëntwintigjarige Tricia Nixon The

Temptations, de succesvolle Motown-groep, uit. Jeffries herinnert zich hoe de bandleden met het personeel rondhingen in de Old Family Dining Room als ze niet op het podium stonden, omdat ze zich met hen identificeerden en met hen konden praten.

'Ik kon ze zien, ik kon ze een hand geven en met ze feestvieren,' zegt Jeffries. 'Ze bleven niet in de salons, ze kwamen naar achteren, omdat de meesten van ons destijds zwart waren,' zei hij. 'James Brown en de [Famous] Flames – ze kwamen allemaal naar achteren.' De personeelsleden zorgden ervoor dat de sterren zich uiterst welkom voelden. 'Wat we ook allemaal voor lekkers hadden in de keuken, zij kregen het, hapjes en drank en alles.' Die avond in 1969 nodigde de band Jeffries uit om met zijn kinderen in het zwembad van hun hotel in Rockville, Maryland, een voorstad van Washington, te komen spelen. 'Ik heb het niet gedaan. Daar heb ik nog wel eens spijt van. Ik had het gewoon te druk.'

Otis Williams, het laatste nog levende lid van de legendarische Motown-groep, vertelde me dat ze er een regel van hadden gemaakt om het niet over politiek te hebben als ze in het Witte Huis optraden. 'Het was er ons om te doen om muziek te maken. We gingen er niet heen om een punt te maken. Alleen om op te treden.'

Williams kan zich de details van die avond in 1969 niet meer herinneren – hij heeft een keer of zes in het Witte Huis opgetreden – maar hij weet nog wel dat ze de Afro-Amerikaanse staf er aan het werk zagen. 'Ze toonden geen enkele afkeuring over de manier waarop ze werden behandeld. Het waren op-en-top professionals.' Hij en de andere bandleden hadden zeker racisme meegemaakt buiten het Witte Huis, maar hij voelde het nooit als ze daar optraden.

Williams zegt dat het een bijzondere eer was om voor president Obama op te treden: 'We hadden ons nooit kunnen voorstellen – in ieder geval niet in onze levensdagen – dat we een zwarte man president zagen worden.'

Voor Jeffries betekent het feit dat de Obama's nu in het Witte Huis zitten dat hij wil blijven werken: 'Het geeft me het gevoel: ik zal naar mijn werk gaan zolang ik nog kan.'

HOOFDSTUK VIII

*

Achterklap en baldadigheid

Ik ben trouw aan mijn werk voor de presidentiële familie, maar als ik naar huis ga, zeg ik toch: 'Weet je wat ze vandaag deden? Ik kan gewoon niet geloven dat ze dat zeiden!'

BILL HAMILTON, HUISKNECHT EN HOOFD VOORRAADKAMER, 1958-2013

De staf is discreet, maar het blijven mensen. Natuurlijk wisselen ze tijdens de lunch verhalen uit en dan gaat het niet alleen om belangrijke informatie, maar ook om de ongelooflijke dingen die ze meemaken en soms, de grappige situaties waarin ze belanden.

Een van de favoriete verhalen van social secretary Bess Abell ging over het porselein in het Witte Huis. In 1966 besloten de Johnsons om een nieuw porseleinen servies te bestellen. Lady Bird werkte nauw samen met ontwerpers van Tiffany & Company en de fabrikanten Castleton China om tot een ontwerp te komen waarin haar enthousiasme voor de verfraaiing van de Amerikaanse wegen en parken tot uiting zou komen. Op de eetborden stond een arend en de randen van elk bord waren versierd met verschillende Amerikaanse wilde bloemen. De dessertborden toonden de bloem die met elk van de vijftig staten werd geassocieerd.

Toen het servies eindelijk kwam, was het adembenemend mooi, herinnert Abell zich – behalve de dessertborden. De staatsbloemen waren lelijk en vormeloos. 'Ze zagen eruit alsof er jonge hondjes in gepoept hadden.' Ze lachte, alsof ze ze weer voor zich zag. Op het moment zelf was het echter helemaal niet leuk. Ze vond het vreselijk. Abell ging ze snel laten zien aan J.B. West. (West was geliefd bij Abell en Jacqueline Kennedy. 'Hij was geweldig,' zegt ze. 'Hij maakte de beste *frozen daiquiri's* – een van de redenen waarom hij en Mrs. Kennedy het zo goed met elkaar konden vinden!')

De daiquiri's van West, zei ze, wakkerden een van de leukste uitspattingen van het Witte Huis aan. Omdat het nu eenmaal voorgeschreven was dat alles wat niet perfect was, werd weggegooid, werden er nieuwe borden besteld – en toen bedacht het personeel een leuke manier om van de mislukte borden af te komen. Ze gooiden ze niet in de Potomac (de rivier waar al heel lang het gebroken servies van het Witte Huis in verdween), maar besloten er iets leuks mee te doen. Abell, West en een paar anderen gingen naar de schuilkelder met de borden – en met een blad daiquiri's. Ze hingen schietschijven aan de muur met de naam – en in sommige gevallen een karikatuur – van hun minst favoriete collega's in de West Wing en gooiden de borden erop stuk.

'Het was beter dan een Griekse bruiloft.'

In 1975 was voormalig werknemer van de residentie, Traphes Bryant, een van de eerste insiders die in een boek een inkijkje gaf in Kennedy's inmiddels overbekende overspelige gedrag. De meeste medewerkers wisten het allang, maar hadden besloten om hun mond te houden, om het instituut van het Amerikaanse presidentschap te beschermen. Volgens Kennedy's perschef Pierre Salinger was het personeel expliciet gevraagd om 'zich verre te houden van elke publiciteit die een nadelig effect zou kunnen hebben op het Witte Huis als nationaal monument'. Timmerman Milton Frame herinnert zich, hoewel hij nooit een geheimhoudingscontract had getekend: 'Toen ik werd aangenomen werd ons gezegd niet met de pers te praten.' Een ander personeelslid werd op de dag waarop hij met pensioen ging gevraagd een verklaring te ondertekenen waarin stond dat hij niet zijn memoires zou schrijven voordat een bepaalde periode was verstreken – vanuit het Witte Huis werd een periode van maar liefst twintig jaar voorgesteld.

Zoals blijkt uit Bryants boek maakte president Kennedy gebruik van de lange periodes dat zijn vrouw afwezig was. Ze bracht zo veel mogelijk tijd door buiten de muren van het Witte Huis en ging dan het liefst naar Glen Ora, een boerderij die ze huurden in het paardenland Virginia. (Later bouwden ze er een huis, dat ze Wexford noemden naar het graafschap in Ierland waar de voorouders van de president vandaan kwamen.)

Als ze weg was, hield de president ervan om naakt te zwemmen in het verwarmde binnenzwembad van het Witte Huis, dat in 1933 was aangelegd als onderdeel van de behandeling van de polio van president Roosevelt. Daar sprak Kennedy vaak af met zijn minnaressen, van wie sommigen als secretaresse werkzaam waren in het Witte Huis. Toen hij merkte dat mannelijke personeelsleden door de glazen deur gluurden, liet hij die vervangen door een matglazen deur. (De president vroeg de koks om wat hapjes en drankjes te maken – kleine worstjes met spek en daiquiri's – en gaf ze dan de rest van de dag vrij. De worstjes werden in een draagbare rechaud warm gehouden en de kan met daiquiri stond in de koelkast, zodat de gasten zichzelf konden bedienen. 'Ik doe het zelf wel,' zei hij tegen het keukenpersoneel.)

Op een dag werd een medewerker door een portier gevraagd om iets te doen aan een probleem met het zwembad. Omdat dat soort werkzaamheden meestal werd uitgesteld tot een moment waarop de presidentiële familie er niet was, nam de medewerker aan dat er niemand aanwezig was. Toen hij de deur van het zwembad opende, zag hij tot zijn grote schrik Kennedy's adviseur en goede vriend Dave Powers bij het zwembad zitten – naakt – met twee van Kennedy's secretaresses. De geschokte medewerker rende weg en ging er onmiddellijk van uit dat hij zou worden ontslagen. Maar er werd met geen woord gerept over het incident en het verhaal zou jarenlang een familiegeheim blijven.

De medewerkers van de residentie wisten dat als Jackie Kennedy er niet was de tweede verdieping verboden terrein was. Op een avond was het Bryant even ontschoten, toen hij de lift nam naar de derde verdieping om daar een apparaat te controleren. De lift stopte per ongeluk op de tweede verdieping. 'Ik hoorde liefkozende stemmen,' zei hij. Een andere collega zag een naakte vrouw de keuken uit lopen toen hij naar boven ging om te kijken of het gas was uitgedraaid. 'Als Jackie er niet was, was het een heel avontuur om de lift te nemen,' herinnert Bryant zich.

Iedereen achter de schermen trok zijn wenkbrauwen op toen ze een vrouwelijke politiek adviseur haar familie een rondleiding over de tweede verdieping hoorden geven. Toen ze in de slaapkamer van de president kwam, deed ze of ze niet wist waar die was en of ze er nooit was geweest. Niets was minder waar: ze was er al vele malen geweest.

Bryant vertelde nooit iemand buiten het Witte Huis (ook zijn vrouw niet) over Kennedy's affaires toen de president nog in functie was. Maar onder het personeel werd wel gepraat. Ze wilden weten hoe ze zich moesten gedragen, en door verhalen uit te wisselen hielpen ze elkaar om te weten welke gangen ze moesten vermijden.

Johnson gaf ook aanleiding tot geroddel onder het personeel. Hij hield ervan om tijdens feestjes het mooiste meisje in de kamer apart te nemen en te proberen haar op de wang te zoenen. Tegen het eind van de avond had hij vaak lippenstiftvlekken op zijn gezicht. Lady Bird, die vaak in dezelfde ruimte was en zich voor schut gezet voelde, smeekte hem dan: 'Je bent daar nodig, Lyndon. Je verwaarloost je vrienden.'

Er gingen geruchten dat Johnson zelfs twee vrouwelijke journalisten van Kennedy had 'geërfd'. 'Hij noemde ze "één en al vrouw" en "veel vrouw" en gaf ze zelfs het ultieme compliment dat hij gewoonlijk bewaarde voor zijn favoriete hond Yuki toen hij ze vertelde dat ze "mooi als een bunzing" waren,' schreef Bryant. Geheel volgens de mores van die tijd, stond Lady Bird er onaangedaan bij als haar man haar publiekelijk vernederde.

Vreemd genoeg was Johnson als echtgenoot heel bezitterig. Op een dag kreeg Bryant, die eigenlijk was aangenomen als elektricien, de opdracht om naar Lady Birds kamer te gaan en een verlengsnoer voor haar manicuretafel aan te leggen. Het stopcontact zat achter een commode waarachter de presidentsvrouw net zat. Bryant moest bijna op de grond liggen, onder haar, om de stekker in het stopcontact te steken.

Johnson kwam binnen op het moment dat hij overeind kwam. Zijn mond stond wijd open en hij zag eruit als een jaloerse echtgenoot. Bryant stamelde: 'Mr. President, ik installeerde net een verlengsnoer voor de manicuretafel van Mrs. Johnson.'

Lady Bird leek het wel leuk te vinden dat de rollen eens waren omgedraaid.

Soms komen gasten van het Witte Huis in de verleiding om een stukje van de geschiedenis mee naar huis te nemen.

Butler Skip Allen werkte tijdens staatsbanketten en hield aan het zuideinde van de State Dining Room in de gaten of er glazen bijgevuld moesten worden. Hij had altijd bestek en extra servetten bij de hand en als iemand een vork liet vallen, verscheen hij vrijwel onmiddellijk met een nieuwe. En af en toe betrapte hij een gast erop dat hij of zij iets in zijn tas liet glippen.

Het personeel kan iemand natuurlijk niet rechtstreeks vragen of ze een onderdeel van het servies of het bestek achterover hebben gedrukt. Ze passen doorgaans de tactiek toe dat ze doen of hun neus bloedt en er beleefd om vragen. 'Als je een bord weghaalt, vraag je om het mes en de vork, en als die ontbreken, zeg je:

"Misschien hebt u ze laten vallen." We zoeken dan op de grond en dan zeggen ze meestal ineens: "Kijk, hier is het!"'

Als garderobe-assistent van Jackie Kennedy hielp Anne Lincoln met het plannen van afspraken met de kapper en het aanschaffen van kleding voor ze tot hoofd Huishouding werd gepromoveerd en de onmogelijke taak kreeg om de kosten van de boodschappen omlaag te krijgen. Tijdens de regeringsperiode van de Kennedy's, zegt ze, was het gebruikelijk om een stukje van de schone schijn te stelen. Toen een lunch was afgelopen, herinnert ze zich, misten ze vijftien zilveren theelepels, twee zilveren messenleggers en vier zilveren asbakken. 'Mensen komen hier met het idee dat dit hun eigendom is, dus ze pakken het gewoon.' Ze herinnert zich een gelegenheid toen de zo zachtaardige first lady het niet meer kon aanzien. Op een avond zag ze een van de gasten een verguld mes in zijn zak stoppen, zei ze. Na het diner, maar voordat de andere gasten waren vertrokken, vroeg ze maître d' Charles Ficklin om het vergulde zilveren bestek na te tellen. Toen Charles meldde dat er inderdaad een mes ontbrak, liep Mrs. Kennedy rechtstreeks naar de verbijsterde gast en vroeg of hij het wilde teruggeven. Hij overhandigde het haar zonder aarzelen.

Jackie wist hoe je een tafel voor het diner moest dekken en hoe een verfijnd diner moest smaken, maar koken kon ze niet; Anne Lincoln zag haar nooit de keuken in gaan om eten te koken of hapjes te maken. President Kennedy was ook hopeloos in de keuken. 'De president at graag soep voor hij naar bed ging en wij hadden een blikopener op de tweede verdieping – ik denk dat het ongeveer acht maanden duurde voor hij erachter kwam hoe die werkte,' zei Anne. 'Ik denk dat de first lady het ook niet wist.' De butlers lachten erom met Anne: 'De arme president had gisteravond weer moeite met de blikopener.'

Half oktober 1963, slechts een paar weken voor de moord op haar echtgenoot en kort na het verlies van een zoon, Patrick, die die zomer te vroeg was geboren, ontbood Jackie de hoofdportier in haar slaapkamer. 'Mr. West,' fluisterde ze met haar kinderlijke stem. 'Ik heb mezelf iets op de hals gehaald. Kun je me daarbij helpen?' Ze had een prinses uitgenodigd om op de tweede verdieping bij hen te logeren, maar zij en de president hadden bedacht dat ze eigenlijk liever alleen wilden zijn. Het verlies van hun zoon had ze dichter bij elkaar gebracht. 'Wil je ons helpen om iets voor elkaar te krijgen, zodat we kunnen vermijden dat ze bij ons blijft slapen?' smeekte ze.

Jackie had een ingewikkelde list bedacht om eronderuit te komen. Ze zei tegen West dat hij moest doen alsof de Queens' Bedroom en de Lincoln Bedroom – de enige twee slaapkamers die geschikt waren voor iemand met blauw bloed – net werden opgeknapt, waardoor hun gast niet in het Witte Huis kon logeren.

'Haar ogen glinsterden bij het idee van het bedrog,' schreef West.

West belde Bonnie Arrington, de broer van Reds, die op de afdeling Houtbewerking werkte, en vertelde hem wat ze bedacht hadden: 'Breng afdekkleden naar de Queens' Bedroom en de Lincoln Bedroom. Rol de tapijten op en dek de draperieën en de kroonluchters af, en alle meubels. O ja, en neem een trap mee.'

Vervolgens belde hij de schilders en vroeg om zes verfemmers voor elke kamer, waaronder twee (lege) emmers voor gebroken witte verf in elke kamer. En hij vroeg om een paar gebruikte verfkwasten. Hij zette ook een paar asbakken neer vol sigarettenpeuken, zodat het leek of een paar schilders hard aan het werk waren geweest. Geheel in lijn met de hiërarchie en het wederzijdse vertrouwen van het personeel op de residentie, stelde geen van de betrokkenen vragen.

Toen ze arriveerde, werd de prinses door de president rondgeleid in de residentie. JFK wees haar op de verfemmers en de afdekkleden in de Queens' Bedroom. 'Hier zou u vannacht hebben geslapen, als Jackie niet had besloten om de kamer opnieuw te laten schilderen,' zei hij met een zucht.

De volgende ochtend belde Jackie West giechelend om hem te

bedanken. 'De president kon zich bijna niet meer goed houden toen hij die asbakken zag.'

De Arringtons waren bijna zestig jaar getrouwd toen Reds in 2007 overleed. 'We hadden een goed leven,' zegt Margaret, zijn vrouw, glimlachend.

De verhalen die hij haar vertelde, omspannen een periode van drieëndertig jaar, waarin hij als loodgieter op het Witte Huis werkte, voor zeven presidenten. Zij vindt het duidelijk leuk om ze na te vertellen, want zo houdt ze haar geheugen actief. Sommige gaan over eigenaardigheden van sommige presidenten – zoals de gewoonte van JFK om Reds te vragen zijn bad de avond van tevoren al vol te laten lopen, zodat hij de volgende ochtend tijd kon uitsparen door er alleen nog maar heet water bij te doen. Of over de keer toen de oppas van de Kennedy's, Maud Shaw, Reds in paniek belde nadat ze per ongeluk John-Johns luier door de wc had gespoeld.

Voor zijn dood heeft Reds een interview gegeven waarin hij vertelde over de keer dat hij bijna de woede van Lyndon Johnson over zich had afgeroepen – hij behield zijn baan alleen door tussenkomst van Johnsons huisknecht. Op een avond werkte Reds tot laat aan de beruchte doucheleidingen van LBJ. Hij behandelde ze met *pipe dope*, een materiaal dat werd gebruikt om leidingen te versterken en te dichten. De volgende ochtend werd hij gebeld door de huisknecht van Johnson.

'Reds, jij en je mannen kunnen maar beter snel hierheen komen en de douchekoppen schoonmaken. Toen de president vanochtend uit zijn douche kwam, zat zijn rug onder de blauwe pipe dope.' Hij voegde eraan toe: 'Ik heb maar niets tegen hem gezegd. Ik heb gewoon een handdoek gepakt en hem zo'n beetje drooggedept.' De president hield er echter van om 's ochtends gemasseerd te worden, en de huisknecht moest daarom zijn masseur bellen en hem waarschuwen niets over de blauwe vlekken op de rug van de president te zeggen. 'Vraag niet: "Wat zijn al die vlekken op uw rug?"' had de huisknecht hem opgedragen. 'Pak gewoon iets, alcohol of zo, en maak hem schoon. Want als hij weet dat er pipe dope op zijn rug zit, worden alle loodgieters ontslagen.' Reds was blij dat Johnson er nooit achter kwam; hij kon nog enkele jaren in zijn geliefde Witte Huis blijven werken.

Reds vertelde zijn vrouw dat toen koningin Elizabeth II op bezoek kwam, de loodgieters een stoel moesten bouwen boven op de wc-bril – bijna als een troon. 'Reds noemde dat de "koninklijke spoelbak"!' Ze giechelde.

Toen de koningin in 1976 naar Washington kwam, was ze inmiddels zo'n vaste gast dat de meeste personeelsleden niet onder de indruk waren van haar aanwezigheid. Vlak voor het staatsbanket ontmoetten de Fords volgens traditie de koningin en prins Philip bij de ingang van de Diplomatic Reception Room. Ze begeleidden het koninklijk paar naar de lift, waarna ze enkele minuten met hen in de residentie zouden doorbrengen voor het diner.

Toen ze wachtten tot de lift hen omhoog zou brengen, ging de liftdeur opeens open en verscheen de vierentwintigjarige zoon van de president, Jack Ford, in een spijkerbroek en een T-shirt, geen geschikte kleding om een koningin te begroeten. Zonder omhaal wendde de koningin zich tot Betty Ford en zei: 'Geeft niet, Betty, ik heb er ook zo een thuis,' waarmee ze natuurlijk haar eigen zoon, prins Charles, bedoelde.

Op 21 december 1970, en dat zou nooit mogelijk zijn geweest met de huidige beveiliging, verscheen een onwaarschijnlijke gast op de stoep van het Witte Huis voor een verrassingsbezoek. Die dag vroeg Elvis Presley een spontane ontmoeting aan met president Nixon (hij had een bizar verzoek: hij wilde worden ingezworen als undercover agent van de FBI) en verzeilde zo op een klein personeelsfeestje.

Bill Cliber en een aantal andere personeelsleden zongen net 'Happy Birthday to You' voor een van de curatoren toen opeens

IVANIZ SILVA

Elvis en zijn lijfwachten op de drempel van het kleine kantoor op de begane grond stonden.

'Ik kwam alleen even feliciteren!' zei de beroemdste rocker van het land.

De kamer viel stil, de monden wagenwijd open.

'Iedereen was met stomheid geslagen,' herinnerde Cliber zich en schudde zijn hoofd. Hij kon het nog altijd niet geloven.

Even later tikte een politieagent van het Witte Huis Elvis op zijn schouder en vroeg hem of een van zijn lijfwachten misschien een wapen droeg.

'Ja,' antwoordde Elvis.

'Kunt u dat bij mij laten terwijl u de president bezoekt?'

'Natuurlijk,' zei Presley terloops. 'Ralph, geef hem je pistool.' En toch smokkelde Presley een Colt .45 pistool mee naar binnen, die hij de verblufte president als cadeau aanbood.

Dienstmeisje Ivaniz Silva bracht haar tijd op het Witte Huis vooral door in de privévertrekken op de tweede en derde verdieping van de residentie. Meestal liep alles als een trein en hielden de dienstmeisjes in de gaten wanneer de president en de first lady van de tweede en derde verdieping waren vertrokken, zodat ze aan het werk konden zonder hen te storen. Maar op een avond liep niet alles zoals gepland.

Meestal zijn er op het Witte Huis vier dienstmeisjes op een dag ingeroosterd: twee 's ochtends en twee 's avonds. Die dag was Silva, die nu zesenzeventig jaar oud is, na halfzes 's avonds in de slaapkamer van president Reagan bezig met het openleggen van het bed en het sluiten van de gordijnen. Toen ze echter de zijkamer van de slaapkamer binnenliep, kon ze haar ogen niet geloven: daar zat de president de krant te lezen, zonder een draad aan zijn lijf.

'Ik liep de zijkamer in en daar was hij, naakt, met alleen stukken krant om hem heen!' zei ze. Ze rende blozend de kamer uit voor de president een woord kon uitbrengen. Hij moest net zo verrast zijn geweest als zij.

Later passeerde ze hem in de gang. Reagan keek naar haar met een twinkeling in zijn ogen. 'Hé, wie was die vent?' vroeg hij.

'Ik weet het niet, sir,' zei ze, verlegen lachend.

Silva is nog steeds verbaasd over het incident. 'Hij wist dat ik hem naakt gezien had, dus hij moest iets zeggen.'

Reagan was misschien in verlegenheid gebracht, maar volgens de meeste verhalen voelde hij zich redelijk op zijn gemak als hij naakt was, ook al maakte hij het personeel ermee aan het schrikken. Ongeveer een maand na Reagans inauguratie had portier Skip Allen zijn opleiding eindelijk afgerond en mocht hij alleen werken. Tijdens een van zijn eerste solodiensten nam hij een vertrouwelijk pakketje aan dat onmiddellijk naar Reagan moest worden gebracht voor ondertekening.

Allen ging naar de tweede verdieping, op zoek naar de president. Hij was nergens te vinden, dus hij zocht Reagans huisknecht op en vroeg hem waar de president was.

'Hij is daar,' zei de huisknecht en hij wees naar een gesloten deur. Allen klopte.

'Wie is daar?' riep Reagan.

'Skip Allen van de portiersloge. Ik heb een vertrouwelijk pakketje voor u.'

'Kom binnen.'

Pas toen hij de deur opende, besefte Allen dat het de badkamer was. Reagan stapte net onder de douche vandaan.

'Het enige wat hij aanhad, waren waterdruppels!' herinnert Allen zich.

'Breng het maar hier,' zei Reagan tegen hem. De president zette zijn handtekening en Allen ging weer naar beneden.

Niet lang daarna, om ongeveer negen uur diezelfde avond, kwam er weer een vertrouwelijk pakket voor de president. Allen kreeg te horen dat de president en de first lady doorgaans om negen uur naar bed gingen, maar hij had geen keus. Hij zou ze moeten storen.

Nerveus ging hij naar boven om de president opnieuw te zoeken. Deze keer zag hij licht branden in de slaapkamer van de Reagans. Met trillende handen klopte hij op de deur.

'Wie is daar?' vroeg Nancy Reagan.

'Skip Allen van de portiersloge. Ik heb een pakketje voor de president.'

'Kom binnen.'

Op dat moment kwam de president uit zijn kleedkamer; nu droeg hij alleen een onderbroek.

'O Ronnie, je had toch even je badjas kunnen aandoen?' mopperde Nancy.

De president keek naar haar. 'Ach mammie,' zei hij – hij gebruikte haar koosnaam – 'maak je geen zorgen. Hij heeft me vandaag al een keer naakt gezien. We zijn oude vrienden.' Ze barstten allemaal in lachen uit.

Ron, de zoon van de Reagans, zei dat de ontspannen, open

houding van zijn ouders tegenover het personeel het waarschijnlijk gemakkelijker voor hen maakte om er te werken. De Reagans waren eraan gewend om personeel om zich heen te hebben en ze vroegen zich nooit af wat het dienstmeisje van hen zou denken. 'Het is moeilijk om een butler of zo te zijn, als de persoon die je wilt bedienen zich erg bewust is van het feit dat je er bent. Daar waren mijn ouders helemaal niet mee bezig.'

Ron geeft echter ook toe dat de nonchalance van zijn ouders kon worden gezien als neerbuigend. 'Het geeft je het gevoel dat je er niet toe doet, omdat je het niet waard bent dat iemand zich voor je schaamt.' Er lijkt inderdaad een verschil te zijn tussen de onverschillige houding van de Reagans tegenover het personeel en de even comfortabele, maar meer respectvolle houding van George en Barbara Bush. Als president Reagan een praatje maakte met het personeel, was dat meestal om over zichzelf te praten of om een grapje te maken. De Bushes vroegen de medewerkers naar hun familie en drukten hun bezorgdheid uit over de hoeveelheid tijd die ze bij hen doorbrachten. Ze erkenden dat ze ook een leven buiten het Witte Huis hadden – iets wat bij de Reagans niet opkwam.

Sommige verhalen uit het Witte Huis krijgen achteraf gezien een andere lading. Tegen het eind van het presidentschap van Reagan, herinnert een butler zich, zag hij dat de president zich op een belangrijk moment niet bewust was van wat er om hem heen gebeurde. 'De filmster was de president,' zei hij, 'en ik was beneden in de keuken aan het werk. Maar plotseling zag ik rook uit de luchtroosters komen.' Een butler die bij het fornuis aan het werk was, had vergeten de klep te openen, en dus sloeg de rook terug in de kamer waar Reagan zat. 'Ik hoorde de brandweer en er kwamen mensen binnen die naar boven renden, naar de tweede verdieping.'

Even later kwam een van de brandweerlieden, een vrouw, lachend naar beneden. 'Wat is er zo leuk?' vroeg de butler haar, verbaasd over haar onbezorgde houding.

Ze kon hem haast geen antwoord geven, zo hard moest ze lachen. Ze zei: 'Weet je dat de president erbij zat alsof er niets aan de hand was? Gewoon met de tv aan, en met de krant.'

'Het drong gewoon niet tot hem door,' herinnert de butler zich.

Op dat moment wist niemand dat de president misschien al de eerste symptomen van de ziekte van Alzheimer vertoonde. Destijds leek het gewoon een van de eigenaardigheden van een president die zich nooit veel aantrok van het personeel.

De roddels die het langst blijven hangen betreft personeel dat elkaar niet kan uitstaan. Werken op het Witte Huis kan bij sommigen zorgen voor grote ego's. Veel van de mensen die worden aangenomen, met name de koks, zijn kundige professionals die zichzelf als de besten beschouwen in hun vakgebied. Zo'n competitieve sfeer kan leiden tot rivaliteit – het meest opvallende voorbeeld daarvan in het recente verleden was de openlijke vete tussen chef-kok Walter Scheib en chef-patissier Roland Mesnier.

In de elf jaar dat ze zij aan zij werkten werd de haat tussen de beide mannen er niet minder op. Ze voelen hem nog altijd even scherp, tien jaar nadat ze beiden het Witte Huis verlieten. Mesnier, nu zeventig jaar oud, was aangenomen door de Carters; Scheib, die tien jaar jonger is, door de Clintons. Ze hadden zo'n hekel aan elkaar dat ze vaak weigerden om de schotels die ze bereidden met elkaar te bespreken. Scheib overhandigde Mesnier gewoon de weekmenu's, zodat Mesnier er passende desserts bij kon bedenken. Scheib geeft toe dat hij minder sociaal is dan Mesnier en zijn keuken meer als een militaire commandant leidt. ('Als ik op zoek was geweest naar vrienden,' zegt hij, 'dan was ik wel vrijwilliger geworden bij het jongerencentrum.') Mesnier, die zijn creaties met veel allure presenteert, is een artistieke Fransman, die elk jaar met Kerstmis al zijn collega's een taart naar keuze cadeau gaf en elk jaar tientallen taarten, stollen en cakes bakte. ('Het personeel was voor mij niet een groep willekeurige medewerkers,' zegt hij. 'Ze waren mijn familie.')

Scheib minacht Mesnier om zijn boeken en televisieoptredens, die hij als mediageilheid beschouwt. 'Hij heeft zichzelf groter gemaakt dan de presidentiële families, en dat kan niet.' Mesnier beweert dat de keurige Scheib (die er meer uitziet als een directeur van een groot bedrijf dan als een kok) werd aangenomen omdat hij er goed uitzag en welbespraakt was, een geschikte woordvoerder voor Hillary Clintons campagne ter bevordering van een gezonde Amerikaanse keuken. 'Walter en ik konden niet met elkaar opschieten, omdat ik wist dat hij niet kon koken,' zegt hij neerbuigend.

'De butlers zeiden dat als iemand zag dat Roland en ik samen een biertje dronken, iedereen op zijn knieën moest vallen en beginnen te bidden, want dat de dag des oordeels dan duidelijk aanstaande was,' zegt Scheib.

Mesnier had wel grote waardering voor Scheibs voorganger, de Franse chef Pierre Chambrin, maar de Clintons ontsloegen hem omdat hij weigerde het zware Franse menu te verruilen voor een gezondere keuken met Amerikaanse gerechten. Hillary Clinton wilde gezond Amerikaans eten promoten, vooral nadat ze was begonnen aan haar campagne om de gezondheidszorg te verbeteren. Maar Chambrin zegt dat de echte reden waarom hij werd weggestuurd draaide om uiterlijkheden en niet om zijn kookkunst. 'Ik ben Frans, ik ben dik en mijn Engels is vreselijk. Ik paste niet in het profiel dat ze aan het Amerikaanse volk wilden laten zien.'

Voor de Clintons, zei Chambrin, was eten brandstof, en niets meer. 'Van het begin af aan wist ik dat het voor mij niets zou worden met de Clintons. Ik deed wat ze vroegen. Ik probeerde ze zelfs tevreden te stellen door geen boter en geen vet te gebruiken en het menu op te stellen zonder Franse woorden erin. Maar hoe kun je het over sauteren hebben zonder het woord "sauteren" te gebruiken?'

Chambrin had een afkeer van de nonchalante verhouding die de Clintons met voedsel hadden. Anders dan de Bushes wilden de Clintons in de keuken eten. 'Toen we overgingen van de Bushes op de Clintons, gingen we van de rijkdom naar de goot.'

Toen Scheib werd aangenomen als opvolger van Chambrin, werd de krappe keuken op de begane grond een vervelende plek om te werken. Kok John Moeller begon op het Witte Huis kort nadat Mesnier zijn eigen kleine patisserie had gekregen en zegt doodserieus: 'Als hij in de hoofdkeuken was gebleven en tussen ons was blijven werken, had er bloed gevloeid.'

HOOFDSTUK IX

*

Opgroeien in het Witte Huis

Ik vraag je om je eens voor te stellen hoe het is om afscheid te nemen van een jongen op de stoep van het Witte Huis, midden in de schijnwerpers, met een beveiligingsman die je in de gaten houdt. Je kunt niet veel meer dan elkaar een hand geven, en zo kom je niet aan de man.

MARGARET TRUMAN

Toen de twaalfjarige Chelsea Clinton in 1993 naar het Witte Huis verhuisde, schreef Steve Ford haar een brief. Zijn advies was: sluit vriendschap met de Geheime Dienst, want zij zijn je enige verbinding met de buitenwereld. Hij zegt dat hij het relatief gemakkelijk heeft gehad, omdat hij zoveel broers en zussen had om de ervaring mee te delen. Voor Chelsea, als enig kind, zou het moeilijker zijn om op het Witte Huis te wonen. En dat bleek helemaal zo te zijn toen ze de schande moest dragen van haar vaders openlijke onfatsoenlijke gedrag, zonder broers en zussen die haar de last hielpen dragen. 'Ik heb altijd gevonden dat zij in een veel moeilijker situatie verkeerde dan de andere gezinnen waarin doorgaans twee of drie generatiegenoten voorkwamen.' Terugkijkend op Chelseas tijd in het Witte Huis zegt Ford nu: 'Volgens mij heeft ze het er prima van afgebracht.'

Als er kinderen op het Witte Huis komen wonen, wil het personeel ze beschermen. Het Witte Huis-personeel weet hoe het voor andere kinderen was om in de residentie op te groeien en wil ze helpen om een zo normaal mogelijke jeugd te hebben. Naast de extra verantwoordelijkheid die komt kijken bij de zorg voor kinderen geniet de staf er doorgaans van om een onstuimige peuter of een feestvierende puber om zich heen te hebben. De presidentiële kinderen kunnen een zekere mate van warmte en onschuld toevoegen aan de huishouding, en de vaak gespannen sfeer van de residentie wat verlichten.

Hoofd Voorraadkamer Bill Hamilton zag generaties presidentiële kinderen leren hoe ze in de *bubble* van het Witte Huis moesten leven. Hoe jonger de kinderen waren, zegt hij, hoe gemakkelijker het voor ze was om zich aan hun claustrofobische nieuwe leven aan te passen. Caroline en John-John Kennedy vonden het relatief gemakkelijk om zichzelf te zijn binnen de muren van het huis; ze waren zo jong toen ze in het Witte Huis kwamen wonen dat ze eigenlijk geen ander leven kenden. Voor Chelsea Clinton en voor Sasha en Malia Obama betekende het als tiener opgroeien in het Witte Huis dat ze midden in de schijnwerpers met de onzekerheden van de puberteit moesten omgaan. En andere kinderen, zoals die van de Fords, zoals Luci en Lynda Johnson, en Barbara en Jenna Bush, hadden het waarschijnlijk het moeilijkst, volgens Hamilton, toen ze beseften dat ze de vrijheid waaraan ze gewend waren moesten opgeven en die pas zouden terugkrijgen als hun vader terugtrad uit het ambt.

'Als je eenmaal die middelbareschoolleeftijd hebt bereikt, en je uit bent geweest en bier hebt gedronken, dan is het heel wat anders,' zei hij.

De dochters van George W. Bush – toen ze jonger waren liefkozend 'wilde meisjes' genoemd door hun grootmoeder Barbara Bush – kenden de residentie al toen hun vader tot president werd gekozen; ze hadden er verstoppertje gespeeld toen hun grootouders er woonden en bij Bloemstyling geholpen met bloemschikken. Tijdens het presidentschap van hun vader namen ze portier Nancy Mitchell in vertrouwen over hun liefdesperikelen. (Jenna zou later een vrijpartij op het dak van het Witte Huis bekennen.) Medewerkers zeiden dat de meisjes zich als typische negentienjarigen gedroegen en Jenna raakte zo gehecht aan de staf van de residentie dat ze hoofd Bloemstyling Nancy Clark vroeg om de bloemen voor haar bruiloft in Texas te verzorgen.

Toch zullen er altijd beperkingen zijn die bij het leven in dat beschermde wereldje horen. 'Het is een ellendig leven voor een tiener,' zei portier Nelson Pierce. 'Het was heel moeilijk om opgesloten te zijn en te weten dat je niets kon doen zonder de Geheime Dienst achter je aan te krijgen.'

Sinds de Kennedy's hebben er niet meer zulke jonge kinderen in het Witte Huis gewoond. Toen de Obama's het huis betrokken, was Malia tien jaar oud en Sasha nog maar zeven. Ze zijn nu zestien en dertien en hebben zes jaar van hun leven doorgebracht tussen dienstmeisjes, butlers en koks, in een huis met een eigen bioscoop, een tennisbaan, basketbalveld en een zwembad. En dat is gewoon hun dagelijkse routine. Dan hebben we het nog niet gehad over de chique diners en de feesten waar ze soms heen gaan of het privéconcert van de Jonas Brothers op de avond van de eerste inauguratie van hun vader.

Barbara en Jenna Bush, die het jaar waarin hun vader tot president werd gekozen van de middelbare school kwamen, gaven Malia en Sasha een uitgebreide rondleiding, inclusief een bezoek aan de huisbioscoop en de bowlingbaan en zelfs een paar geheime gangen. Ze vonden het idee dat hun plaats door weer een stel zusjes werd ingenomen duidelijk leuk en ze zeiden dat ze af en toe van de trapleuning moesten glijden, een advies dat Sasha Obama, de ondernemendste van de zusjes, zeker ter harte nam.

Net als de Kennedy's vinden de Obama's het ook belangrijk dat hun kinderen een normaal leven leiden. Bloemstylist Bob Scanlan, die in 2010 met pensioen ging, beschrijft een tafereel dat zich op zondagochtend in veel Amerikaanse gezinnen voordoet: luchtbedden op de grond van het Solarium van het slaapfeestje van de avond ervoor.

De meisjes krijgen alleen in het weekend een toetje, maar als hun grootmoeder, Marian, oppast, worden ze verwend en eten ze ijs en popcorn. 'Zij geeft het gezin echt zijn privacy. Ze woont het grootste deel van de tijd op de derde verdieping en in de tijd dat ik er werkte, at ze apart. De meisjes eten met hun vader en moeder in hun eigen vertrekken op de tweede verdieping en Mrs. Robinson woont op de derde verdieping,' zei Scanlan. Ik ga naar huis, zei Marian voor het eten als ze naar boven ging naar haar eigen suite en haar dochter haar privacy gaf met haar man en kinderen.

Ze liet verse bloemen neerzetten in haar woonkamer en slaapkamer. Ze was altijd erg vriendelijk en waardeerde alles wat ze had. Als Scanlan binnenkwam om een bloemstuk te vervangen, dan zei ze vaak dat dat niet hoefde. 'Het is heel mooi, maar die andere bloemen zien er ook nog goed uit,' zei ze dan.

Michelle vroeg de bloemstylisten om bij alle bloemen in de bloemstukken in hun woonvertrekken een kaartje te doen met hun naam, zodat zij en haar dochters de verschillende namen konden leren. De first lady vroeg ook de populaire butler Smile 'Smiley' Saint-Aubin, die uit Haïti kwam en prachtig Frans sprak, om zijn moedertaal te spreken als hij haar dochters bediende, zodat ze de taal konden leren. (Smiley overleed in 2009.)

Scanlan wilde dat de Obama's een bijzondere eerste kerstperiode in het Witte Huis zouden beleven (ze brachten de feestdagen zelf door in Hawaii), dus maakte hij kerstbomen van buxus en zette er ook een op Malia's commode en op Sasha's schoorsteenmantel.

Malia vond die van haar prachtig. Toen Scanlan in haar kamer de boom ging controleren vond hij daar een post-it met een boodschap voor hem: 'Bloemist: ik vind mijn boom heel mooi. Als het niet te veel gevraagd is, mogen er dan lampjes in? Als het niet kan, begrijp ik het.' Ze ondertekende met een hartje. Scanlan nam het briefje mee naar beneden naar Bloemstyling. 'Hoe kon ik nou geen lampjes in die boom doen?' lachte hij.

Medewerkers doen extra hun best, omdat ze weten waarmee deze kinderen te maken krijgen. In 2014 kwamen Sasha en Malia onder vuur te liggen door een medewerkster van de Republikeinen tijdens de jaarlijkse 'kalkoenpardonceremonie' op het Witte Huis. 'Kleed je alsof je respect verdient, niet alsof je gaat stappen,' schreef Elizabeth Lauten op Facebook. Lauten, destijds communicatieadviseur van de republikeinse afgevaardigde Stephen Fincher, doelde op de korte rokjes van de meisjes. Haar opmerking leverde haar kritiek op van zowel Democraten als Republikeinen, die het er over het algemeen over eens zijn dat je van kinderen van zittende presidenten moet afblijven. Lauten nam ontslag als gevolg van de mediaophef; de gebeurtenis bevestigt hoe zwaar het is om in het Witte Huis op te groeien en constant in de schijnwerpers te staan. Dit is alleen nog maar erger geworden met de groei van de sociale media.

Caroline en John-John waren de jongste kinderen die in het Witte Huis woonden sinds het begin van de twintigste eeuw, toen de kinderen van Theodore Roosevelt er de boel op stelten zetten. Caroline was drie jaar oud, en haar broertje nog maar twee maanden toen hun ouders de residentie betrokken. Jackie Kennedy deed haar uiterste best om ervoor te zorgen dat ze geen verwende kinderen grootbracht; ze moesten bedankbriefjes schrijven als ze werden uitgenodigd op feestjes van andere kinderen en ze nam ze na hun verjaardagspartijtje altijd mee naar de keuken om het personeel te bedanken. Caroline en John-John leerden al vroeg de betekenis van het woordje 'nee', zei Letitia Baldrige; toen ze werden voorgesteld aan de vrouw van de minister van Defensie Robert McNamara, keken zij haar recht aan en zeiden: 'Hoe maakt u het, Mrs. McNamara?' (Al zal het in John-Johns geval meer hebben geklonken als *Mrs. Nama*.)

'Het was de hele dag door "hoe maakt u het?", niet alleen tegen de vrienden van mama en papa, maar ook tegen de portiers, butlers, dienstmeisjes, politiemannen, beveiligers, tuinmannen en de mensen in de keuken – wie ze maar tegenkwamen,' zei Baldrige.

Anders dan bij eerdere first ladies mochten de kinderen van Jackie Kennedy de butlers niet alleen bij hun achternaam aanspreken. Ze vond dat onbeleefd, vooral omdat het oudere, eerbiedwaardige heren betrof, van wie de meesten al tientallen jaren in het huis werkten. 'Het moest "Mr. Allen" zijn,' zei curator Jim Ketchum. Hij bedoelde Eugene Allen. 'Ze noemden Preston Bruce "Mr. Bruce". Ze wilde niet dat ze Bruce of Allen zeiden.'

Soms, als Jackie er niet bij was, behandelden Caroline en John-John het personeel echter met een onbevangenheid die hun moeder niet zou hebben goedgekeurd. De beste herinnering die portier Nelson Pierce bewaart aan zijn zesentwintig jaar op het Witte Huis is dat hij een verhaaltje voorlas aan John-John. 'De stereo van Mrs. Kennedy deed het niet goed, en ik moest een van de mannen van Elektrotechniek, die hem zou maken, naar boven begeleiden,' vertelt hij. 'John-John pakte een boek en bracht het naar mij en vroeg me of ik wilde voorlezen.'

Pierce deed wat hem gevraagd werd en ging op de rand van de bank zitten. Hij dacht dat een druk jongetje als John-John nooit lang genoeg zou stilzitten om het hele boek uit te krijgen. 'Ik dacht dat hij naast me zou blijven staan terwijl ik voorlas, maar nee. Hij stond op en duwde tegen mijn borst en zei: "Zit achterover!" Dus ik sloeg mijn arm om hem heen en we lazen het boek uit. Zodra het uit was, sprong hij op, pakte het boek en zette het terug op de plank.' Voor Nelson was de tijd die hij met de Kennedy-kinderen doorbracht een welkome afwisseling en een manier om terug te denken aan zijn eigen vier kinderen thuis.

Op een avond belde Maud Shaw, de oppas van de Kennedy's, Pierce en vroeg of hij haar kon helpen. Ze was in de eetkamer op de tweede verdieping en John-John had zijn bord niet leeggegeten. Ondertussen was Caroline, die al klaar was, van tafel gegaan en probeerde een koprol te maken – zonder succes. Zij keek op naar Pierce toen hij binnenkwam. 'Mr. Pierce, het lukt niet. Mijn benen gaan of naar links of naar rechts.'

'Caroline, probeer je benen recht boven je hoofd te houden,' zei hij tegen haar.

Haar volgende pogingen gingen al veel beter.

'Mr. Pierce, doe koprollen met mij!' smeekte ze.

Pierce lachte bij de herinnering. 'Gelukkig kwam Maud Shaw mij te hulp, zodat ik geen koprol hoefde te maken met Caroline op de vloer van de eetkamer.'

Tientallen jaren later legt chef-kok Walter Scheib uit hoe het personeel de presidentiële familie ziet. 'Een staatsbanket is het meest prestigieuze dat je kunt doen, maar tegelijk kun je op dezelfde dag een telefoontje krijgen uit het huis en hoor je dat Chelsea of een van de Bush-tweeling een kom muesli of bosbessen of zoiets wil, en dat heeft dan plotseling prioriteit. Het gaat niet over je kookkunsten, het gaat erom dat je de presidentiële familie een klein eiland van normaliteit biedt in een krankzinnige wereld.'

Soms verlangt de presidentiële familie zulke gewone dingen dat de hoogopgeleide chef-koks er gefrustreerd van raken, zeker als er kinderen in het huis wonen. John Moeller herinnert zich een ochtend waarop hij en een net aangenomen kok pannenkoeken bakten voor Chelsea Clinton. De nieuwe kracht zag echte esdoornsiroop in de koelkast staan, maar Moeller zei hem dat Chelsea de voorkeur gaf aan de imitatiestroop die de meeste kinderen eten. De nieuwe kok sprak hem tegen en zei dat de echte siroop altijd lekkerder is. Uiteindelijk gaf Moeller toe en stuurde de butlers naar boven met de chiquere echte siroop. Twee minuten later kwam hij alweer terug, met het verzoek van Chelsea of ze het nepspul kon krijgen. De verzoeken van de presidentiële familie gaan boven alles.

Het personeel van de residentie moet een veilige haven bieden aan de kinderen, zodat ze zichzelf kunnen zijn. Johnsons oudste dochter, Lynda Bird Johnson Robb, herinnert zich dat ze troost vond bij het personeel van de residentie in een periode waarin de buitenwereld niet volledig te vertrouwen was. 'De mensen die daar werkten waren geweldig. Ik ben er zeker van dat iedereen die er gewoond heeft ze heeft gewaardeerd en geweten heeft hoeveel geluk we hadden dat we werden omringd door mensen die je wilden helpen en niet steeds iets van je wilden. Ze zouden ons nooit verraden.'

Lynda ontmoette haar man, Charles 'Chuck' Robb, toen hij als militair sociaal assistent werkte in het Witte Huis. Het was zijn taak om ervoor te zorgen dat gasten van de president zich op hun gemak voelden tijdens recepties en diners. Hij moest een praatje maken met feestgangers die nerveus waren om de president en de first lady te ontmoeten en ze naar hun stoel begeleiden. Niemand, behalve het personeel, wist dat Lynda en Robb een stel waren. Na het werk haastte Robb zich naar het Solarium om met Lynda te bridgen. De butlers zagen ze natuurlijk, maar bewaakten hun privacy zorgvuldig.

Robb had de Marine Corps Basic School voor officiers gevolgd in Virginia, had in Vietnam een bronzen ster verdiend en zou later gouverneur van Virginia worden en twee termijnen uitdienen in de senaat. Toen Robb werd uitgezonden was Lynda zwanger van hun eerste dochter, Lucinda. Als zij 's nachts wakker lag, ziek van de zorgen om haar man, hoorde ze buiten de demonstranten tegen de Vietnamoorlog schreeuwen.

Lynda had de kamer die vroeger van Caroline Kennedy was geweest, aan Pennsylvania Avenue; je kon je nergens verstoppen. Haar jongere zus Luci had de oude slaapkamer van John-John. Tussen hen was het kleine kamertje dat van Maud Shaw was geweest en nu dienstdeed als inloopkast voor hun garderobe.

De kamer van president Johnson en Mrs. Johnson keek uit op het South Lawn, waardoor ze het geschreeuw minder duidelijk hoorden, maar Lynda en haar zus huiverden als de woedende protesten opklonken. 'Het was beangstigend voor Luci en mij als je de mensen de hele dag en de hele nacht aan de overkant van de straat hoorde schreeuwen over de oorlog, zeker omdat onze mannen allebei in Vietnam zaten. Zij offerden zich op en ik was zwanger en die mensen riepen dingen die kwetsend waren voor mijn vader. Ik wist hoe graag hij een eind wilde maken aan die oorlog.'

Curator Betty Monkman herinnert zich dat ze bijeenkwamen in de portiersloge en naar buiten keken naar de demonstraties. Ze wendde zich tot haar oudere collega's en zei: 'Dat zouden jullie kinderen kunnen zijn daar in het park.'

'Je kunt daar je ogen niet sluiten voor wat er om je heen gebeurt,' zei ze. 'Het voelt alsof je in een coconnetje zit, maar je bent je heel erg bewust van wat er aan de hand is in de wereld.' Op een bitterkoude dag vroeg president Johnson – in een wanhopige poging om de woede van de demonstranten te temperen – zelf aan de butlers of ze hun hete koffie wilden brengen.

'Ik was toen nog jong, in de twintig,' herinnert Monkman zich, 'en als ik naar een feest ging, vertelde ik niemand waar ik werkte, omdat de reactie erg negatief zou zijn. Ik zei dan maar zoiets als "Ik werk bij de Park Service", omdat ze anders van alles zouden gaan roepen over politiek. Misschien was ik het wel met ze eens, maar ik wilde het niet horen!'

Van dinsdag tot en met zaterdag stonden delen van de begane grond en de State Floor van het Witte Huis open voor het publiek en in die jaren, waarin voortdurend werd geprotesteerd, werd het gebrek aan privacy ondraaglijk voor Lynda. 'Zelfs na de moord [op Kennedy] kregen we niet het soort beveiliging dat we zouden moeten hebben, en de toeristen stonden dus al heel vroeg onder ons raam,' zei ze. 'Ze stonden recht onder mijn raam en zeiden dingen als "Kom eens hier staan, Myrtle", terwijl ik probeerde te slapen!'

Nellie Connally, de vrouw van de gouverneur van Texas, zei een keer tegen Lynda dat ze vaak had overwogen om een waterballon op de toeristen te gooien vanuit het raam van de gouverneurswoning.

'Ik antwoordde lachend dat ik dat ook wel wilde,' zegt Lynda. 'Ik heb het nooit gedaan.'

De echte toeristen waren natuurlijk niet het probleem; het waren de demonstranten die woedend waren over de voortzetting van de oorlog die het leven op het Witte Huis zo moeilijk maakten. Portier Nelson Pierce herinnert zich een incident waarbij 'kinderen' tijdens een rondleiding buisjes met hun eigen bloed in de State Dining Room leeggoten. 'We moesten de gordijnen laten stomen.' Soms lieten bezoekers zelfs kakkerlakken los in het Witte Huis. 'Het huishoudelijk personeel moest worden getraind in hoe te handelen als zich dergelijke situaties voordeden,' zei Monkman.

Het was een bepalend moment voor LBJ toen Lynda midden in de nacht in tranen naar hem toe ging, nadat haar man weer naar Vietnam was vertrokken, en hem vroeg waarom Robb weer naar die oorlog moest. De president brak en besefte dat hij het antwoord niet wist. Niet lang daarna maakte Johnson bekend dat hij zich niet meer herkiesbaar stelde.

Steve Ford zou in augustus 1974 bijna aan zijn studie aan Duke University beginnen, toen zijn vader plotseling tot het presidentschap werd verheven.

'Van het ene op het andere moment hadden we allemaal tien beveiligingsagenten om ons heen en veranderde ons leven compleet. Geloof me, als je achttien bent, is dat niet het soort mensen met wie je gezien wilt worden.'

Ford besloot om de universiteit over te slaan en vertrok naar Montana, waar hij op een ranch ging werken en zo de schijnwerpers ontliep. Toch woonde hij nog twee maanden bij zijn ouders in een kamer op de derde verdieping, waar zijn broers en zus ook een kamer hadden.

'Het Witte Huis behoorde eigenlijk toe aan het personeel, omdat zij degenen waren die er gedurende vier, vijf of zelfs zes achtereenvolgende ambtstermijnen zaten,' zei hij. 'Het gebruik van het huis was maar tijdelijk. Voor sommigen korter dan voor anderen!' (Fords vader bracht minder dan drie jaar door in het Witte Huis; hij vertrok in 1977.) Maar Ford herinnert zich die jaren scherp. 'Het was echt alsof je in een museum woonde,' zegt hij. 'Alles daar gaat terug tot Lincoln of Jefferson. Ik weet nog dat ik daar ging wonen – thuis legde ik altijd mijn voeten op tafel, maar mam zei: "Niet met je voeten op tafel! Die tafel was nog van Jefferson."'

Voor de familie Ford was de verhuizing naar het Witte Huis een enorme overgang. Bijna twintig jaar lang, terwijl Gerald Ford Congreslid was en zelfs nog tijdens zijn vicepresidentschap, hadden ze in een bakstenen koloniaal huis met vier slaapkamers en twee badkamers gewoond, op een klein stukje grond aan de Crown View Drive in Alexandria, Virginia, aan de overkant van de rivier de Potomac.

Toen Ford in december 1973 vicepresident werd, nadat Spiro Agnew afstand van dat ambt had gedaan, werd hun kleine garage ingericht voor de Geheime Dienst, en werd de ouderlijke slaapkamer voorzien van kogelvrij glas. (Het United States Naval Observatory zou pas in 1977 worden ingericht als ambtswoning van de vicepresident.)

Hoofdportier Gary Walters herinnerde zich later hoe gewoon de familie Ford was. Op een dag werd hij gebeld door president Ford, die hem vroeg of hij iemand wilde sturen om naar de douche in zijn badkamer in het Witte Huis te kijken, omdat er geen heet water was. Dat was al een paar dagen zo en hij had de douche in de badkamer van zijn vrouw gebruikt. Geen haast, had Ford erbij gezegd.

De Fords moesten zeven dagen wachten met hun verhuizing naar het Witte Huis nadat hun vader president was geworden, omdat de Nixons tijd nodig hadden om hun spullen te verhuizen. Toen ze het huis eindelijk betrokken, namen de president en de first lady hun lievelingsstoel mee van thuis – die van hem was een comfortabele leren fauteuil – voor in hun privéwoonkamer, naast hun slaapkamer.

Susan Ford, de jongste van de vier kinderen van president Ford, herinnert zich dat ze haar ouders smeekte of ze haar kamer mocht herinrichten en of het blauwe pluizige tapijt eruit mocht. Het mocht niet, omdat ze de kosten uit eigen zak moesten betalen. 'Mijn vader geloofde niet in hypotheken. Hij was een echt kind van de crisis,' zei ze tegen mij.

Net als alle normale kinderen konden de vier kinderen Ford, tieners en twintigers, niet wachten om de boel op stelten te zetten. Op de dag dat ze naar het Witte Huis verhuisden belde Steve Ford zijn beste vriend Kevin Kennedy, die in Alexandria om de hoek woonde. 'Kevin, we zijn eindelijk verhuisd. Je moet langskomen – je moet het zien.'

Hij zorgde ervoor dat zijn vriend door de beveiliging kwam en gaf hem een rondleiding. Hij toonde hem zijn kamer op de derde verdieping en het Solarium, vanwaar je het dak op kon. Ze namen een stereo-installatie mee en lieten Led Zeppelins 'Stairway to heaven' van het dak van het Witte Huis schallen. 'Dat was mijn eerste avond in het Witte Huis,' zei Ford. 'Eugene, de butler, wist wat we aan het doen waren, en ik was zo dankbaar dat hij mij niet verraadde bij mijn ouders. Het personeel weet alles wat je uitvreet.'

Maar ze proberen niet te oordelen, zei Ford. Voor een deel omdat ze meevoelen met alle kinderen die een deel van hun jeugd in het Witte Huis doorbrengen. 'Ze waren geen moraalridders.'

Voor generaties presidentiële kinderen was het leven in het Witte Huis zowel een zegen als een vloek. Margaret Truman noemde de residentie de 'grote witte gevangenis' en sommige kinderen deden zelfs pogingen om te ontsnappen.

Susan Ford herinnert zich dat ze naar buiten glipte en haar zachtaardige vader woedend maakte. Tijdens een uit de hand gelopen practical joke slaagde ze er niettemin in haar auto te bereiken, die op het South Lawn stond geparkeerd ('Je liet de sleutels er altijd in, voor het geval hij verplaatst moest worden,' zei ze) en reed rechtstreeks het hek uit. Het lukte de beveiligingsagenten die haar in de gaten moesten houden niet om het hek te sluiten of achter haar aan te gaan, omdat haar moeder op hetzelfde moment het hek binnenreed.

Susan haalde een vriendin op en reed naar een Safeway-parkeerplaats, waar ze een six-pack bier deelden. Uiteindelijk ging ze naar een telefooncel en vertelde de beveiligers dat ze om zeven uur terug zou zijn in het Witte Huis. (Ze moest naar huis omdat ze kaartjes voor een concert van Hall & Oates moest ophalen.) Zodra ze thuiskwam, riep haar vader haar bij zich.

Nu kan ik het schudden, dacht ze. Nu begint het echte leven weer.

De president zei dat hij in haar was teleurgesteld. Hij moet woedend zijn geweest, want hij wist dat het radicale Symbionese Liberation Army (de groep die Patty Hearst had gekidnapt) had gedreigd om haar te gijzelen. Susan was het enige kind van de Fords dat al door de Geheime Dienst werd beveiligd voor haar vader president werd. Wat als een onbezonnen avontuur begon, had gemakkelijk in een nationale crisis kunnen omslaan als ze was gekidnapt. (Susan had kennelijk niet zoveel last van haar beveiligers. Later zou ze met een voormalige beveiliger van haar vader trouwen.)

Net als zijn zus probeerde ook Steve Ford een normaal leven te leiden. Het lukte niet altijd. 'Toen we er kwamen wonen, had ik een gele jeep waar ik in rondreed,' zegt hij, glimlachend over zijn eigen naïveteit. 'Ik kwam thuis en parkeerde hem voor de diplomatieke ingang. Ik ging naar boven en keek uit het raam en mijn jeep was weg.' Het personeel vond een jeep niet het soort auto dat je voor het Witte Huis parkeert. 'Elke keer als ik thuiskwam, reden ze hem naar achteren om hem min of meer te verstoppen. Ik raakte gefrustreerd en ging weer naar beneden en zette hem weer voor het huis. En dan zetten zij hem weer weg.'

Amy Carter, die negen jaar oud was toen ze er kwam wonen, drukte haar stempel op het Witte Huis – letterlijk. Haar naam staat met een Magic Marker geschreven op de muur tussen de liftschacht en de dienstlift van de tweede verdieping. 'Amy opende de deur, stak haar hand tussen de liftschacht en schreef haar naam,' zei hoofd Operationele dienst Tony Savoy.

Amy wilde niet boven blijven in de residentie, herinnert Savoy zich. Ze wilde op ontdekkingstocht. 'Ze was nieuwsgierig. Je hebt dat grote huis, met al die deuren. Laten we daar eens achter kijken.'

De Carters stonden erom bekend dat ze hun dochter naar een overheidsschool stuurden in Washington D.C. Het was moeilijk voor een meisje met bewakingsagenten om zich heen om daarin te passen, vooral niet omdat haar onderwijzeres haar in de pauzes binnenhield in een mislukte poging haar te beschermen. Tegen de tijd dat ze naar het Witte Huis verhuisden, was Amy – het vierde kind en de enige dochter van de Carters – er volgens haar moeder Rosalynn aan gewend geraakt dat ze een buitenbeentje was. 'Ze wist niet beter, want ze was drie toen we in het gouverneurshuis gingen wonen. Het was niets nieuws voor haar. Mary kwam bij ons wonen. Het was gewoon haar leven.'

Oppas Mary Prince hielp Amy zich meer op haar gemak te voelen, zei Rosalynn, maar het sproetige meisje wist dat haar leven anders was. In het gouverneurshuis in Georgia had ze zelfs nog minder privacy: daar moest je als je gewoon naar de keuken liep al een horde toeristen trotseren. Maar Amy stond stevig in haar schoenen en leek de buitenstaanders soms niet eens op te merken. 'Toen ze drie was,' zegt haar moeder, 'vond iedereen haar schattig en riep oh en ah, maar zij liep gewoon door en keek niet op of om. Ik weet nog dat toen ze in Washington weer naar school ging, iedereen bezorgd was omdat ze zo eenzaam leek. Dat was haar gewone leven.'

Toen ze naar het Witte Huis verhuisden, zegt Rosalynn, ging Amy soms tijdens een rondleiding naar beneden, naar de State Floor, maar de mensen besteedden zoveel aandacht aan haar dat ze ermee ophield. Zodra de rondleidingen voorbij waren, ging ze weer naar beneden en rolschaatste dan door de East Room.

De personeelsleden van de residentie waren dol op het levendige kleine meisje. Mary Prince belde regelmatig naar het kantoor van Nelson Pierce om te vragen wanneer hij kon komen om Amy's viool te stemmen ('Muziek en baseball, daar leefde ik voor,' zei Pierce). Butler James Jeffries zei dat Amy hem soms vroeg om haar te helpen met haar huiswerk, als hij boven aan het werk was in de keuken. Het leven in overheidsgebouwen – al waren het dan ook mooie overheidsgebouwen – was alles wat Amy kende en het personeel was als familie voor haar. Op een dag ging ze naar alle verschillende werkplaatsen in de residentie, samen met haar beveiliger, om het personeel te vragen haar te sponsoren bij een sponsorloop, vertelde curator Betty Monkman. 'Wij waren haar buurt. Ze kwam om geld vragen. Wij zegden een bepaald bedrag toe en dan kwam ze terug om het op te halen!' zei Monkman. 'Daar kon ze niet de straat voor op.'

De Carters probeerden Amy toch een gevoel van stabiliteit en normaliteit te geven. Monkman herinnert zich dat ze op een dag langs de China Room, bij het kantoor van de curator, liep, waar Amy en haar vriendinnen pompoenen aan het uitsnijden waren. 'En daar was president Carter, op de grond bij hen.'

Mary Prince is ervan overtuigd dat Amy niet getekend was door haar bekendheid – in tegenstelling tot anderen die zeiden dat ze buitenlandse gasten had beledigd door tijdens een staatsbanket een boek te lezen. 'Ze was geen verwend nest. Ze probeerde echt nooit haar zin te krijgen. Ze was gewoon een kind dat plezier had.'

Chef-patissier Mesnier beschrijft Amy als een wispelturig meisje dat niet onder de indruk was van de grootsheid van het Witte Huis. Na school rende ze soms naar de keuken en vroeg hem om de ingrediënten voor haar favoriete suikerkoekjes naar boven te laten brengen, die ze dan zelf maakte in de kleine keuken op de tweede verdieping en de volgende dag mee naar school nam. Vaak ging ze echter rolschaatsen of in haar boomhut spelen als ze ze in de oven had gezet en dan vergat ze ze compleet. Als dan de stank van verbrande koekjes door de gang trok, rende eerst een rij beveiligingsagenten naar de Patisserie, in de veronderstelling dat het probleem daar lag. Mesnier keek dan alleen maar naar de bezorgde agenten en wees naar boven. Ze haastten zich dan naar de tweede verdieping om het raam open te zetten en de mislukte koekjes te redden. De volgende ochtend kwam Amy dan naar de keuken en zei tegen de kok dat ze koekjes moest meenemen naar school en niet wist wat ze moest doen. Als Mesnier vroeg wat er met de ingrediënten was gebeurd die hij naar boven had laten brengen, antwoordde ze blozend: 'Er is een ongelukje gebeurd.' (Mesnier was er zo aan gewend geraakt dat het zo ging, dat hij meestal wel een voorraadje koekjes klaar had staan die Amy kon meenemen.)

De kinderen van de Carters leefden al een bevoorrecht leven voor ze het Witte Huis betrokken. Hun vader was een succesvolle boer, die twee termijnen als senator in Georgia had vervuld en een als gouverneur. Soms leken ze geen enkele voeling te hebben met de echte wereld, en al helemaal niet met de mensen die dagelijks voor ze werkten.

Een butler herinnert zich dat hij met een van de zoons van de Carters stond te praten, die destijds in de twintig was. Hij zat in de familiekeuken een artikel in de krant te lezen over de stijgende huurprijzen in Washington. Hij keek op naar de butler en zei: 'Ik ben blij dat ik hier in het Witte Huis mag wonen.'

De butler draaide zich naar hem om en zei: 'Ja. Dat is een van de redenen waarom ik hier werk en twee banen heb, omdat de huur zo hoog is. Ik kan het maar net bolwerken.' Carters zoon was geschokt. Hij kon niet geloven dat deze eerbiedwaardige man twee banen had, alleen om de huur te kunnen betalen.

'Kom maar bij mij wonen, dan zie je het,' zei de butler tegen hem.

De Clintons bewaakten de privacy van hun dochter Chelsea hartstochtelijk en vroegen de media om alleen over haar te berichten als ze aanwezig was bij een openbaar evenement. De meeste journalisten schikten zich daarin. Maar de media kenden andere manieren om haar naam te grabbel te gooien. In een *Wayne's World*-sketch in *Saturday night live*, in 1992, grapte Mike Myers in de rol van Wayne dat de puberteit tot dusver niet vriendelijk was geweest voor Chelsea en hij voegde eraan toe: 'Chelsea Clinton – geen stuk.' De Clintons waren woedend en de opmerkingen werden uit de herhalingen geknipt. Myers bood in een brief zelfs zijn verontschuldigingen aan aan de Clintons.

Net als de Obama's en de Kennedy's vonden de Clintons het belangrijk dat hun kind niet zou worden verwend in het Witte Huis. Chelsea zei vaak tegen de kok dat hij niet voor haar hoefde te koken. Ze maakte zelf wel wat klaar: ze warmde kant-en-klare macaroni met kaas op.

Over het algemeen was het personeel van de residentie dol op Chelsea. Alsof het hun eigen kind was, zei dienstmeisje Betty Finney – iedereen wilde haar beschermen. 'Tieners, dan denk je aan brutaliteit. Maar zo was Chelsea nooit. Ik heb haar nog nooit onbeleefd gezien in de hele periode dat ik daar werkte,' zei Finney. 'Ze schreef me een briefje om me voor mijn diensten te bedanken. Zo was ze gewoon.'

Toch was Chelsea ook een 'normale' tiener. Om te beginnen maakte ze haast nooit haar bed op. En ze hield ervan om met haar vriendinnen te kletsen.

Lang voordat je in *Downton Abbey* kon zien hoe lady Sybil kookles kreeg van kokkin Mrs. Patmore, liepen Chelsea Clinton en haar kakkineuze vriendinnen van haar particuliere school, Sidwell Friends, een soort informele stage bij het personeel van de residentie. (Jaren daarvoor had Jackie Kennedy de vijfjarige Caroline meegenomen naar de keuken van het Witte Huis om kleine roze cupcakes te bakken met speelgoedbakgerei dat Caroline voor haar verjaardag had gekregen.) Chelsea en haar vriendinnen brachten elke dag tijd door op een van de afdelingen, waar ze leerden koken, schoonmaken en bloemschikken. Ze toonde haar bloemstuk – dat in de Red Room werd uitgestald – trots aan haar ouders en liet ze enkele van de maaltijden proeven die ze had leren bereiden.

'Mrs. Clinton had besloten dat ze Chelsea zelfstandiger wilde laten worden. Ze wilde niet dat ze elke avond naar de eetzaal of een restaurant ging om te eten,' herinnert kok Walter Scheib zich. 'En zo kreeg ik een telefoontje van Mrs. Clinton en vroeg ze mij of ik Chelsea wilde leren koken.' Er speelde nog iets mee: Chelsea was vegetarisch en haar moeder wilde er zeker van zijn dat ze in staat was om gezond eten voor zichzelf te maken als ze naar de universiteit ging. De zomer van haar laatste jaar op de middelbare school, voor ze naar de Stanford University vertrok, kwam Chelsea naar beneden waar ze in de keuken werd ingewijd in de eerste en volgende stappen van vegetarisch koken.

'Ze leerde heel snel, en ze is, zoals iedereen inmiddels wel weet, extreem intelligent,' zei Scheib. Zelfs op haar zeventiende was ze zich er scherp van bewust wat het personeel allemaal voor haar deed. 'Ze is een bijzonder intens persoon, die deze kans niet lichthartig opnam. Ze was ons er heel erg dankbaar voor dat we onze tijd aan haar spendeerden.'

Toen de lessen ten einde waren, gaf hij haar een koksjas, waarop stond: CHELSEA CLINTON, FIRST DAUGHTER. De kalligrafen van het Witte Huis maakten zelfs een heus diploma voor haar: 'Walter Scheib's White House Cooking School'. Later stuurde Chelsea Scheib een briefje: 'Dank u wel voor uw tijd. Ik hoop dat het niet te veel moeite was.'

'Ik stel me zo voor hoe ik geweest zou zijn als ik op mijn zeventiende de zoon van de president was,' zegt Scheib nu. 'Ik zou een hufter zijn geweest; zij was zo bescheiden en rustig en zo dankbaar voor alles wat we deden. Ik herinner me dat als Chelsea belde voor een ontbijt, ze erbij zei: "Als het niet te veel moeite is..." en ik zei dan: "Chelsea, het is niet te veel moeite. Het is mijn werk."'

De butlers vertelden Scheib later dat ze Chelsea met haar moeder hadden horen praten over wat ze die dag van hem geleerd had in de keuken. 'Mrs. Clinton en Chelsea waren heel erg close. De first lady verzette afspraken als Chelsea thuis was voor het eten.'

De medewerkers van het Witte Huis zagen regelmatig deze zachte kant van Hillary, zo heel anders dan de keiharde mediapersoon die ze ook was. 'Privé was ze een zorgzame en liefhebbende moeder. Ze vond Chelsea het einde en het begin van alles.'

Voor Scheib waren het dat soort inkijkjes in het leven van de presidentiële families die zijn zware baan de moeite waard maakten. 'Dit is wat het werk in het Witte Huis inhoudt. Sommigen zullen zeggen: "Ik heb die en die taart gemaakt" of "Ik maakte die en die soep" of "Ik heb die bloemen geschikt". Daar gaat het niet om. Het gaat erom dat je die relaties meemaakt. Het ging nooit over ons. Het ging niet om de patissier, niet om de kok, niet om de bloemstylist, niet om de huishoudster. Het ging om de families.'

Hoe vriendschappelijk het personeel ook met de kinderen op de residentie omging, de grens tussen hen en de familie werd altijd gerespecteerd. 'Ze geven ons mooie titels, maar we blijven personeel, we moeten onze plaats kennen,' zei Scheib. Tijdens de ambtsperiode van Bush, zei hij, was het hun enige taak ervoor te zorgen dat Jenna en Barbara precies dat voor de lunch kregen wat ze wilden of dat de maaltijd voor de president als hij terugkwam uit de kerk helemaal was zoals hij hem had besteld.

Ze wilden altijd indruk maken op de presidentiële familie. Voor de vijftigste verjaardag van Hillary Clinton maakte Mesnier een extravagante taart van opgeblazen suikerballonnen – met een met de hand geschilderde reproductie van haar bestseller *It Takes a Village* erop.

Voor Chelseas zestiende verjaardag lukte het hem maar niet iets te bedenken waar zij en haar ouders van achterover zouden vallen. Hij wist niet wat hij voor haar moest maken en weigerde, in zijn dikke Franse accent, 'om voor een zestienjarige een taart te maken met bloemen erop. Ik wil iets met betekenis!'

Twee dagen voor haar verjaardag had Mesnier nog altijd geen besluit genomen. En toen, onderweg naar zijn werk, hoorde hij op de radio dat Chelsea een auto en een rijbewijs voor haar verjaardag wilde. Dat was het. Hij maakte een rijbewijs van Washington D.C., en een auto van suikerwerk. Maar de Clintons vierden haar verjaardag op Camp David in het Catoctin Mountain Park in Maryland, zo'n honderd kilometer ten noorden van het Witte Huis, en de taart moest daarheen worden vervoerd. Mesnier maakte zich zoveel zorgen over de reis dat hij de taart zelf in het busje zette en de chauffeur instructies gaf hoe hij ermee moest omgaan. 'Als je niet luistert,' zei hij, 'dan heb je een probleem.' De chauffeur moest beloven dat hij een foto van de taart zou nemen als hij was aangekomen.

Sommige kinderen van presidenten vonden het misschien moeilijk om zich aan te passen aan het leven in het Witte Huis, maar het personeel van de residentie is altijd blij ze te verwelkomen.

Ze brengen een lichtheid en vrolijkheid met zich mee die anders ontbreken in de statige, elegante kamers. De tweede en derde verdieping zijn vrolijker als er kinderen door de gangen rennen. 'Iedereen was oud toen ik er begon,' zegt Bill Hamilton, die tijdens het presidentschap van Eisenhower aantrad. Toen de familie Kennedy kwam, was dat een verschil van dag en nacht. Hij herinnert zich dat hij Caroline en John-John zag spelen met hun dieren, waaronder een pony die Macaroni heette en die Caroline op het South Lawn reed. 'Het was zo leuk om te zien. Je zou niet denken dat dat ooit zou gebeuren in het Witte Huis.'

HOOFDSTUK X

*

Verdriet en hoop

Ik kan er nog steeds niet over praten.

WENDY ELSASSER, BLOEMSTYLISTE, 1985-2007, OVER HET WERKEN OP HET WITTE HUIS OP 11 SEPTEMBER 2001

'Pierce, schiet op en ga naar je kantoor. De baas is neergeschoten,' blafte een paniekerige beveiligingsagent tegen Nelson Pierce toen hij het hek van het Witte Huis binnenliep om aan zijn dienst te beginnen in de middag van 22 november 1963.

Meer dan vijftig jaar later herinnert Pierce zich nog elke minuut van die dag in 1963. Toen hij eenmaal het hek door was, rende hij naar de residentie en naar de portiersloge, waar een groep ontzette personeelsleden zich rond de tv had geschaard.

Anders dan de rest van het land had Pierce geen tijd om te rouwen. Hij moest aan het werk. Net als de meeste personeelsleden van de residentie toonde hij die dag weinig emotie. Iedereen in het huis ging over op de automatische piloot, zei curator Jim Ketchum. 'Ik denk dat de meesten van ons vooral wilden doorgaan.'

Als dienstdoende portier op die verschrikkelijke dag, was het Pierce die het officiële bericht ontving van een agent van de Geheime Dienst die vanuit het Parkland Hospital in Dallas belde om de dood van president Kennedy te bevestigen.

Pierce stond aan het roer van het schip in een woelige zee. Er was in de moderne tijd nog geen president vermoord, en nooit eerder waren er filmbeelden van de gebeurtenis, die steeds maar weer werden herhaald.

Het was het begin van een lange en emotioneel slopende week. Pierce liep op vrijdag het hek van het Witte Huis binnen en ging pas de woensdagavond daarop naar huis. Er moest zoveel werk worden verzet. Het eerste wat hij deed, nog in shocktoestand, was opdracht geven de vlag op het dak van het Witte Huis halfstok te hangen. Hij stond zichzelf slechts eenmaal toe zijn emoties de vrije loop te laten – toen hij zag dat die vlag omlaagging. Nadat hij zich had hersteld, belde hij het General Services Administration Control Center om opdracht te geven dat alle Amerikaanse ambassades en schepen op zee eveneens hun vlag moesten strijken.

Binnen tien minuten nadat ze uit Dallas waren vertrokken belde de persoonlijke secretaresse van Mrs. Kennedy, Mary Gallagher, Pierce vanuit Air Force One en vertelde hem dat Jackie wilde dat de begrafenis van haar man zo veel mogelijk zou lijken op die van president Lincoln. Pierce wist niet zeker wat dat allemaal inhield, maar hij ging direct aan het werk. 'We hadden geen training voor iets dergelijks. Het was gewoon iets wat je deed – we deden wat de first lady wilde,' zei hij. Hij nam snel contact op met het kantoor van de curator en ze werkten samen met de Library of Congress om erachter te komen hoe ze het best het opgebaard liggen en de begrafenis van Lincoln konden nabootsen.

Curator Jim Ketchum vond een oude gravure van de East Room die met zwarte draperieën was behangen voor Lincolns begrafenis. Om dit effect opnieuw te bereiken belde West Lawrence Arata, de stoffeerder van het Witte Huis, die voorstelde om zwarte batist te gebruiken, een dunne zwarte stof die over de onderkant van de stoelen kon worden gespannen om de veren te verhullen. Toevallig had Arata net een paar dagen eerder een nieuwe baal besteld.

Arata en zijn vrouw gingen snel aan het werk en drapeerden de stof precies zoals het door de zwager van de president, Sargent Shriver, die op verzoek van Robert Kennedy de voorbereidingen van de begrafenis leidde, werd voorgeschreven. De Arata's hingen de zwarte stof over de kroonluchters, voor de ramen en de deuropeningen. Ze werden geholpen door hun rouwende collega's en werkten van laat in de avond tot het lichaam van de president vroeg in de ochtend terugkeerde.

'Veel mensen dachten dat het zijde was, maar het was gewoon zwarte batist. Mrs. Kennedy wilde het heel eenvoudig, hetzelfde als bij Lincolns begrafenis. Niets chics,' zei Arata. 'Ik speldde de stof op de gordijnen en probeerde hem zo te draperen dat het er goed uitzag.'

Een verslagen Preston Bruce gaf vrienden en familieleden die naar het huis kwamen in een gemeenschappelijk gevoel van ongeloof aanwijzingen over de voorbereidingen van de begrafenis. Hij hielp de zwarte stof draperen op de eerste verdieping van het Witte Huis, zoals de first lady had gevraagd. In de East Room zetten Bruce en maître d' Charles Ficklin hoge kaarsen neer naast het platform waarop de kist van de president zou komen te staan. Van het moment waarop Bruce in het Witte Huis was aangekomen – om acht voor halfdrie op 22 november tot het ogenblik waarop de lijkwagen onder de North Portico stilhield, de volgende ochtend na vieren – had hij maar één ding voor ogen: 'Ik zou op Mrs. Kennedy wachten. Ik wilde er zijn als ze terugkeerde naar het Witte Huis.'

Hoofdportier J.B. West was thuis toen hij het nieuws op de radio hoorde en hij haastte zich naar zijn werk. Hij beschrijft in zijn memoires de uren die volgden: hij gaf de butlers opdracht om koffie te zetten en de dienstmeisjes om alle gastenkamers in orde te maken – 'Kleine, betekenisloze gebaren, maar een teken dat ons werk moet doorgaan.'

'Ons was in eerste instantie verteld dat het lichaam van de president om ongeveer tien uur 's avonds bij het Witte Huis zou aankomen. Rond die tijd kregen we een telefoontje dat ze niet wisten hoe laat het zou worden, en uiteindelijk werd het vijf voor halfvijf 's ochtends toen het lichaam van de president bij het Witte Huis arriveerde,' zei Pierce met een door verdriet getekend gezicht. 'We bleven allemaal de hele nacht op en de volgende dag ook.'

Pierce hielp de butlers de familieleden van de Kennedy's hun kamer te wijzen in de residentie. In de vier nachten die volgden sliepen hij en de andere portiers op vouwbedden in de kelder. Ze hadden daar een ruimte die ze gebruikten om zich te verkleden voor een staatsbanket en ze hadden daar in ieder geval een douche en een toilet die ze konden gebruiken.

Toen Pierce Jackie voor het eerst zag, in de vroege ochtend van 23 november, verstijfde hij. 'Toen Mrs. Kennedy en Ted en Robert de hoek omkwamen van de gang naar de lift, wist ik niet wat ik tegen haar moest zeggen. We keken elkaar aan toen ze de hoek omkwam en we hadden direct een contact dat ik nog nooit met iemand had gehad – ik hoefde helemaal niets te zeggen,' herinnerde hij zich met tranen in de ogen bij de gedachte aan haar mantelpakje met de bloedvlekken van haar man. De getraumatiseerde first lady was nog maar vierendertig jaar oud. 'We hadden een vriend verloren, een heel goede vriend,' zei Pierce over de stemming onder het personeel op de residentie op die noodlottige dag. Social secretary Letitia Baldrige herinnert zich dat Robert Kennedy haar vroeg een kist uit te zoeken; zij koos een kist uit de middenklasse, want hij zou toch voor eeuwig onder de Amerikaanse vlag verborgen zijn.

'Honderden mensen liepen zwijgend, murw geslagen door die gangen,' vertelde zij. 'Het waren altijd van die vrolijke, bedrijvige, lawaaierige gangen. Nu liepen de mensen langzaam, gebogen, en als ze met elkaar praatten, dan fluisterden ze, alsof ze bang waren hun emoties niet de baas te kunnen.'

Binnen vijftien uur, tegen de tijd dat het lichaam van de president terug was in het Witte Huis, had het personeel ervoor kunnen zorgen dat de kist rustte op dezelfde katafalk als die bijna honderd jaar eerder voor Lincolns begrafenis was gebruikt. Het lichaam van president Kennedy werd teruggebracht na uren in het Bethesda Naval Hospital te hebben gelegen waar er autopsie op was verricht terwijl Jackie door de gangen ijsbeerde en de ene sigaret na de andere opstak. Vertegenwoordigers van elk legeronderdeel droegen de kist de trappen van de North Portico op. Monseigneur John Kuhn van de St. Matthew's Cathedral las een kort gebed. Pas toen de met de vlag beklede kist in de East Room stond, week de first lady van de zijde van haar man. Ze legde een brief die ze aan hem geschreven had in de kist, met een paar gouden manchetknopen die ze hem gegeven had, met het presidentiele zegel gesneden op een walvistand, en een briefje van Caroline en John-John aan hun vermoorde vader.

Voor Jackie Kennedy was het verlies van de president nog verscherpt door de intimiteit die het echtpaar had hervonden na de dood van hun baby, Patrick Bouvier Kennedy, op 9 augustus 1963, nog geen vier maanden voor de moord. Ongeveer tien dagen voor de te vroege geboorte van Patrick had Jackie hoofd Huishouding Anne Lincoln gevraagd om wat babyhangertjes te kopen. Anne Lincoln had die boodschap nog even uitgesteld, omdat de baby pas over enkele weken verwacht werd.

De jongen stierf slechts twee dagen nadat hij vijfenhalve week te vroeg was geboren. 'De hele kamer was al in orde gemaakt en ik weet nog dat we op het moment dat Patrick overleed er zo snel mogelijk heen gingen en alles opruimden,' herinnerde Anne zich. Ze wilden niet dat de president en de first lady zouden worden herinnerd aan hun verdrietige verlies als ze terugkwamen. J.B. West belde zodra hij van Patricks dood hoorde direct de timmermanswerkplaats en gaf opdracht om het kleed, de wieg en de gordijnen uit de blauw-witte babykamer te verwijderen. En nu moest Jackie opnieuw een ingrijpend verlies verwerken.

Bill Cliber was dat jaar nog maar net als elektricien op het Witte Huis begonnen. Hij hielp mee de zwarte stof over de kroonluchters te draperen, en toen Jackie Kennedy binnenkwam om het lichaam van haar man te zien, liep hij snel naar de andere kant van de kamer om haar privacy te gunnen.

'We wisten hoe we ons onzichtbaar moesten maken,' zei hij. En dit was een moment waarop het personeel van de residentie zich er extra scherp van bewust was dat de first lady privacy nodig had.

Vierentwintig uur lang namen familie en vrienden van de president afscheid in de East Room. Na een kleine plechtigheid die zaterdag liep Jackie naar hoofdportier J.B. West en sloeg haar armen om hem heen. 'Arme Mr. West,' fluisterde ze.

'Ik was sprakeloos. Ik kon daar alleen maar staan,' zei West. 'Ik hield haar alleen even vast.'

In de wetenschap dat zij en haar kinderen het Witte Huis snel zouden moeten verlaten, vroeg Jackie hem om haar een laatste keer mee te nemen naar het Oval Office. Tot haar schrik werd dat al ontmanteld. Scheepsmodellen, boeken en de schommelstoel van de president werden weggereden door het personeel. 'Volgens mij staan we in de weg,' zei ze zacht terwijl ze probeerde elk laatste detail van de ruimte in zich op te nemen.

Ze liep naar de Cabinet Room en ging aan de indrukwekkende mahoniehouten tafel zitten. 'Mijn kinderen, dat zijn toch goede kinderen, Mr. West?' vroeg ze de hoofdportier, die een vriend was geworden.

'Dat zijn ze zeker.'

'Ze zijn toch niet verwend?'

'Nee, dat zijn ze niet.'

'Mr. West, wilt u mijn vriend voor het leven zijn?' vroeg de first lady.

Hij was te ontroerd om te antwoorden. Hij kon alleen maar knikken. De zondag na de moord werd de met de vlag bedekte kist op een door paarden getrokken munitiewagen, dezelfde die de lichamen van Lincoln, Roosevelt en de Onbekende Soldaat had vervoerd, naar de koepel van het Capitool gereden, waar het eenentwintig uur lag opgebaard. De lijkstoet leek zo op die van Lincoln dat er zelfs een ruiterloos zwart paard in meeliep, net als bijna honderd jaar tevoren. Tweehonderdvijftigduizend mensen trokken langs om de president de laatste eer te bewijzen. De staatsbegrafenis werd op maandag 25 november 1963 gehouden.

'We stonden buiten op de North Portico en het was een rustige dag en we hoorden alleen de paarden – klik, klak,' herinnert Wilson Jerman, die lang in de residentie heeft gewerkt, zich nog goed. 'Het was een erg verdrietige dag.'

Kort voor de begrafenis riep portier Rex Scouten Preston Bruce bij zich in zijn kantoor, waar Robert Kennedy op hem stond te wachten. Kennedy vertelde Bruce dat Jackie wilde dat hij meeliep in de begrafenisstoet naar St. Matthew's Cathedral. Hij zou met een auto naar de begraafplaats worden gereden voor de teraardebestelling.

De uitvaartdienst ging voorbij als in een droom, herinnerde Bruce zich. Hij wist nog dat hij John-John zag salueren naar de kist van zijn vader en dat Jackie die avond taart, ijs en kaarsjes had geregeld voor bij het avondeten van de kleine jongen, om zijn derde verjaardag te vieren.

Als achterkleinzoon van slaven had Bruce nooit gestudeerd en hij vond het een verbijsterende ervaring om zo dicht bij generaal Charles de Gaulle en de Ethiopische keizer Haile Selassie te staan, allebei in vol ornaat, tijdens de begrafenis van de president op Arlington National Cemetery. Zij waren slechts enkelen van de hoogwaardigheidsbekleders uit meer dan honderd landen die naar Washington waren gekomen om te delen in de rouw waarin het land zich zag gedompeld. Bruce voelde het als een enorme eer die Jackie Kennedy hem had bewezen: hem een plaats te geven naast staatshoofden en hem te rekenen tot de familie en beste vrienden van de president.

Jim Ketchum had het Oval Office net verlaten. Hij was er de hele ochtend aan het werk geweest met een team van het Smithsonian. Het was minder dan een jaar voor de presidentsverkiezingen van 1964 en Kennedy maakte al plannen voor zijn bibliotheek, voor het geval hij werd verslagen. De president wilde per se een gedetailleerde kopie hebben van het *Resolute*-bureau dat was gemaakt van het hout van het Engelse noordpoolverkenningsschip de *H.M.S. Resolute*. Kennedy was de eerste president die het in het Oval Office had laten plaatsen en het zou wereldberoemd worden door de foto van John-John die eronder zat en zijn hoofd door een ingebouwd paneel stak terwijl zijn vader zat te werken. Die ochtend hadden Ketchum en het team van het Smithsonian elke vierkante centimeter van het schitterende meubelstuk opgemeten.

Net toen hij in zijn kantoor achteroverleunde, hoorde hij een politieagent op de gang zeggen: 'We hoorden net uit Dallas dat de presidentiële colonne is beschoten en we denken dat de president is geraakt.'

Ketchum en twee anderen van de curatorenafdeling namen de lift naar de derde verdieping en haastten zich naar een gastenkamer met een tv om het nieuws te zien. Niet lang daarna werd Ketchum gebeld door Jackie Kennedy zelf, aan boord van Air Force One. Ze herhaalde de opdracht die haar secretaresse ook al aan de portiers had gegeven: ze wilde dat hij op zoek ging naar boeken waarin werd beschreven hoe de East Room tijdens Lincolns begrafenis was gedecoreerd.

Toen die avond de schemering inviel, landden er snel achter elkaar verschillende helikopters op het gazon van het Witte Huis. Terugkijkend op die verschrikkelijke dag zei Ketchum dat hij het tafereel alleen maar kon vergelijken met een scène uit de Vietnam-film *Apocalypse Now*, die jaren later zou worden uitgebracht. De heli's kwamen van Andrew Air Force Base en brachten mensen die ook in het vliegtuig terug uit Dallas hadden gezeten en anderen die Johnson had uitgenodigd om de overdracht te bespreken. Ketchum bracht de uren daarop door met het voorbereiden van de East Room. Hij ging pas zondagochtend naar huis, naar zijn flat in Noord-Virginia. Nadat hij thuis een paar uur had geslapen werd hij op maandagochtend, de dag van de staatsbegrafenis van de president, om halfzeven gebeld. Het was Mrs. Kennedy. 'Zij kon duidelijk nauwelijks slapen,' zei hij. Ze belde over een klein detail en toonde haar bijna obsessieve aandacht voor decorum, zelfs in een periode waarin zij zojuist haar man was verloren.

'Ze zou de meeste bezoekende hoogwaardigheidsbekleders ontvangen in de Red Room, maar ze wilde mensen als [de Franse president] De Gaulle en enkele andere zeer belangrijke personen in de Yellow Oval Room, vlak boven de Oval Blue Room laten komen,' zei hij.

Jackie maakte zich zorgen over het feit dat de gasten het schilderij van de Franse postimpressionist Paul Cézanne in de Yellow Oval Room zouden zien hangen. 'Ik zou iets meer Amerikaans met deze mensen willen delen,' zei ze vastbesloten tegen Ketchum. 'Zou je alsjeblieft zo snel mogelijk naar het Witte Huis willen komen en de Cézanne van de muur halen?'

Om kwart over acht die ochtend was de Cézanne vervangen door een nieuw verworven serie grote prenten van Amerikaanse steden. 'Ze waren een perfecte vervanging,' zei Ketchum trots.

Ketchum was verbaasd over het feit dat hoofdportier J.B. West, die zo dicht bij Mrs. Kennedy stond, niet meer emotie toonde na de moord. West legde aan de door verdriet overmande Ketchum uit: 'Ik kwam in 1941 in het Witte Huis en mijn president [Roosevelt] stierf in april 1945. Als de eerste president onder wie je in het Witte Huis gediend hebt overlijdt, is dat een veel moeilijker ervaring dan bij degenen die daarna komen.'

Toen president Kennedy overleed, zegt Ketchum, begreep hij eindelijk wat West bedoelde. Er werd een bepaalde zelfbeheersing verwacht van het personeel. De first lady zelf gaf een stoïcijns voorbeeld en iedereen deed mee. Als de vrouw van de president kalm kon blijven, dan moest de curator van het Witte Huis, die de president nauwelijks persoonlijk kende, hetzelfde doen.

West was verbaasd geweest over het feit dat de campagneschuwe Mrs. Kennedy met haar man mee had willen gaan naar Dallas, maar hij herinnert zich hoe het paar elkaar dichter genaderd was na de dood van hun pasgeboren zoontje Patrick in augustus. Later zou Jackie aan West vertellen dat ze blij was dat ze erbij was geweest in de laatste ogenblikken van haar man. 'Te bedenken dat ik bijna niet was gegaan! O Mr. West, wat als ik hier was geweest – aan het paardrijden in Wexford [hun huis in het paardenland Virginia] of ergens anders... Godzijdank ben ik meegegaan!'

Jackie Kennedy was zo gesteld op West en dankbaar voor zijn vriendschap in die duistere periode dat ze toen hij in 1981 overleed aan Nancy Reagan vroeg of hij op de Arlington National Cemetery kon worden begraven, ook al is die begraafplaats eigenlijk voorbehouden aan militair personeel en hun familie. De Reagans vonden het goed.

Het was oppas Maud Shaw die het nieuws van de dood van de president aan de kinderen vertelde. Caroline zou vijf dagen na de moord op haar vader zes jaar worden en John-John was bijna drie. Terwijl de helikopters landden op het South Lawn, wees Caroline ze een voor een aan en vroeg of dat degene was die haar vader terugbracht van zijn reis. Shaw koos haar woorden zorgvuldig. 'Er is een ongeluk gebeurd en je vader is neergeschoten,' zei Shaw moeizaam, bijna niet in staat om haar eigen verdriet te bedwingen. 'God heeft hem meegenomen naar de hemel, omdat ze hem in het ziekenhuis niet meer beter konden maken.'

Shaw vertelde Caroline dat ze in de hemel met haar vader en haar kleine broertje Patrick zou worden herenigd, maar dat hij tot die tijd over haar en haar moeder en haar broertje zou waken. Caroline was net oud genoeg om te gaan huilen.

John-John was nog zo jong dat Shaw hem naar bed bracht

zonder hem iets te vertellen. Hij leerde algauw zeggen: 'Mijn arme mama huilt. Ze huilt omdat mijn papa is weggegaan.'

Eerst dacht Lady Bird Johnson dat iemand vuurwerk afstak. Dat zou goed passen bij de feestelijke sfeer van die dag. Kinderen zwaaiden met vlaggetjes en mensen gooiden confetti en leunden uit de ramen van hun kantoor om naar het knappe presidentiële echtpaar te zwaaien.

De Johnsons reden op 22 november 1963 twee auto's achter de Kennedy's. Hun leven zou, net als dat van de familie Kennedy, na die dag nooit meer hetzelfde zijn.

Mrs. Johnson kon niet geloven dat de president was neergeschoten tot ze stopten bij het ziekenhuis. Ze wierp een blik op de auto van de Kennedy's en zag een 'hoopje roze, als een bos bloemen, dat op de achterbank lag. Het was Mrs. Kennedy die over het lichaam van de president heen lag'.

Toen ze naar de first lady toe ging, terwijl ze buiten de operatiekamer stond te wachten, was ze verbaasd hoe eenzaam ze eruitzag. 'Je denkt altijd dat iemand als zij geïsoleerd is, beschermd,' schreef ze in haar dagboek. Lady Bird omhelsde Jackie en fluisterde: 'God, help ons.'

Tijdens de vlucht terug naar Washington, met de kist van president Kennedy in het gangpad van het vliegtuig, zocht Lady Bird Jackie weer op. Jackie zei hetzelfde tegen haar als wat ze later tegen West zou zeggen: dat ze blij was dat ze bij haar man was geweest in zijn laatste ogenblikken. 'Wat als ik er niet was geweest?' vroeg ze zich hardop af.

Toen Lady Bird haar vroeg of ze iemand zou halen om haar te helpen haar met bloed bevlekte mantelpakje uit te trekken, weigerde ze met een soort heftigheid – '...voor zover iemand die zo lief en waardig is heftig kan zijn'. De aanblik was heel ontroerend. Het was een schok om die onberispelijke vrouw te zien, met haar elegante kleding, onder het bloed.

'Ik wil dat ze zien wat ze met Jack hebben gedaan,' zei Jackie afwerend. (Het roze mantelpakje was een exacte replica van een Chanel-ontwerp, gemaakt door een klein Amerikaans naaiatelier; de first lady wilde de kritiek dat ze te veel dure buitenlandse designkleding droeg uit de weg gaan.)

Het land werd verteerd door rouw en paniek. Luci Baines Johnson, die toen zestien jaar oud was, voelde een diepe angst dat de nieuwsberichten die ze uit de tweede hand hoorde niet volledig waren en dat haar ouders ook gewond waren. Ze had Spaanse les op de National Cathedral School in Washington toen haar leraar het nieuws bekendmaakte. 'Niemand sprak met een woord over mijn vader en moeder,' herinnerde zij zich. De les werd afgebroken en zij liep alleen en in verwarring over het schoolplein. 'Toen zag ik dat de Geheime Dienst iemand had gestuurd die ik kende, iemand uit het detachement van mijn vader, en ik draaide me om en rende van hem weg, alsof ik voor het onvermijdelijke kon weglopen. En natuurlijk lukte het me niet om aan een agent van de Geheime Dienst te ontsnappen.' De agent greep haar vast en zei: 'Het spijt me, het spijt me zo, Luci.' Zij sloeg hem op zijn borst en gilde: 'Nee!' Hij zei niet met zoveel woorden dat de president dood was, zegt ze, 'omdat die woorden gewoon onzegbaar waren'. Pas toen ze hem vroeg: 'En papa en mama?' hoorde ze dat haar ouders ongedeerd waren.

Negenennegentig minuten nadat president Kennedy dood was verklaard werd vicepresident Lyndon Baines Johnson aan boord van Air Force One ingezworen. Toen Johnson uit het vliegtuig stapte op Andrews Air Force Base, nu als president, zei hij tegen de wachtende journalisten: 'We hebben een verlies geleden dat niet in woorden kan worden uitgedrukt. Voor mij is het een diepe persoonlijke tragedie. Ik weet dat de wereld deelt in het verdriet dat Mrs. Kennedy en haar familie te dragen hebben. Ik zal mijn best doen. Dat is alles wat ik kan doen. Ik vraag om uw hulp. En die van God.'

Het spook van de tragedie achtervolgde de Johnsons de eerste maanden in het Witte Huis. Hun overgang werd moeilijker gemaakt omdat sommige leden van de trouwe staf van de Kennedy's de nieuwe president niet vertrouwden. Ze vonden hem een luidruchtige ongelikte beer. (Zelfs Jackie Kennedy had Johnson tijdens de campagne 'Senator Cornpone' genoemd.)

Het leven van Caroline Kennedy was dan misschien voorgoed veranderd, maar haar moeder wilde dat ze zo lang mogelijk in haar vertrouwde regelmaat bleef. Op verzoek van Mrs. Kennedy stond Lady Bird Johnson toe dat het meisje samen met een groepje vriendinnen de kleuterschool in hun klaslokaaltje in het Solarium bleef bezoeken tot het eind van het eerste semester, halverwege januari. De kleine Caroline werd elke ochtend afgezet bij de South Portico en 's middags weer opgehaald. Ze ging met haar vriendinnetjes met de lift naar hun klas, die was ingericht met een schoolbord en kluisjes. De andere leerlingen waren de kinderen van oude vrienden van het echtpaar. Carolines balletklasje oefende soms nog op het South Lawn. 'Ze fladderden als kleine roze vogeltjes in hun roze balletpakjes, tutuutjes en balletschoentjes,' herinnert social secretary Letitia Baldrige zich.

Na de dood van haar vader bezocht Caroline nooit meer haar oude kamer op de tweede verdieping of ging ze springen op haar trampoline, zei J.B. West. 'Afgezien van een paar sentimentele bedienden werd ze doorgaans genegeerd. Lynda en Luci [de tienerdochters van de Johnsons] waren de nieuwe prinsessen.'

Voor Nelson Pierce was het een troost en geen bron van verdriet om Caroline nog dagelijks te zien. 'We waren zo blij dat ze doorging met school en haar vriendinnen,' vertelde hij mij. 'Natuurlijk was ze nog zo jong dat ze als het schooltijd was niet meer aan de dood van haar vader dacht. Ze mengde zich onder de andere kinderen en maakte plezier.' (Zodra Caroline het semester had afgemaakt, maakten Luci en Lynda een tienerhok van het Solarium, met een frisdrankbar, een grote tv en twee platenspelers.)

In de periode na de moord werd de beveiliging van het Witte Huis opgevoerd. Butler Lynwood Westray herinnert zich dat de

Portier Chris Emery werd gevraagd om de plaats in te nemen van een Afro-Amerikaanse butler en een paraplu op te houden voor president Reagan toen het plotseling begon te regenen tijdens het historische bezoek van Sovjetleider Michail Gorbatsjov aan het Witte Huis in 1987. Hoofdportier Gary Walters wilde niet dat het Witte Huis leek op de 'laatste plantage', zei Emery.

Nancy Reagan inspecteert een kerststuk, terwijl president Reagan en bloemstylisten Nancy Clarke *(derde van rechts)* en Ronn Payne *(tweede van rechts)* toekijken, december 1987. Mrs. Reagan was een perfectioniste die niet snel tevreden was. Een incident leidde tot het vertrek van een geliefd personeelslid.

De Reagans nemen in het Oval Office afscheid van Eugene Allen op zijn laatste dag in 1986. Op het leven van deze butler en maître d' is de film *The Butler* van Lee Daniels (2013) gebaseerd.

President George H.W. Bush en huisknecht Linsey Little spelen horseshoes op het gazon van het Witte Huis, 24 juni 1990. Bush liet een horseshoe-baan aanleggen naast het buitenzwembad van het Witte Huis, waar hij enkele malen per week tegen het personeel speelde. Barbara Bush zei dat ze het vooral jammer vond om het Witte Huis te verlaten omdat ze wist dat de Clintons deze traditie niet zouden voortzetten.

Barbara Bush bewondert in 1989 met bloemstylist Ronn Payne een bloemstuk in de afdeling Bloemstyling. Zij kwam er 's ochtends vroeg vaak even binnenlopen, met alleen een badjas over haar zwempak, als ze onderweg was naar het zwembad.

Hillary Clinton werkt haar make-up bij in de Blue Room, voor het diner van de National Governors Association in 1996, terwijl butler James Jeffries erbij staat. De Clintons ontvingen, net als de Kennedy's en de Johnsons, graag gasten, wat veel van het personeel eiste. Jeffries zei ooit tegen een uitgeputte Bill Clinton: 'U moet er even tussenuit.'

De Clintons hadden een gecompliceerde verhouding met het personeel. Hier maakt president Clinton kennis met hoofd Huishouding Christine Limerick buiten de linnenkamer op de derde verdieping, Inauguration Day, 20 januari 1993. Kamermeisje Anita Castelo kijkt toe.

Patissier Roland Mesnier met Hillary Clinton, 8 maart 1996. Mesnier werkte er tijdens het Lewinsky-schandaal en hij wist dat als ze een zware dag had gehad, hij een verzoek om mokkataart kon verwachten.

Butler James Jeffries en zijn moeder Estelle, de zuster van de legendarische butlers John en Charlie Ficklin, tijdens een kerstfeest op het Witte Huis met president George W. Bush en Laura Bush, 19 december 2006.

President George W. Bush en zijn familie waren dol op butler James Ramsey. En de liefde was wederzijds. 'Al word ik honderd, ik zal die familie nooit vergeten,' zei Ramsey.

President Obama in gesprek met hoofdportier Stephen Rochon tijdens een van hun dagelijkse wandelingen van de residentie naar het Oval Office, 6 maart 2009. De president gebruikt die tijd om huishoudelijke zaken te bespreken. 'Als de waterdruk niet goed is of de wifi werkt niet, dan moet je met iemand praten, toch?' zegt voormalig assistent van Obama Reggie Love.

Butler James Ramsey praat met Sasha en Malia Obama in de State Dining Room, terwijl hun grootmoeder Marian Robertson toekijkt. De Obama's hebben een unieke verhouding met de overwegend Afro-Amerikaanse butlers.

Meer dan vijftig jaar na zijn eerste dag in het Witte Huis escorteert portier Wilson Jerman de Obama's naar de residentie in de lift van het Witte Huis, 4 mei 2009. Jerman herinnert zich dat hij onder de North Portico van het Witte Huis stond en het klik-klak van de paardenhoeven hoorde toen de met een vlag gedrapeerde kist van president Kennedy van het Witte Huis naar de Capitol Rotunda werd gebracht om te worden opgebaard.

gehele staf van de residentie opnieuw door de politie werd getest – hun achtergrond werd nauwkeurig onderzocht en hun vrienden en familieleden ondervraagd. 'Een of twee van hen slaagden niet voor de test, terwijl ze eerder wel waren goedgekeurd,' zei hij. 'Daarna mochten ze niet meer komen werken.' Westray zegt dat na de moord zijn telefoon werd afgeluisterd. 'Ze wilden er zeker van zijn dat de mensen deden wat ze geacht werden te doen.'

De dood van Kennedy veranderde de loop van de geschiedenis en had een ingrijpend effect op de personeelsleden van de residentie, die zo dol op hem waren. Een bepaalde onschuld was voorgoed uit de gangen van de residentie verdwenen.

Bijna veertig jaar later deed een heel andere traumatische gebeurtenis het Witte Huis op zijn grondvesten trillen. Op een late zomerse ochtend, onder een wolkeloze azuurblauwe hemel, was het een en al activiteit in de residentie. De Bushes hielden de jaarlijkse nationale picknick voor Congresleden en hun families. Er stonden honderdnegentig picknicktafels op het South Lawn. Kok Walter Scheib werkte met Tom Perini uit Buffalo Gap, Texas, die vaak de catering deed voor de presidentiële familie om een feestelijk maal in Texaanse stijl voor de vijftienhonderd genodigden te bereiden, compleet met *chuck wagons* en een stoofpot met groene peper en *hominy*.

Er was warm weer voorspeld met een strakblauwe lucht voor de barbecue van die middag. De dienstmeisjes waren bezig de Queens' Bedroom op de tweede verdieping schoon te maken, waar George H.W. Bush en Barbara de nacht hadden doorgebracht. De voormalige president en zijn vrouw waren om zeven uur 's ochtends vertrokken, met een vroege vlucht. President George W. Bush was in Florida, waar hij een school bezocht.

Ondanks alle drukte om haar heen leek Laura Bush alleen in het Witte Huis, de ochtend van 11 september 2001. Ze kleedde zich in stilte aan in de slaapkamer van de Bushes op de tweede verdieping, en oefende de toespraak die ze die morgen zou houden voor het Senate Education Comité. Ze was zenuwachtig voor haar bezoek aan het Capitool, waar ze het comité zou bijpraten over een conferentie die ze eerder die zomer had georganiseerd over de vroegste ontwikkeling bij kinderen.

De first lady en de staf van de residentie – dienstmeisjes, butlers, bloemstylisten en koks – gingen allemaal op in de bezigheden van een normale drukke dag. Maar deze dag zou verre van normaal zijn. 'Als de tv aan had gestaan, had ik het eerste bericht over een vliegtuig dat de North Tower had geraakt misschien gehoord,' zei Laura Bush.

Even over negenen stapte Laura in de auto die op haar stond te wachten bij de South Portico, op weg naar het Russell Senate Office Building, ruim drie kilometer verderop. Het hoofd van de Geheime Dienst vertelde haar dat een vliegtuig tegen een van de torens van het World Trade Center aan was gevlogen. Hoofdportier Gary Walters, die naast hem stond, hoorde het nieuws ook voor het eerst. 'Hoe kan een vliegtuig op zo'n heldere dag nou het World Trade Center raken?' vroeg hij zich hardop af.

'Gary, ga naar binnen en zet de televisie aan,' zei de beveiliger tegen hem.

De autocolonne van de first lady reed weg over Pennsylvania Avenue naar het Capitool voor haar toespraak. Walters ging weer naar binnen, naar de ruimte van de Geheime Dienst op de begane grond, achter de lift van de president, waar hij een televisie wist te staan. De kamer was vol mensen die voor de tv zaten, dus hij ging naar de portiersloge, waar hij enkele medewerkers van de huishouding tegen het lijf liep. Hij gaf ze nog wat instructies over de opstelling voor de picknick, nog altijd niet op de hoogte van de omvang van de verwoestingen.

Toen hij in zijn eigen kantoor kwam, naast de portiersloge, was dit eveneens volgepakt met mensen die rond de tv zaten. Hij kwam binnen op het moment dat het tweede vliegtuig zich in de South Tower boorde.

‘Hoe kan het dat ze dat gefilmd hebben?’ vroeg hij stomverbaasd.

‘Omdat dat het tweede vliegtuig is,’ antwoordde iemand.

Zodra Walters besefte dat de gebeurtenis geen opzichzelfstaand ongeluk was, belde hij de social secretary van de Bushes, Catherine Fenton. Ze besloten het evenement af te gelasten, en Walters ging terug naar de South Portico, waar hij net Laura Bush had zien vertrekken. Er was zoveel verwarring en onzekerheid, maar hij mocht geen seconde verspillen.

Net als na de moord op president Kennedy richtte het personeel op de residentie zich verbeten op zijn werk. Walters overlegde met de National Park Service, die het terrein van het Witte Huis beheerde, om af te spreken wie de picknicktafels en chuck wagons zou weghalen.

‘Toen ik de South Portico uit liep, zag ik de verschrikkelijke rook en vlammen uit het Pentagon opstijgen,’ herinnerde Walters zich. Plotseling drong tot hem door: het Witte Huis kan het volgende doelwit zijn.

Zelfs toen men begonnen was met de evacuatie van het Witte Huis, wist Walters dat hij zou blijven: ‘Wat mij betrof, lag mijn verantwoordelijkheid daar, bij het Witte Huis.’

Het was zijn taak om het huis koste wat het kost draaiende te houden, ook al voelde het op dat moment alsof hij werkte in het oog van een reusachtige schietschijf. Hij kon het niet alleen. Hij vroeg de geüniformeerde afdeling van de Geheime Dienst om toe te staan dat kok Walter Scheib, die al geëvacueerd was, terugkwam. Hij sprak nog een paar mensen aan, onder wie hoofdelektricien Bill Cliber, en zei dat ze moesten blijven en helpen met het opruimen van de picknicktafels, ook al riep de Geheime Dienst dat iedereen alles uit zijn handen moest laten vallen en voor zijn leven moest rennen. ‘Ik kreeg bericht dat iedereen geëvacueerd werd, maar er was iets wat we moesten doen,’ zei Walters.

Ondertussen keek Walters’ dochter, die studeerde aan Boston College, angstig naar het nieuws. Ze vreesde voor haar vader nadat iemand haar ten onrechte verteld had dat een vliegtuig op het Witte Huis terecht was gekomen, in plaats van het Pentagon. Walters en zijn kleine team hadden het te druk met het vrijmaken van het terrein voor de helikopter van de president om hun familie te bellen.

Clibers vrouw, Bea, zat thuis met familie tv te kijken. Ze wist niet of haar man in orde was. 'Het was een en al paniek,' herinnerde ze zich. 'We zaten daar maar te wachten.' Ze hoorde pas om acht uur 's avonds iets van hem.

Toen hij terugliep de oprit op – mogelijk het gevaar tegemoet – schreeuwde Scheib tegen zijn collega's die hem tegemoet kwamen dat ze zo snel mogelijk het terrein moesten verlaten. Hij schreeuwde tegen de staf van de president en de first lady, die al uit de West en East Wing kwamen rennen en waarschuwde ze dat er volgens de politie een ander vliegtuig op weg was naar het Witte Huis.

'Iedereen die voor mij werkte in de East Wing – voor het grootste deel jonge vrouwen die hoopten op een flitsende baan in het Witte Huis – kreeg te horen dat ze haar hakken moest uitschoppen en rennen,' herinnert Laura Bush zich. 'Kun je je voorstellen hoe het is om opeens een baan te hebben waar je wordt gezegd dat je moet vluchten?'

Walters en de anderen droegen honderdnegentig picknicktafels, die elk zo'n vijftig kilo wogen, weg van het South Lawn. 'Mijn knieën sloegen tegen elkaar,' zei Walters. 'Het klonk als een basdrum.' De geruchten over volgende aanslagen bleven maar komen, maar zij sloten zich ervoor af. 'We hebben werk te doen,' zei Cliber.

Ook toen het was of de wereld op zijn kop stond, concentreerde het personeel van de residentie zich op het draaiende houden van hun geliefde huis en het niet prijsgeven van geheimen. Toen journalisten ze bezig zagen met het koortsachtig vrijmaken van het terrein, vroegen ze of de president rechtstreeks naar Washington zou terugkeren. 'Daar heb ik niets

BETTY FINNEY

over gehoord,' zei Cliber, ook al wist hij dat ze zo hard werkten om de snelle terugkeer van de president mogelijk te maken.

De auto van de first lady reed over Pennsylvania Avenue naar het Capitool toen ze hoorde dat een tweede vliegtuig de andere toren van het World Trade Center had geraakt. 'Het werd stil in de auto; we zaten zwijgend bijeen en geloofden het gewoon niet,' schreef ze in haar memoires. 'Eén vliegtuig kan nog een vreemd ongeluk zijn, twee betekende dat er sprake was van een aanslag.'

Toen dienstmeisje Betty Finney in 1993 in het Witte Huis begon, had ze geen ervaring met huishoudelijk werk, afgezien van het verzorgen van het huis waar ze met haar man en twee dochters woonde. Ze werkte in een steakhouse in Myrtle Beach, South Carolina, toen haar man plotseling overleed. Ze had werk nodig – en snel. Zoals het met de meeste betrekkingen op het Witte Huis ging, kreeg zij de hare ook via een connectie: haar dochter kende hoofd Huishouding Christine Limerick, die haar de baan bezorgde.

Acht jaar nadat ze was aangenomen, moest ze voor haar leven vrezen.

Finney was bezig met het schoonmaken van de Queens' Bedroom op de tweede verdieping, waar de ouders van de president hadden geslapen. Toen ze naar het vliegveld waren vertrokken, hadden de Bushes vergeten de televisie uit te zetten. Finney en een paar andere doodsbange dienstmeisjes verzamelden zich eromheen en zagen hoe de tweede toren werd geraakt. Net als bij veel andere tragedies rond het presidentschap hoorden de mensen die op het Witte Huis werkten, terwijl ze zich midden in het verhaal bevonden, het nieuws van de televisie.

'Ik rende over de gang naar de Yellow Oval Room en keek uit het raam. Je kunt het Pentagon vandaar niet zien, maar ik zag wel rook,' zegt ze. 'Ik ging terug naar de Queens' Bedroom en toen moest ik naar boven om iets te halen.'

Voor ze de derde verdieping had bereikt, hoorde ze een van de beveiligingsagenten roepen: 'Naar buiten! Iedereen naar buiten!' Dus in plaats van naar boven, rende ze naar beneden. 'Ik wist niet wat er aan de hand was. Ik wist niet dat ze met de evacuatie waren begonnen. We kwamen buiten en iedereen liep op straat. Het was echt beangstigend. Iedereen liep een andere kant uit, waar ze er maar uit konden komen.'

Bij het Capitool stapte Laura Bush uit de auto. Ze werd ontvangen door senator Edward Kennedy, voorzitter van het Education Comité. Ze wisten allebei dat de vergadering vandaag niet zou doorgaan. Hij begeleidde haar naar zijn kantoor.

Er stond een oude tv in de hoek van de kamer waarop de afschuwelijke gebeurtenissen in New York duidelijk te zien waren, maar vreemd genoeg keek Kennedy niet naar het scherm. In plaats daarvan liet hij de first lady de familieherinneringen in zijn kantoor zien, waaronder een ingelijst briefje dat zijn broer

Jack als kind aan hun moeder had geschreven. Er stond: 'Teddy wordt dik.'

'Ondertussen,' zei de first lady, 'bleef ik maar naar die televisie kijken. Ik kreeg kippenvel, ik wilde weg, ik wilde erachter komen wat er aan de hand was, verwerken wat ik zag, maar ik voelde me gevangen in een eindeloze cyclus van beleefdheden.' Later vroeg ze zich af of Kennedy gewoon te veel dood had gezien in zijn leven en niet nog een tragedie aankon, zeker niet een van een dergelijke omvang.

Nadat ze een verklaring aan de pers hadden afgelegd dat er geen vergadering zou zijn en waarin ze hun zorgen hadden uitgesproken over de aanvallen, liep Bush naar de trap om terug te gaan naar haar auto en het Witte Huis. De leidinggevende beveiliger hield haar en haar staf echter plotseling tegen en zei dat ze naar de kelder moesten rennen. Vol zorgen over de veiligheid van haar man wachtte ze met haar vriend, senator Judd Gregg, republikeins lid van het Education Comité, in zijn kantoor op de benedenverdieping van het Capitool. Ze zaten dicht bij elkaar en belden hun kinderen om er zeker van te zijn dat zij veilig waren. Er kwamen rapporten binnen, het ene betrouwbaarder dan het andere, waaronder een met het gerucht dat Camp David getroffen was en een ander dat een vliegtuig in de ranch van de Bushes in Texas was gevlogen.

Direct nadat het tweede vliegtuig de South Tower had geraakt, rende Christine Limerick naar de linnenkamer op de derde verdieping en gaf haar staf opdracht om onmiddellijk te vertrekken.

Ze hoorde vlucht 77 van American Airlines op het Pentagon neerkomen. 'Het klonk als een explosie,' vertelde ze.

Toen ze terugkwam in het kantoor, bedacht ze dat ze niet wist waar dienstmeisje Mary Arnold was. Ze probeerde weer naar boven te gaan naar de residentie om haar te zoeken, maar de Geheime Dienst hield haar tegen. Ze kreeg te horen dat ze twee minuten had om het Witte Huis te verlaten en dat er een vliegtuig aan kwam.

'Niemand stelt vragen als er een evacuatie aan de gang is,' zei ze. Ook Arnold wist op de een of andere manier uit het Witte Huis te komen en had genoeg geld bij zich om thuis te komen.

Limerick herinnert zich hoe vreselijk ze het vond toen ze besefte dat niet iedereen het potentiële doelwit mocht verlaten. 'De blik in de ogen van de beveiligingsagenten die te horen kregen dat ze moesten blijven,' zei ze. 'Die zal ik nooit vergeten.'

De personeelsleden vertelden dat de Geheime Dienst zei dat iedereen naar het noorden moest vluchten, omdat het vliegtuig uit het zuiden zou komen – een vliegroute naar het Witte Huis die de minste obstructies kende. Koks, butlers, timmerlieden en dienstmeisjes zwermden naar buiten en renden voor hun leven. Sommige medewerkers van de Patisserie liepen samen over de Arlington Memorial Bridge en verzamelden zich in het dichtstbijzijnde huis van een van hen.

Finney en een stuk of zes van haar collega's gingen naar het huis van een van de bloemstylisten op Capitol Hill waar ze vol ongeloof rond de televisie bij elkaar zaten. Ze waren allemaal zo snel weggerend dat vrijwel niemand tijd had gehad om zijn tas te pakken, waardoor geen van allen geld bij zich had. Die avond liepen ze kilometers terug naar het Witte Huis om hun auto op te halen en reden naar huis, velen nog in shocktoestand.

Sommige medewerkers kwamen niet eens op tijd weg om te worden geëvacueerd. Er waren butlers aan het werk op de tweede en derde verdieping die de bars klaarmaakten voor de picknick – ze schilden citroenen en sneden er partjes van – en pas een uur nadat het huis was ontruimd in de gaten hadden dat er iets aan de hand was. Een paar technici zaten uren in kelder, zonder iets mee te krijgen van de paniek boven en het gevaar waarin ze verkeerden.

In de chaos liep een butler naar zijn kastje in de kelder om zich te verkleden voor hij op zijn motorfiets naar huis zou rijden. Het hek sloeg achter hem dicht en hij zat opgesloten. Hij kon er pas uit toen een beveiliger hem herkende en het hek weer opende.

Iets na tienen die ochtend, een paar minuten nadat de South Tower van het World Trade Center instortte en ongeveer twintig minuten voor de North Tower zou volgen, werd de first lady door beveiligingsagenten en een in het zwart gehuld, gewapend beveiligingsteam opgehaald uit het kantoor van senator Gregg. 'ACHTERUIT!' schreeuwden ze tegen medewerkers van het Capitool toen ze de geschrokken first lady in grote haast naar een wachtende auto escorteerden. Op ongeveer hetzelfde moment stortte vlucht 93 van United Airlines neer in een veld bij Shanksville, Pennsylvania, terwijl een groep moedige passagiers hun best deed om de controle over het vliegtuig van de terroristen over te nemen. Als zij niets hadden gedaan, zou dat vliegtuig waarschijnlijk recht op het Capitool of het Witte Huis zijn afgevlogen. Veel medewerkers van het Witte Huis hebben hun leven te danken aan die passagiers.

Er was in deze verwarrende uren veel discussie over waar de first lady heen moest worden gebracht. De Geheime Dienst besloot uiteindelijk om haar naar hun eigen hoofdkwartier te brengen, een paar blokken van het Witte Huis vandaan. Ze zat daar urenlang in een vergaderruimte zonder ramen in de kelder en keek er eindeloos naar de video van de instortende Twin Towers.

De telefoonlijnen lagen die dag allemaal plat, omdat doodsbange familieleden wilden weten of hun geliefden wel veilig waren. Zelfs de president had moeite om zijn vrouw te bereiken vanuit Air Force One, nadat hij in Florida was opgestegen. Iets voor twaalven, na drie mislukte pogingen, kregen de Bushes elkaar eindelijk te pakken. Zij vertelde hem dat ze hun dochters had gesproken en dat ze veilig waren.

Ondertussen verzamelden zich tientallen personeelsleden van het Witte Huis in hun uniform op Lafayette Square, tegenover het Witte Huis. Kok John Moeller beschrijft de uren na de aanval op het Pentagon: 'Ik zag enorme rookpluimen in de lucht – het was een mooie dag – die zo zwart waren als zwart maar kan zijn. Ze bleven maar opstijgen. Ik heb nog nooit van mijn leven zo'n grote explosie gezien.' Uiteindelijk besloot een groepje van hen naar het nabijgelegen Capitool te lopen, op zoek naar wc's, een vaste telefoonverbinding en een televisie.

De nabijgelegen zakenwijk aan Connecticut Avenue verkeerde in chaos. Automobilisten waren uit hun auto's gesprongen en weggerend, bang dat ze in een aanslag verzeild zouden raken. 'Massahysterie bepaalde nu wat de mensen deden,' herinnert Walter Scheib zich. 'Ik herinner me dat ik langs een BMW 700 liep die midden op straat stond. De deuren stonden open en de motor draaide en er zat niemand in.'

Laura Bush zag dat allemaal niet. Na uren in het vergaderzaaltje zonder ramen te hebben gezeten, werd ze eindelijk naar het President's Emergency Operations Center onder in het Witte Huis gebracht. Vicepresident Dick Cheney zat daar al sinds die ochtend met andere topambtenaren. Het commandocentrum was in de Tweede Wereldoorlog gebouwd voor president Franklin Roosevelt en is alleen toegankelijk via een reeks ondergrondse gangen, met buizen aan het plafond. Daar zou ze op haar man wachten.

Op de kleine afdeling Bloemstyling onder het North Portico legde bloemstylist Bob Scanlan net de laatste hand aan de arrangementen voor de picknicktafels toen hij werd gebeld door een vriend die hem het nieuws vertelde. Verbijsterd kwam hij uiteindelijk terecht op het Freedom Plaza, een paar blokken van het Witte Huis vandaan.

Toen hij daarheen liep met enkele collega's, hoorde hij het snijdende geluid van vlucht 77 van American Airlines die op het Pentagon stortte. 'We besloten dat we daar niet konden blijven,' zei hij. 'We liepen als kippen zonder kop rond.' Hij en een collega liepen samen meer dan vijf kilometer naar hun huis op Capitol Hill.

Nadat hij had geholpen met het wegdragen van de picknicktafels, werkten Scheib en een groep stafleden van de residentie van twee uur 's middags tot negen uur 's avonds in de keuken, waar ze eten klaarmaakten (het meeste stond al klaar voor de barbecue) voor de Geheime Dienst, de National Guard, de politie en het personeel dat was achtergebleven. Wat er overbleef ging naar de reddingswerkers bij het Pentagon. 'Met zijn vieren serveerden ze meer dan vijfhonderd maaltijden aan het personeel in en rond het Witte Huis,' zei Walters.

Als mensen hem bedankten voor het eten, antwoordde Scheib: 'Als je wat buiten is in godsnaam maar buiten houdt.'

Toen het gazon eindelijk was vrijgemaakt, probeerden Cliber en een paar anderen het Witte Huis te verlaten, maar ze zaten opgesloten achter veiligheidshekken. Er was een vliegtuig gezien en de Geheime Dienst stuurde ze naar de schuilkelder, een gang die van west naar oost loopt onder het Witte Huis. Ze bleven tot ongeveer acht uur 's avonds in die oude kelder. (Achteraf bleek het een vliegtuig van het Amerikaanse leger te zijn geweest.)

Toen ze hoorden hoeveel doden er waren gevallen – die dag bijna drieduizend mensen – konden de medewerkers van het beroemdste huis van Amerika alleen maar denken: dat hadden wij kunnen zijn.

Diezelfde avond, in het commandocentrum, werd de first lady eindelijk met de president herenigd.

De Geheime Dienst raadde de Bushes aan om die nacht op een oud bed in de kelder te slapen, maar ze weigerden. 'Ik heb slaap nodig, in mijn eigen bed,' zei de president. Voor de Bushes was het Witte Huis hun thuis. Ze waren er nog sterker aan gehecht geraakt, nu het op een haar na was ontsnapt aan de totale vernietiging.

Na de aanvallen wilde de Geheime Dienst het Witte Huis sluiten voor rondleidingen. In de vroege ochtend van 12 september sprak hoofdportier Gary Walters de president aan toen hij naar het Oval

Office ging en pleitte ervoor dat de rondleidingen zouden blijven doorgaan. 'Mr. President, gisteravond zei u dat iedereen moest doorgaan met zijn normale bezigheden. Een daarvan is dat het Witte Huis openblijft voor rondleidingen. Daar zal scherp op worden toegezien.'

De president bleef even stil en zei toen: 'Je hebt gelijk.'

In de periode na de aanvallen werd echter toch het besluit genomen om met de rondleidingen te stoppen. De aanvallen van 11 september waren niet de enige reden voor bezorgdheid. Slechts enkele weken later werden brieven met miltvuursporen (antrax) bezorgd bij verschillende kranten en bij twee democratische senatoren. Walters vertelt dat sommige leden van de residentiestaf preventieve medicijnen kregen voor het geval ze in aanraking zouden komen met miltvuur.

Bill Cliber zou na 9/11 nooit meer dezelfde zijn. Hij wist hoe het voelde om bang te zijn als hij naar zijn werk liep; zijn loopbaan op het Witte Huis was tenslotte begonnen kort voor de moord op Kennedy. Maar dit was anders.

'Het schokte me. Ik had mijn tijd volgemaakt,' zei hij. Hij doelde daarmee op de dienstjaren die ambtenaren moeten hebben vervuld om in aanmerking te komen voor een redelijk pensioen. Toch stapte hij nog niet op, want hij had zichzelf beloofd dat hij veertig jaar op het Witte Huis zou werken.

Na 11 september veranderde de sfeer op het Witte Huis voor iedereen. Het curatorenkantoor ondervroeg leden van de staf om voor het nageslacht vast te leggen wat ze die dag hadden doorgemaakt. De glamour van het werken op het Witte Huis had plaatsgemaakt voor angst. Omdat er geen tv in de keuken stond, hadden patissier Roland Mesnier en zijn medewerkers geen idee gehad waarom ze zo haastig het gebouw moesten verlaten. Later vroeg hij of er alsnog een tv kon worden geplaatst. Na 9/11 besloten de meeste personeelsleden om altijd wat geld en hun Witte Huis-pasje bij zich te dragen, voor het geval ze weer snel moesten vertrekken.

Betty Monkman, wier taak het was om de belangrijke kunstwerken en meubelstukken in het Witte Huis te conserveren en te catalogiseren, moest niet alleen haar leven redden, maar ook besluiten welke historische stukken gered moesten worden bij een noodgeval. Het Lansdowne-portret van George Washington in de East Room en de Gettysburg Address in de Lincoln Bedroom behoren tot de stukken die het eerst in veiligheid worden gebracht.

Terugkijkend op die verschrikkelijke dag zegt ze dat ze nog steeds woedend is over het feit dat er geen duidelijk evacuatieplan was voor het gebouw. 'Een jonge vrouw die in de portiersloge werkte kwam ons kantoor binnenrennen en riep: "Naar buiten, naar buiten, naar buiten!" en toen zei de politie: "Naar het zuiden!" en toen riepen weer andere mensen: "Naar het noorden!" Het was één grote chaos.'

Monkman had besloten om die ochtend naar de schuilkelder te gaan, maar toen ze halverwege was, dacht ze: o mijn god, als ze ons bombarderen, dan liggen we begraven onder het puin. Dus ging ze weer naar boven en liep naar Lafayette Square, waar ambulances en brandweerauto's voorbijscheurden, onderweg naar het Pentagon.

Scheib zei dat het huishoudelijk personeel geen prioriteit is in crisissituaties en dat ze niet moeten verwachten dat de Geheime Dienst over ze waakt. 'Wij zijn dienaren, het gaat niet om ons,' zei hij. 'Als je daar wilt werken, moet je begrijpen dat op de rug van alle mensen in het Witte Huis een schietschijf staat.'

Scheib vond het moeilijk om te zien hoe de aanvallen hun tol eisten van de president. Bush leek letterlijk het gewicht van de wereld op zijn schouders te dragen, zei hij. Scheib weet hoe eten je stemming kan beïnvloeden en begon, in plaats van meer moderne gerechten te creëren, puur troosteten te bereiden voor de president en de vele wereldleiders die hun steun kwamen betuigen in de weken na de aanslagen. 'Ik ging terug naar de keuken van mijn moeder,' zei Scheib.

Therapeuten van het Bethesda Naval Hospital kwamen met het personeel praten over het trauma dat ze hadden ervaren. Cliber sprak met een van hen, maar niemand kon ze een op ervaring gebaseerd advies geven. 'Niemand had zoiets meegemaakt.'

Bloemstyliste Wendy Elsasser zegt dat ze nog altijd niet over die dag kan praten zonder te huilen. Mesnier had maandenlang last van paniekaanvallen als hij 's ochtends onder de douche ging. Zijn vrouw en zoon smeekten hem om niet terug te gaan naar zijn werk en hij hoorde Gary Walters een week na 9/11 tegen het personeel zeggen dat ze beter konden vertrekken als ze de druk niet aankonden.

Maar net als Cliber kon Mesnier zichzelf er niet toe brengen om op te stappen. 'Begrijp me goed, ik geloof dat deze baan mij op het lijf geschreven is,' zei hij. 'Ik hoor hier thuis.'

First lady Laura Bush putte er troost uit dat niemand uit angst ontslag nam. Ze vertelde me dat ze zich beter voelde nadat ze had gezien hoe het personeel na de aanslagen weer aan het werk ging. 'We wisten dat we er zouden blijven wonen en we hadden er vertrouwen in dat we veilig waren, maar ze hadden net zo goed kunnen kiezen voor een andere baan en kunnen zeggen: "Dit is te veel stress, ik ga liever weg,"' zei ze. 'Dat deden ze niet. Niemand van hen.'

Epiloog

O mijn god, ze zou zo trots op me zijn.

BUTLER JAMES RAMSEY OVER ZIJN MOEDERS VERMOEDELIJKE REACTIE OP ZIJN LOOPBAAN IN HET WITTE HUIS, ALS ZE NOG HAD GELEEFD.

Het was buiten zesendertig graden, een echte plakkerige zomerdag in Washington. De airconditioning in het rode bakstenen rijtjeshuis in noordoost-Washington, dat butler James Jeffries in 1979 kocht, maakte overuren. Hij verontschuldigt zich er haastig en onnodig voor dat de muren in de woonkamer maar half geschilderd zijn. 'Het had voor Pasen al klaar moeten zijn, maar ik ben tweeënzeventig en snel moe.'

Met History Channel op de achtergrond en terwijl zijn opgeschoten tienerkleinzoon de kamer in en uit loopt ('Ik zag er vroeger precies zo uit!'), zitten we aan een tafel die vol ligt met foto's van zijn kinderen en kleinkinderen en vertelt Jeffries het verhaal hoe het Witte Huis het lot van zijn familie heeft bepaald. Langzaam en met weloverwogen woorden vertelt hij hoe hij ofwel verwant was aan of bekend was met de mensen die de afgelopen vijftig jaar de residentie draaiende hielden. Zijn naam is misschien Jeffries, maar eigenlijk is hij een Ficklin; negen van zijn familieleden hebben er gewerkt.

Zelfs de leden van de staf met wie hij niet echt verwant was werden een soort familie. Eugene Allen, die Jeffries' oom John Ficklin opvolgde als maître d', was ook als een oom. Portier Preston Bruce woonde in hetzelfde flatgebouw als zijn tante en Jeffries zegt dat Bruce een soort vaderfiguur voor hem was.

'Mr. West en Mr. Scouten bleven op de achtergrond. Mijn oom [John] bestierde het Witte Huis,' zegt Jeffries, trots op het hechte netwerk van Afro-Amerikanen die de residentie draaiende hielden. De familietraditie vertelt dat zijn oom Charles als eerste van de familie het Witte Huis binnenkwam nadat hij indruk had gemaakt op president Franklin Roosevelt toen hij werkzaam was op een marineschip. Roosevelt vroeg hem een tafelschikking te tekenen en hij ging zitten en voerde die taak zonder problemen uit. Jaren later werd Charles gevraagd om naar het Witte Huis te komen voor een sollicitatie.

Jeffries zet de familietraditie voort. Hij begon in het Witte Huis toen hij nog maar zeventien jaar oud was, in 1959. Hij weet nog precies welke dag het was: 25 januari. Zijn zoon is er nu butler, en ook al heeft Jeffries zelf de pensioengerechtigde leeftijd allang overschreden, hij werkt nog steeds parttime in 'het huis'. Zijn baan levert hem vijfentwintig dollar per uur op. 'Ze helpen me daar. Ze laten me geen zware dingen meer tillen en dergelijke.'

Jeffries is getuige van Amerikaanse geschiedenis. Hij is een van de weinige mensen die weten hoe het was om in het Witte Huis van Kennedy te werken, toen een nieuwe generatie en een nieuwe technologie de residentie in de Amerikaanse huiskamers introduceerden. Hij herinnert zich een kant van de first lady die weinig mensen ooit hebben gezien.

'Ik weet nog dat Mrs. Kennedy naar beneden kwam; ze vroeg ons een stoel neer te zetten of zelfs een stoel uit de kamer te halen, en misschien vijftien of twintig minuten later wilde ze dat wij die stoel weer terugbrachten.' Hij lacht. 'Een andere jongen en ik –

wij waren de jongsten – deden wat ons gevraagd werd, maar alle anderen maakten dat ze wegkwamen! Ik had nooit het gevoel dat ik moest wegwezen, ik wilde juist graag bij haar zijn. Ik wachtte gewoon en deed wat ze me vroeg. Als ik het zelf kon verplaatsen, dan deed ik dat.'

Op een zaterdagavond, jaren later, werd hem gevraagd om de afwas te laten staan en naar boven te komen, naar de tweede verdieping, om Betty Ford met iets te helpen. Toen hij bovenkwam, vroeg Ford: 'Waar zijn de butlers?' Ze bedoelde de fulltime butlers.

'Ze zijn naar beneden. Ik kan ze voor u halen,' zei hij en hij drukte al op de knop van de lift om weer naar beneden te gaan.

'Ik heb alleen maar een man nodig!' riep ze ongeduldig, vanuit de eetkamer.

Hij lacht met een knipoog. 'Ik zei tegen mezelf: wacht eens even, waar heeft ze me voor nodig? Dus ik ging naar binnen om erachter te komen wat ze wilde, en het enige wat ik hoefde te doen was de televisie naar de slaapkamer brengen.'

Zoals zoveel van zijn collega's denkt Jeffries met plezier terug aan de vriendelijkheid van president George H.W. Bush. 'De oude Bush gaf me het gevoel dat ik gewoon iemand was, net als hij. Ik was zo blij dat ik een bepaalde footballwedstrijd had gezien, want de volgende dag of in de week na die wedstrijd, kwam ik binnen om de bestellingen op te nemen voor drankjes op de tweede verdieping, waar hij met gasten zat te praten, en vroeg hij mij wat ik van die wedstrijd vond. Ik kon er gewoon met hem over praten. Ik nam de bestellingen op en toen ik terugkwam zei hij nog iets tegen mij over die wedstrijd.'

Jeffries herinnert zich dat hij op een avond voor een officieel diner drankjes serveerde aan de Clintons en hun vrienden en op de gang een uitgeputte president Clinton tegenkwam op weg naar het Solarium. Clinton vertrouwde hem toe: 'Als Robert Mitchum niet te gast was, zou ik niet eens de moeite nemen om naar beneden te gaan vanavond.'

Jeffries had medelijden met de vermoeide president. 'U moet er even tussenuit,' zei hij.

Ze zijn een uitstervend ras, die mensen die dierbare, persoonlijke herinneringen bewaren aan de Kennedy's en de Johnsons, de Nixons, de Fords, de Carters en de Reagans. Hun verhalen zetten deze iconische figuren in een zeldzaam intiem licht. In de korte momenten die een leven bepalen vangen de personeelsleden van de residentie een glimp op van de menselijke kant van de presidenten en first lady's, van wie het echte karakter doorgaans nauwelijks bekend is buiten de muren van het Witte Huis. Net als ieder ander kennen de Amerikaanse leiders hun momenten van besluiteloosheid, uitputting, frustratie en blijdschap.

Tegenwoordig zien de gepensioneerde personeelsleden elkaar alleen nog maar op afscheidsrecepties en begrafenissen. Ze proberen contact te houden via Facebook en e-mail, maar de ouderen onder hen, die niet zo vaak online zijn, horen vaak pas veel later van het overlijden van collega's.

Tijdens onze gesprekken vond ik het heel erg als er een verdrietige uitdrukking op iemands gezicht verscheen als ik zei dat een bepaalde collega was gestorven – ik was in de veronderstelling dat ze daar al van op de hoogte waren.

Er waren ook heel fijne momenten. Gedurende de research voor dit boek had ik soms het geluk om mensen weer bij elkaar te brengen die elkaar lang uit het oog waren verloren. Ik gaf portier Chris Emery het e-mailadres van hoofd Huishouding Christine Limerick. Nelson Pierce vroeg me om het telefoonnummer van Bill Hamilton.

'Ik moet die gozer weer eens bellen,' zei James Ramsey met glinsterende ogen, toen hij mij vroeg om het nummer van zijn oude vriend Mesnier.

Het personeel van de residentie kijkt geduldig toe hoe elke nieuwe familie binnen de grenzen van het Witte Huis leert leven. Ze weten dat het alleen een kwestie van tijd is voor hun trouw en discretie van levensbelang worden voor de president en de first lady. Zij zijn tenslotte de enige mensen wier enige motivatie bestaat uit dienen en zorgen.

De presidentiële familie en hun assistenten vertrouwen op de personeelsleden van de residentie, ook omdat ze zoveel weten over hun manier van leven. Als het erop aankomt – en dat geldt niet alleen voor mij, maar voor de meeste mensen die er werkten – dan is er geen archief, niets waarop je kunt terugvallen en wat jou kan helpen om je het werk te leren, zei voormalig assistent van Obama Reggie Love. 'Je stapt er gewoon blanco in, zonder handleiding.'

Hoewel ik archiefonderzoek heb gedaan voordat ik aan de interviews begon, had ik geen idee wat ik kon verwachten van de gesprekken met de personeelsleden van de residentie – van wie velen mij heel gastvrij bij zich thuis ontvingen. Ik was zo blij toen ik ontdekte dat er geen dubbele bodems waren. De meesten van hen zijn niet cynisch of competitief, zoals zovelen in het politieke wereldje in Washington; hun verlangen om een kleine, maar belangrijke bijdrage te leveren aan het functioneren van de Amerikaanse democratie is oprecht. Ze hebben dan misschien geen invloed op de politiek, maar hun taak is net zo belangrijk als die van veel politieke functionarissen. Zonder hen zou het Witte Huis onbewoonbaar zijn.

Van het bereiden van een eenvoudige maaltijd voor de presidentiële familie tot het bedienen van beroemdheden, Congresleden en wereldleiders, vertegenwoordigen ze het beste van de Amerikaanse dienstverlening, terwijl ze ook nog eens hun unieke vorm van diplomatie uitoefenen. En hun inspanningen worden, impliciet of expliciet, beloond met de dankbaarheid van de machtigste mannen en vrouwen ter wereld.

Admiraal Stephen Rochon werd hoofdportier in 2007, slechts enkele maanden voor een van de vele staatsbezoeken van koningin Elizabeth II. 'We maakten zo'n grote indruk op de koningin dat ze mij en een paar andere personeelsleden uitnodigde op Buckingham Palace om te zien hoe de Britten het doen.'

Toen hij op Buckingham Palace aankwam, was Rochon verbaasd toen de koningin over de Engelse versie van de State Floor recht op hem afliep. 'En wie ben jij, jongeman?' vroeg ze hem.

'Ik ben admiraal Rochon, majesteit, de hoofdportier van het Witte Huis,' vertelde hij haar. 'Wij hebben u tijdens uw staatsbezoek bediend.'

Het gezicht van de koningin lichtte op en ze wenkte haar man om erbij te komen: 'O Philip, o Philip, kom gauw!'

De personeelsleden van de residentie maken zo'n grote indruk omdat ze alles er zo gemakkelijk laten uitzien. 'Butlers lopen rond en bieden een service die zowel geolied als subtiel is. Je krijgt je eten zonder dat je het doorhebt,' herinnerde de perschef van Betty Ford, Sheila Rabb Weidenfeld, zich het eerste staatsbanket dat zij bezocht. 'Alles is perfect en iedereen is mooi en elegant, omdat ze deel uitmaken van de mooiste en elegantste entourage ter wereld.'

In tijden van crisis of tragedie is het personeel op zijn best. First lady Rosalynn Carter vertelde me dat het personeel tijdens het Iraanse gijzelingsdrama extra attent was omdat ze bezorgd waren. Het personeel was bezorgd om hén.

Personeelsleden van de residentie zijn volledig gericht op de familie die ze dienen. Ze doen vrijwel alles voor ze – en offeren vaak hun eigen huwelijk, tijd met hun eigen kinderen en, in het treurige geval van Freddie Mayfield, zelfs hun leven ervoor op. 'Ze zijn de grootste toneelspelers ter wereld,' zei Luci Baines Johnson lachend. 'Ze geven elke regering het gevoel dat ze het meest van hén houden.'

En zo is het ook: butler James Ramsey wist precies wanneer president George W. Bush er behoefte had om eens flink te lachen. Hoofd Huishouding Christine Limerick wist wanneer ze tijdens een van de tirades van Nancy Reagan op haar tong moest bijten. En patissier Roland Mesnier wist precies wanneer Hillary Clinton toe was aan haar favoriete mokkataart.

Hoewel Ramsey in zijn laatste levensperiode verkeerde toen ik hem interviewde, was daar niets van te merken. Hij wist dat hij ziek was – hij had darmkanker met uitzaaiingen naar de lever – en hij bleef mijn uitnodigingen om te gaan lunchen maar afslaan. ('Je bent een aardige vrouw. We doen het gauw. Ik bel je.') Hij was altijd joviaal en liet nooit merken hoeveel pijn hij had. Ramsey was optimistisch over zijn levenskansen en de toekomst en beschreef levendig hoe hij uit eten ging met zijn nieuwe vriendin en vertelde over een reis naar Las Vegas die hij zou gaan maken met hoofd Voorraadkamer Bill Hamilton.

Zijn dochter zou me later vertellen dat hij zijn toevlucht had genomen tot alternatieve medicijnen om de kanker te bestrijden die zijn lichaam verwoestte.

Toen hij overleed, op 19 februari 2014, betuigden de families van wie hij zoveel had gehouden hun respect: Laura Bush sprak op de begrafenis die door tientallen collega's van zijn Witte Huis werd bijgewoond, en er werden brieven voorgelezen van president Obama en president Clinton. Zijn kist werd gedragen door zijn collega-butlers.

'Hij leek altijd te weten wanneer we een opkikkertje nodig hadden, wat vaak het geval was in het Witte Huis,' schreef president Clinton. 'Hillary, Chelsea en ik hebben alle drie onze eigen Ramsey-herinneringen. Hij kon geweldig vertellen en zijn mening over lopende zaken, van politiek tot sport, was vaak hilarisch.' De Obama's prezen Ramseys 'niet-aflatende vaderlandsliefde'.

'James was getuige van grote momenten in de geschiedenis van onze natie,' zeiden ze.

Laura Bush kwam samen met haar dochter Jenna naar de dienst, die werd gehouden in de Trinidad Baptist Church in noordoost-Washington D.C. De voormalige first lady stak de loftrompet over de butler die haar man de zo broodnodige momenten van verlichting bracht als de wereld om hem heen op instorten stond. ('De tranen sprongen me in de ogen toen zij sprak,' zegt Ramseys dochter Valerie.) Ramsey was meer dan alleen een personeelslid, zei

Mrs. Bush, hij was een goede vriend. En hij bezat, net als al zijn collega's, kwaliteiten als trouw, toewijding en discretie die niet kunnen worden aangeleerd.

Ze vertelde de aanwezigen dat Ramsey meer deed dan de presidenten in de watten leggen: 'Hij maakte ze aan het lachen. Hij vrolijkte ze op. Hij maakte hun dagen lichter.' Namens de hele familie Bush zei ze: 'We danken God dat James Ramsey in ons leven was.'

Het dienen van de presidentiële families van Amerika gaf Ramseys leven betekenis en zin. Toen ik hem vroeg hoe hij zich voelde toen hij tientallen jaren geleden voor het eerst de residentie betrad, zei hij weemoedig: 'O mijn god, ik was zo gelukkig.'

Woord van dank

Een paar weken na de geboorte van onze dochter Charlotte liep ik even naar buiten voor wat frisse lucht en om de post uit de brievenbus te halen. Tot mijn verbazing trof ik een spierwitte envelop aan met het afzendadres Pennsylvania Avenue nummer 1600. Er zat een briefje in, ondertekend door de Obama's, waarin ze ons feliciteerden met de geboorte van Charlie. Dit soort post wordt gestuurd naar vips, vrienden en familie van het personeel van het Witte Huis en ik kon niet bedenken wie dit voor ons kon hebben gedaan. Niet omdat ik er niemand kende die deze moeite zou hebben genomen, maar juist omdat daar gewoon te veel mensen rondliepen die aan zulke attenties dachten.

Ik heb in de loop van mijn onderzoek meer dan honderd medewerkers van de residentie, assistenten van de president en familieleden van de president geïnterviewd, en de meesten van hen waren zo vreselijk vriendelijk geweest. Uiteindelijk gokte ik op voormalig hoofd Voorraadkamer Bill Hamilton, die zijn carrière in het Witte Huis was begonnen onder president Eisenhower. Toen ik hem belde om hem te bedanken, zei Hamilton: 'Sorry dat je het niet eerder hebt gekregen.' Zo zijn deze mensen gewoon. Ze wijden hun loopbaan aan het zorgen voor de presidentiële familie en ze lijken in niets op de spreekwoordelijk zelfzuchtige politieke functionarissen in deze stad. Het lijkt wel of ze hun hele leven hun verzorgende taak blijven behouden.

Dit boek nam me mee op een reis die begon in oktober 2012, toen mijn dagen en nachten gevuld waren met de zorg voor onze pasgeboren zoon Graham. Met wallen onder mijn ogen bekeek ik alle afleveringen van *Downton Abbey* en raakte ik gefascineerd door de relatie tussen twee groepen mensen die een fysieke ruimte delen. Ze zaten zo dicht op elkaars lip en stonden toch zo ver van elkaar af. Ik moest meteen denken aan een lunch met Michelle Obama waar ik als journalist bij aanwezig was geweest. Ik herinnerde me het felroze en groene bloemstuk en het rinkelen van de champagneglazen midden op de dag – voor een journalist die gewend was een broodje te eten in een klein kantoortje in de kelder van het Witte Huis was het allemaal zo luxueus. Maar ik herinnerde me vooral een butler die geluidloos de kamer in en uit leek te zweven.

Ik begon gesprekken te voeren met al die mensen die de residentie draaiende houden en dat is nog veel verrassender geweest dan ik kon vermoeden. Ik heb het voorrecht gehad personeelsleden te interviewen die de speelse kant van Jackie Kennedy hadden gezien als ze zich ontspande in de privévertrekken, en ik sprak met de elektricien die president Richard Nixon begeleidde op zijn emotionele wandeling van het Oval Office naar de residentie, nadat hij zijn aftreden had bekendgemaakt.

Dat zou allemaal niet mogelijk zijn geweest zonder de bereidwilligheid van de volgende mensen, van wie velen hun huis en hun hart voor mij openden, zoals Christine Limerick, Lynwood Westray, Skip Allen, Betty Finney, Bob Scanlan, Bill Hamilton, James Jeffries, Roland Mesnier, Nelson Pierce, Frank Ruta, Cletus Clark, Stephen Rochon, Bill Cliber, Linsey Little, Wendy Elsasser, Chris Emery, Ronn Payne, James Hall, Wilson Jerman, Worthington White, Gary Walters, Betty Monkman, Mary Prince, Walter Scheib, Vincent Contee, Milton Frame, John Moeller, Jim

Ketchum, Tony Savoy, Ivaniz Silva, Nancy Mitchell, Providencia Paredes, Ann Amernick, Pierre Chambrin, Alvie Paschall en Herman Thompson. Margaret Arrington vertelde verhalen over haar overleden echtgenoot Reds en Charles Allen sprak vol liefde over zijn vader Eugene. Ik wil met name James Ramsey bedanken wiens aanstekelijke lach iedereen direct opvrolijkte. Ik ben dankbaar voor de tijd die ik met hem mocht doorbrengen.

Dit zou allemaal niet mogelijk zijn geweest zonder mijn literair agent Howard Yoon. Howard heeft van het begin af aan in mij geloofd en was er voor me tijdens het hele proces. Hij is niet alleen een heel goede literair agent, maar ook een goede vriend die mij in de loop der jaren verstandige opvoedadviezen heeft meegegeven. Ik ben ook Gail Ross en Dara Kaye uitermate dankbaar, die niet weg te denken zijn uit het team van Ross Yoon Agency. Hun motto is 'Boeken veranderen levens'. Ze hebben in ieder geval mijn leven veranderd en ik ben hun er zo dankbaar voor.

Ik heb genoten van de samenwerking met de zeer getalenteerde Cal Morgan bij Harper-Collins, die met haar redactionele ingrepen leven en helderheid in het manuscript bracht, en ik ben Emily Cunningham dankbaar, die zoveel energie bracht in dit project en er het beste uit haalde. Ik ben ook dankbaar voor de steun van de bevlogen Jonathan Burnham en voor de hulp die mijn eerste redacteur Tim Duggan mij bood. Zijn enthousiasme voor het project was aanstekelijk. En dank je wel, Robin Bilardello, die al mijn verwachtingen overtrof met haar omslagontwerp, en Beth Silfin voor haar weloverwogen adviezen.

Ik ben mijn man, Brooke, zo dankbaar, van wie ik nooit genoeg krijg en die mijn leven zoveel gelukkiger maakt. En onze ongelooflijke kinderen, Graham en Charlotte, die ons zoveel vreugde geven. Dank je wel, mama Valerie, de intelligentste en meest liefdevolle vrouw die ik ken. (Zij is toevallig ook een heel scherpe redacteur, die me hielp de verschillende verhalen te ordenen en mijn eigen toon te vinden.) En ook dank je wel, papa Christopher, die mijn voorbeeld is en die mijn zus Kelly en mij zoveel zelfvertrouwen heeft gegeven. Kelly, het is fantastisch om te zien hoe jij je hebt ontwikkeld tot een intelligente en lieve vrouw. En dank je wel, Nancy Brower (ofwel Mom Mom), onze hele familie en Mini en Elizabeth. Ik zou willen dat we meer tijd hadden gehad met Bill Brower, die een goede man en een geweldige vader was, en een liefhebbende Pop Pop.

De first lady's die ik interviewde wilden graag de mensen die hun leven in het Witte Huis draaglijk maakten in het zonnetje zetten. Ik ben dankbaar voor de tijd die ze voor mij vrijmaakten en voor hun inzichten als ware insiders van het Witte Huis. Laura Bush vertelde me over de tragedie van 9/11 en het helende proces dat zij samen met het personeel doormaakte. Barbara Bush noemde haar speelse vriendschappen met het huishoudelijk personeel. ('Mensen die je niet aardig vindt plaag je niet. Je plaagt alleen mensen die je mag... En zij plaagden terug en dat verdiende ik.') Rosalynn Carter roemde het personeel dat haar familie op zijn gemak stelde tijdens het vierhonderdvierenveertig dagen durende Iraanse gijzelingsdrama. Ze leek oprecht ontroerd door de vriendschap die zij haar lieten zien. Tricia Nixon, Luci en Lynda Johnson, Steve en Susan Ford, en Ron Reagan hielpen allemaal mee om te laten zien hoe het was om in de 'grote witte gevangenis' te wonen.

Ik vond het ook heel plezierig om te mogen praten met voormalig social secretaries Amy Zantzinger, Desirée Rogers, Julianna Smoot en Bess Abell, en ben heel dankbaar voor de hulp van Sally MacDonough, Kaki Hockersmith, Melissa Montgomery, Deanna Congileo en Wren Powell. En dank aan de assistenten van de president die een belangrijk inzicht verschaften in de relatie tussen de politieke staf en de medewerkers van het huis: Anita Dunn, Reggie Love, Katie Johnson, Katie McCormick Lelyveld, Reid Cherlin, Adam Frankel, Julianna Smoot, Andy Card en Anita McBride. En ik bedank Emmy Award-winnaar Pete Williams, die de foto maakte voor mijn boekomslag en me, terwijl hij bezig was, zo aan het lachen maakte. Ik ben ook de curatorenafdeling van het

Witte Huis heel dankbaar, en de White House Historical Association, de medewerkers van het John F. Kennedy Presidential Library and Museum, het Lyndon Baines Johnson Library and Museum, het Nixon Presidential Library and Museum, de Richard Nixon Foundation, de Gerald R. Ford Presidential Library, het Jimmy Carter Presidential Library and Museum, het Ronald Reagan Presidential Library and Museum, het George Bush Presidential Library and Museum, het William J. Clinton Presidential Library and Museum en het George W. Bush Presidential Library and Museum.

Gayle Tzemach Lemmon gaf mij dit eenvoudige en noodzakelijke advies, na maanden en maanden gesprekken en research: 'Ga zitten en begin met schrijven!' Ze is zelf een succesvol schrijver en journalist en was voor mij een belangrijk klankbord gedurende dit proces. Ik bedank ook Christina Warner en Annie Kate Pons. Annie, ik geniet er ook van om 'het leven met jou te leven', ook al zitten we elk aan een andere kust.

Ik ben Al Hunt van Bloomberg eeuwig dankbaar, die me de kans van mijn leven gaf toen hij mij deze opdracht verleende, en ook de redacteuren Joe Sobczyk, Steve Komarow, Jeanne Cummings en Mark Silva die mij hielpen te ontdekken hoe fijn het is om verslag te doen.

Bronnen

IETS OVER VERSLAGGEVING

Voor mijn onderzoek voor *De residentie* heb ik openhartige gesprekken gevoerd met meer dan honderd insiders van het Witte Huis. Ik interviewde drie voormalige first lady's, de kinderen van vier presidenten, en daarnaast nog talloze assistenten van presidenten. Maar de interessantste informatie kwam voort uit de gesprekken met zo'n vijftig oud-werknemers van de residentie en één persoon van de huidige staf. De meesten hadden nooit zo uitgebreid gesproken over hun ervaringen als werknemer van de presidentiële familie. Sterker nog, de meesten waren nooit eerder door een journalist benaderd. Er waren veel persoonlijke gesprekken bij. In een paar gevallen wilde de geïnterviewde anoniem blijven vanwege de gevoeligheid van het onderwerp, en die wens heb ik steeds gerespecteerd. Deze verslagen uit de eerste hand van het leven in de residentie werden aangevuld door uitvoerig archiefonderzoek, waartoe ook mondeling vastgelegde verhalen uit de presidentiële bibliotheken behoorden, naast door werknemers en politieke assistenten geschreven memoires en biografieën.

INLEIDING

Tot de geïnterviewden behoren: Laura Bush, Rosalynn Carter, Barbara Bush, Reggie Love, Reid Cherlin, Susan Ford, Frank Ruta, Betty Finney, Amy Zantzinger, Stephen Rochon, Ron Reagan, Cletus Clark, Katie Johnson, Tricia Nixon, Julianna Smoot, Katie McCormick Lelyveld, Bob Scanlan, Tony Savoy, Nelson Pierce, Christine Limerick, Walter Scheib, Skip Allen, Ronn Payne, Roland Mesnier en Worthington White.

De gepubliceerde bronnen zijn: Preston Bruce, *From the Door of the White House* (New York: Lothrop, Lee and Shepard Books, onderdeel van William Morrow and Company, Inc., 1984); Lillian Rogers Parks, met Frances Spatz Leighton, *My Thirty Years Backstairs at the White House* (New York: Ishi Press International, 1961); Faye Fiore, 'Jacqueline Kennedy's pink hat is a missing piece of history', in: *Los Angeles Times*, 26 januari 2011; Dominique Mann, 'In wake of new film "The Butler", black ex-White House staffers reflect', MSNBC.com, 14 september 2013; Hillary Rodham Clinton, interview met de first lady voor *House Beautiful*, 30 november 1993, door Marian Burros, William J. Clinton Presidential Library; 'Jacqueline Kennedy in the White House', John F. Kennedy Presidential Library and Museum; Sue Allison Massimiano, 'Those who serve those who serve', *Life, 'The White House 1792-1992,'* 30 oktober 1992; (FY) 2014 Congressional Budget Submission – the White House; mondeling verslag van Preston Bruce is beschikbaar in de John F. Kennedy Presidential Library and Museum; Liz McNeil, 'Jackie Kennedy: New details of her heartbreak', *People*, 13 november 2013; Carol D. Leonnig, 'Secret Service fumbled response to 2011 shooting', *Washington Post*, 28 september 2014; Carol D. Leonnig, 'White House intruder was tackled by off-duty secret service agent', *Washington Post*, 30 september 2014; William Safire, 'Inside the Bunker', *New York Times*, 13 september 2001; Laura Bush, *Spoken from the Heart* (New York: Scribner, 2010); Letitia Baldrige, *A Lady, First: My Life in the Kennedy White House and the American Embassies of Paris and Rome* (New York: Viking Penguin, 2001); James Bennet, 'Testing of a president: The overview; Clinton admits Lewinsky liaison to grand jury; tells nation "It was wrong, but private"', *New York Times*, 18 augustus 1998; Courtney Thompson, 'Obamas called on Chicago vendors for state dinner décor, stage, and lighting', *BizBash*, 2 december 2009; Abigail Adams, 'Letter to her daughter from the new White House', White House Historical Association, 21 november 1800; White House Dimensions and Statistics, White House Historical Association; J.B. West met Mary Lynn Kotz, *Upstairs at the White House: My Life with the First Ladies* (New York: Warner Books, 1973); Carl Cannon, 'November 21, 1963', *Real Clear Politics*, 21 november 2013; Claire Faulkner, 'Ushers and stewards since 1800', *White House History: At Work in the White House: Journal of the White House Historical Association*, 26; Robert Klara, *The Hidden White House: Harry Truman and the Reconstruction of America's Most Famous Residence* (New York: Thomas Dunne Books, St. Martin's Press, 2013); William Seale, *The President's House*, deel I en II (Washington, D.C.: White House Historical Association with the cooperation of the National Geographic Society, 1986); Katherine Skiba, 'Chicagoans at forefront of White House holiday décor',

Chicago Tribune, 5 december 2013; Walter Scheib en Andrew Friedman, *White House Chef: Eleven Years, Two Presidents, One Kitchen* (Hoboken, N.J.: John Wiley and Sons, Inc., 2007); Sheila Rabb Weidenfeld, *First Lady's Lady: with the Fords at the White House* (New York: G.P. Putnam's Sons, 1979); John en Claire Whitcomb, *Real Life at the White House: 200 Years of Daily Life at America's Most Famous Residence* (New York: Routledge, 2002); William Seale, 'Secret spaces at the White House?' *White House History: Special Spaces: Journal of the White House Historical Association*, 29 (2011).

HOOFDSTUK I: GECONTROLEERDE CHAOS

Voor dit hoofdstuk heeft de schrijfster zich gebaseerd op gesprekken met Desirée Rogers, Luci Baines Johnson, Rosalynn Carter, Stephen Rochon, Barbara Bush, Nelson Pierce, James Jeffries, Kaki Hockersmith, Bill Cliber, Betty Monkman, Laura Bush, Gary Walters, Bess Abell, Christine Limerick, Bob Scanlan, Tony Savoy, Skip Allen, Katie Johnson, Jim Ketchum, Chris Emery, Linsey Little, Ronn Payne, Walter Scheib, Michael 'Rahni' Flowers, Daryl Wells, David Hume Kennerly, Milton Frame, Roland Mesnier, Reggie Love, Ivaniz Silva, Cletus Clark, Susan Ford, Lynwood Westray, en Katie McCormick Lelyveld.

De gepubliceerde bronnen zijn: Michael Ruane en Aaron C. Davis, 'D.C.'s inauguration head count: 1.8 million', *Washington Post*, 22 januari 2009; Krissah Thompson en Juliet Eilperin, 'The elusive Mrs. R: Marion Robinson, the White House's not-so-typical live-in grandma', *Washington Post*, 31 maart 2014; Kate Andersen, 'Rogers heats up Obama social calendar that economy can't chill', *Bloomberg*, 10 april 2009; Kate Andersen, 'Obama invites LeBron James to play in White House court opener', *Bloomberg*, 20 juni 2009; Letitia Baldrige, *A Lady, First: My Life in the Kennedy White House and the American Embassies of Paris and Rome* (New York: Viking Penguin, 2001); Laura Bush, *Spoken from the Heart* (New York: Scribner, 2010); interview met president Barack Obama, *The Tom Joyner Morning Show*, 27 augustus 2013; interview met first lady Michelle Obama en Jill Biden, *The Gayle King Show*, 19 april 2011; Thom Patterson, 'Special ops: How to move a president in a few hours', CNN, 19 januari 2009; Traphes Bryant met Frances Spatz Leighton, *Dog Days at the White House* (New York: Macmillan Publishing Co., Inc., 1975); Preston Bruce, *From the Door of the White House* (New York: Lothrop, Lee and Shepard Books, onderdeel van William Morrow and Company, Inc., 1984); Alonzo Fields, *My 21 Years in the White House* (New York: Crest Books, 1961); Anne Kornblut, 'Reggie Love, Obama "body man", to leave White House by year's end', *Washington Post*, 10 november 2011; Carl Anthony, 'Jackie Kennedy's last White House days & what she found in JFK's desk', carlanthonyonline.com, 6 december 2013; Patricia Leigh Brown, 'A redecorated White House, the way the Clintons like it', *New York Times*, 24 november 1993; 'Power shifts hands in flurry of activity', *USA TODAY*, 22 januari 2001; Sally Bedell Smith, *For the Love of Politics: Inside the Clinton White House* (New York: Random House, 2007); Ann Devroy en Ruth Marcus, 'Clinton takes oath as 42nd president asking sacrifice, promising renewal', *Washington Post*, 21 januari 1993; Nancy Gibbs en Michael Duffy, *The President's Club: Inside the World's Most Exclusive Fraternity* (New York: Simon and Schuster, 2012); Lauren Collins, 'The other Obama: Michelle Obama and the politics of candor', *New Yorker*, 10 maart 2008; Jodi Kantor, *The Obamas* (New York: Little, Brown and Company, 2012); Roland Mesnier met Christian Malard, *All the President's Pastries: Twenty-Five Years in the White House* (Paris: Flammarion, SA, 2006); Lady Bird Johnson, *A White House Diary* (New York: Holt, Rinehart and Winston, 1970); Nancy Mitchell, interview door James Deutsch voor de Ralph Rinzler Folklife Archives and Collections, Center for Folklife and Cultural Heritage, Smithsonian Institution, Washington, D.C., 27 augustus 2007; Henry Haller, interview voor de Ralph Rinzler Folklife Archives and Collections, Center for Folklife and Cultural Heritage, Smithsonian Institution, Washington, D.C., 27 augustus 2007; Sheryl Gay Stolberg, 'On moving day for 2 first families, a bit of magic by 93 pairs of hands', *New York Times*, 20 januari 2009; J.B. West met Mary Lynn Kotz, *Upstairs at the White House: My Life with the First Ladies* (New York: Warner Books, 1973); Tim Carman, 'White House memories: Chef John Moeller on pretzels, maple syrup and calorie-counting', *Washington Post*, 18 februari 2014; Nancy Reagan en William Novak, *My Turn* (New York: Random House, 1989); Liz Carpenter, *Ruffles and Flourishes* (New York: Doubleday, 1970); John en Claire Whitcomb, *Real Life at the White House: 200 Years of Daily Life at America's Most Famous Residence* (New York: Routledge, 2002); Hillary Rodham Clinton, interview met de first lady voor *House Beautiful*, 30 november 1993, door Marian Burros, William J. Clinton Presidential Library; President Bill Clinton en first lady Hillary Rodham Clinton, interview voor *National Geographic*, 25 juli 1995, William J. Clinton Presidential Library; de mondelinge verslagen van Anne Lincoln en J.B. West zijn beschikbaar in het John F. Kennedy Presidential Library and Museum; 'Clinton Ok'd using Lincoln Bedroom for contributors', CNN, 25 februari 1997; Jim Kuhnhenn, 'Obama returns to Chicago home after Illinois fundraiser', Associated Press, 2 juni 2012; Barbara Bush, *Barbara Bush: A Memoir* (New York: Scribner, 1994); Andrew Rosenthal, 'Bush encounters the supermarket, amazed', *New York Times*, 5 februari 1992.

HOOFDSTUK II: DISCRETIE

Dit hoofdstuk is onder andere gebaseerd op interviews met Rosalynn Carter, James Ramsey, Stephen Rochon, Skip Allen, Jane Erkenbeck, Betty Monkman, Worthington White, Reggie Love, Cletus Clark, Laura Bush, Gary Walters, Bill Hamilton, Barbara Bush, Herman Thompson, Margaret Arrington, Frank Ruta, Walter Scheib, Roland Mesnier, Nelson Pierce, Ron Reagan, Steve Ford, Vincent Contee, Luci Baines Johnson, Ronn Payne, Ivaniz Silva, James Jeffries, Susan Ford, Bess Abell, Andy Card, Katie McCormick Lelyveld, Katie Johnson, Tony Savoy, Chris Emery en Christine Limerick.

De gepubliceerde bronnen zijn: Gerald Boyd, 'Nancy Reagan's maid is accused of helping to export ammunition', *New York Times*, 14 augustus 1986; Irwin 'Ike' Hoover, 'Who's who, and why, in the White House', *Saturday Evening Post*, 10 februari 1934; Wilson Jerman, interview voor de Ralph Rinzler Folklife Archives and Collections, Center for Folklife and Cultural Heritage, Smithsonian Institution, Washington, D.C., 2 oktober 2007; Walter Scheib en Andrew Friedman, *White House Chef: Eleven Years, Two Presidents, One Kitchen* (Hoboken, N.J.: John Wiley Sons, Inc., 2007); Roland Mesnier met Christian Malard, *All the President's Pastries: Twenty-Five Years in the White House* (Paris: Flammarion, SA, 2006); Alonzo Fields, *My 21 Years in the White House* (New York: Crest Books, 1961); Sheila Rabb Weidenfeld, *First Lady's Lady: With the Fords at the White House* (New York: G.P. Putnam's Sons, 1979); White House Historical Association, 'The working White House'; Douglas Jehl, 'Chief White House usher "Grounded"', *New York Times*, 18 maart 1994; John en Claire Whitcomb, *Real Life at the White House: 200 Years of Daily Life at America's Most Famous Residence* (New York: Routledge, 2002); J.B. West met Mary Lynn Kotz, *Upstairs at the White House: My Life with the First Ladies* (New York: Warner Books, 1973); Traphes Bryant, *Dog Days at the White House* (New York: Macmillan Publishing Co., 1975); het mondelinge verslag van Betty Monkman is te vinden in de Gerald R. Ford Presidential Library; Hillary Rodham Clinton, *An Invitation to the White House* (New York: Simon and Schuster, 2000); 'Maid cleared, Nancy Reagan wants her back', United Press International, 4 november 1986; interview met Betty Monkman voor de Ralph Rinzler Folklife Archives and Collections, Center for Folklife and Cultural Heritage, Smithsonian Institution, Washington, D.C., 27 augustus 2007.

HOOFDSTUK III: TOEWIJDING

De geïnterviewden zijn Barbara Bush, Cletus Clark, Rosalynn Carter, James Jeffries, Letitia Baldrige, Nelson Pierce, Roland Mesnier, Worthington White, Wendy Elsasser, Linsey Little, Christine Limerick, Chris Emery, Gary Walters, Skip Allen, Katie Johnson, Luci Baines Johnson, Desirée Rogers, Stephen Rochon, Nancy Reagan via haar assistent Wren Powell, en Tony Savoy.

De gepubliceerde bronnen zijn: Barbara Bush, *Barbara Bush: A Memoir* (New York: Scribner, 1994); J.B. West met Mary Lynn Kotz, *Upstairs at the White House: My Life with the First Ladies* (New York: Warner Books, 1973); Sheila Rabb Weidenfeld, *First Lady's Lady: With the Fords at the White House* (New York: G.P. Putnam's Sons, 1979); Irwin Hoover, 'Who's who, and why, in the White House', *Saturday Evening Post*, 10 februari 1934; het mondelinge verslag van Zephyr Wright is te vinden in de Lyndon Baines Johnson Library; het mondelinge verslag van Isaac Avery is te vinden in het John F. Kennedy Presidential Library and Museum; Sue Allison Massimiano, 'Those who serve those who serve', *Life, The White House 1792-1992*, 30 oktober 1992; Carol D. Leonnig, 'Secret service fumbled response to 2011 shooting', *Washington Post*, 28 september 2014; Carol D. Leonnig, 'White House intruder was tackled by off-duty secret service agent', *Washington Post*, 30 september 2014; Roland Mesnier met Christian Malard, *All the President's Pastries: Twenty-Five Years in the White House* (Parijs: Flammarion, SA, 2006); Gerald Boyd, 'Nancy Reagan's maid is accused of helping to export ammunition', *New York Times*, 14 augustus 1986; 'Former White House chief usher recalls serving 7 president at Oakland Town Hall', *Oakland Press News*, 9 april 2014; 'Maid cleared, Nancy Reagan wants her back', United Press International, 4 november 1986.

HOOFDSTUK IV: UITZONDERLIJKE EISEN

Voor dit hoofdstuk baseerde de auteur zich op gesprekken met Luci Baines Johnson, Barbara Bush, Skip Allen, Margaret Arrington, Bill Cliber, Herman Thompson, Christine Limerick, Frank Ruta, Wendy Elsasser, Roland Mesnier, Cletus Clark, Bess Abell, Ronn Payne, Lynda Bird Johnson Robb en John Moeller.

De gepubliceerde bronnen zijn: Hillary Rodham Clinton, interview met de first lady voor *House Beautiful*, 30 november 1993, door Marian Burros, William J. Clinton Presidential Library; President Bill Clinton en first lady Hillary Rodham Clinton, interview voor *National Geographic*, 25 juli 1995, William J. Clinton Presidential Library; Sue Allison Massimiano,

'Those who serve those who serve', *Life, The White House 1792-1992*, 30 oktober 1992; Traphes Bryant, *Dog Days at the White House* (New York: Macmillan Publishing Co., 1975); Hillary Rodham Clinton, *An Invitation to the White House: At Home with History* (New York: Simon and Schuster, 2000); Adam Bernstein, 'Rex Scouten, Longtime White House chief usher, dies at 86', *Washington Post*, 22 februari 2013; J.B. West met Mary Lynn Kotz, *Upstairs at the White House: My Life with the First Ladies* (New York: Warner Books, 1973); Preston Bruce, *From the Door of the White House* (New York: Lothrop, Lee and Shepard Books, onderdeel van William Morrow and Company, Inc., 1984); Sheila Rabb Weidenfeld, *First Lady's Lady: With the Fords at the White House* (New York: G.P. Putnam's Sons, 1979); het mondelinge verslag van Zephyr Wright is te vinden in de Lyndon Baines Johnson Presidential Library; Wilson Jerman, interview voor de Ralph Rinzler Folklife Archives and Collections, Center for Folklife and Cultural Heritage, Smithsonian Institution, Washington, D.C., 2 oktober 2007.

HOOFDSTUK V: DONKERE TIJDEN

Voor dit hoofdstuk zijn geïnterviewd: Barbara Bush, Bill Cliber, Walter Scheib, Herman Thompson, Gary Walters, Laura Bush, Cletus Clark, Nelson Pierce, Jim Ketchum, Tricia Nixon, Roland Mesnier, Betty Monkman, Ron Reagan, James Hall, Linsey Little, Skip Allen, Chris Emery, Bill Hamilton, Worthington White, James Ramsey, Betty Finney, Ronn Payne, en Tony Savoy.

De gepubliceerde bronnen zijn: Sheila Rabb Weidenfeld, *First Lady's Lady: With the Fords at the White House* (New York: G.P. Putnam's Sons, 1979); Laura Bush, *Spoken from the Heart* (New York: Scribner, 2010); Preston Bruce, *From the Door of the White House* (New York: Lothrop, Lee and Shepard Books, onderdeel van William Morrow and Company, Inc., 1984); Traphes Bryant met Frances Spatz Leighton, *Dog Days at the White House* (New York: Macmillan Publishing Co., Inc., 1975); Todd Purdum, 'With resolve, first lady lays out defense', *New York Times*, 17 januari 1996; Hillary Rodham Clinton, interview met de first lady voor *House Beautiful*, 30 november 1993, door Marian Burros, William J. Clinton Presidential Library; Susan Thomases interview, Miller Center, University of Virginia, William J. Clinton Presidential Oral History Project, 6 januari 2006; Lady Bird Johnson, *A White House Diary* (New York: Holt, Rinehart and Winston, 1970); J.B. West met Mary Lynn Kotz, *Upstairs at the White House: My Life with the First Ladies* (New York: Warner Books, 1973); Monica Lewinsky timeline, *Washington Post*, 13 september 1998; Roland Mesnier met Christian

Malard, *All the President's Pastries: Twenty-Five Fears in the White House* (Parijs: Flammarion, SA, 2006); Douglas Jehl, 'Chief White House usher "Grounded"', *New York Times*, 18 maart 1994; de mondelinge verslagen van Maud Shaw en Lawrence J. Arata zijn te vinden in het John F. Kennedy Presidential Library and Museum; Jane Whitmore, 'Mr. Nixon's man Manolo finds his job fetching', *Pittsburgh Post-Gazette*, 21 mei 1969; interview met Bill Cliber voor de Ralph Rinzler Folklife Archives and Collections, Center for Folklife and Cultural Heritage, Smithsonian Institution, Washington, D.C., 22 augustus 2007; Henry Haller, interview voor de Ralph Rinzler Folklife Archives and Collections, Center for Folklife and Cultural Heritage, Smithsonian Institution, Washington, D.C., 27 augustus 2007; Richard Nixon/Frank Gannon interview, University of Georgia Special Collections Libraries, The Walter J. Brown Media Archives and Peabody Awards Collection, 10 juni 1983.

HOOFDSTUK VI: OPOFFERING

De auteur baseerde zich op gesprekken met Nelson en Caroline Pierce, Desirée Rogers, Walter Scheib, Bess Abell, Charles Allen, Katie Johnson, Wendy Elsasser, Reid Cherlin, Chris Emery, Worthington White, James Ramsey, James Jeffries, James Hall, Adam Frankel, Linsey Little, Skip Allen, Herman Thompson, Christine Limerick, Luci Baines Johnson, Nancy Reagan via haar assistent Wren Powell, en Lynda Johnson Robb.

De gepubliceerde bronnen zijn: J.B. West met Mary Lynn Kotz, *Upstairs at the White House: My life with the First Ladies* (New York: Warner Books, 1973); het mondelinge verslag van Isaac Avery is te vinden in het John F. Kennedy Presidential Library and Museum; Jodi Kantor, *The Obamas* (New York: Little, Brown and Company, 2012); Associated Press 'Frederick Mayfield, 58, dies; Doorman at the White House', *New York Times*, 16 mei 1984; interview met Nancy Mitchell door James Deutsch voor de Ralph Rinzler Folklife Archives and Collections, Center for Folklife and Cultural Heritage, Smithsonian Institution, Washington, D.C., 27 augustus 2007.

HOOFDSTUK VII: RAS EN DE RESIDENTIE

Dit hoofdstuk is onder meer gebaseerd op gesprekken met Rosalynn Carter, Luci Baines Johnson, Bess Abell, Lonnie Bunch, Lynwood en Kay Westray, Gloria Nuckles, Alvie Paschall, Mary Prince, Charles Allen, Nelson Pierce, Bill Hamilton, James Jeffries, Chris Emery, Stephen Rochon, Otis Williams, Frank Ruta, Betty Monkman, Herman Thompson, Desirée Rogers, James Ramsey en Tony Savoy.

De gepubliceerde bronnen zijn: Preston Bruce, *From the Door of the White House* (New York: Lothrop, Lee and Shepard Books, onderdeel van William Morrow and Company, Inc., 1984); Jimmy Carter, *Keeping Faith* (New York: Bantam Books, 1982); Catherine Clinton, *Mrs. Lincoln: A Life* (New York: Harper Perennial, 2010); Clare Crawford, 'A story of love and rehabilitation: the ex-con in the White House', *People*, 14 maart 1977; Alonzo Fields, *My 21 Years in the White House* (New York: Crest Books, 1961); William Seale, *The President's House, Volume 1* (Washington, D.C.: White House Historical Association with the Cooperation of the National Geographic Society, 1986); John en Claire Whitcomb, *Real Life at the White House: 200 Years of Daily Life at America's Most Famous Residence* (New York: Routledge, 2002); White House Historical Association, *African Americans and the White House, 1790s-1840s*; 'Michelle Obama's ancestors: Purnell Shields', *Huffington Post*, 24 februari 2012; interview met Michelle Obama op ABC News' *Good Morning America*, 22 mei 2007; de mondelinge verslagen van Nancy Tuckerman en Pamela Turnure zijn te vinden in het John F. Kennedy Presidential Library and Museum; het mondelinge verslag van Zephyr Wright is te vinden in de Lyndon Baines Johnson Presidential Library; Traphes Bryant met Frances Spatz Leighton, *Dog Days at the White House* (New York: Macmillan Publishing Co., Inc., 1975); *Saturday Night Live*, 12 maart 1977; Jodi Kantor, *The Obamas* (New York: Little, Brown and Company, 2012); Dahleen Glanton en Stacy St. Clair, 'Michelle Obama's family tree has roots in a Carolina slave plantation', *Chicago Tribune*, 1 december 2008.

HOOFDSTUK VIII: ACHTERKLAP EN BALDADIGHEID

Voor dit onderwerp zijn onder meer de volgende mensen geïnterviewd: Bess Abell, Bill Cliber, Lynda Johnson Robb, Christine Limerick, Bill Hamilton, Skip Allen, Ronn Payne, Roland Mesnier, Walter Scheib, Ivaniz Silva, Pierre Chambrin, Ron Reagan, John Moeller en Margaret Arrington.

De gepubliceerde bronnen: Traphes Bryant met Frances Spatz Leighton, *Dog Days at the White House* (New York: Macmillan Publishing Co., Inc., 1975); Robert Rosenblatt, 'Harassment at White House alleged', *Los Angeles Times*, 14 september 2000; J.B. West met Mary Lynn Kotz, *Upstairs at the White House: My Life with the First Ladies* (New York: Warner Books, 1973); het mondelinge verslag van Anne Lincoln is te vinden in het John F. Kennedy Presidential Library and Museum; het mondelinge verslag van Zephyr Wright is te vinden in de Lyndon Baines Johnson Library; Reds Arrington, interview voor de Ralph Rinzler Folklife Archives and Collections, Center for Folklife and Cultural Heritage, Smithsonian Institution, Washington, D.C.; Bill Cliber, interview voor de Ralph Rinzler Folklife Archives and Collections, Center for Folklife and Cultural Heritage, Smithsonian Institution, Washington, D.C., 22 augustus 2007; Tyler Cabot, 'White House chefs', *Atlantic*, 1 mei 2005.

HOOFDSTUK IX: OPGROEIEN IN HET WITTE HUIS

De informatie in dit hoofdstuk is onder andere gebaseerd op gesprekken met Rosalynn Carter, Lynda Johnson Robb, Luci Baines Johnson, Bob Scanlan, Roland Mesnier, Wendy Elsasser, Walter Scheib, Mary Prince, James Jeffries, Michael 'Rahni' Flowers, Gary Walters, Susan Ford, Barbara Bush, Steve Ford, Tony Savoy, Nelson Pierce, Bill Hamilton, Amy Zantzinger, Betty Monkman en Betty Finney.

De gepubliceerde bronnen: Nancy Mitchell, interview door James Deutsch voor de Ralph Rinzler Folklife Archives and Collections, Center for Folklife and Cultural Heritage, Smithsonian Institution, Washington, D.C., 27 augustus 2007; Letitia Baldrige, *A Lady, First: My life in the Kennedy White House and the American Embassies of Paris and Rome* (New York: Viking Penguin, 2001); Victorino Matus, 'Notes from a White House kitchen', *Weekly Standard*, 5 maart 2014; Jose A. DelReal en Ed O'Keefe, 'Hill Staffer Elizabeth Lauten resigns after remarks about Obama daughters', *Washington Post*, 1 december 2014; Laura Bush, *Spoken from the Heart* (New York: Scribner, 2010); Traphes Bryant, *Dog Days at the White House* (New York: Macmillan Publishing Co., 1975); Roland Mesnier met Christian Malard, *All the President's Pastries: Twenty-Five Years in the White House* (Parijs: Flammarion, SA, 2006); Doug Wead, *All the Presidents' Children: Triumph and Tragedy in the Lives of America's First Families* (New York: Atria Books, 2003); Sheila Rabb Weidenfeld, *First Lady's Lady: With the Fords at the White House* (New York: G.P. Putnam's Sons, 1979); Helena Andrews, 'Jenna Bush Hager, Hanky-panky, and the White House roof', *Washington Post*, 4 december 2014; J.B. West met Mary Lynn Kotz, *Upstairs at the White House: My Life with the First Ladies* (New York: Warner Books, 1973); Betty Monkman, interview voor de Ralph Rinzler Folklife Archives and Collections, Center for Folklife and Cultural Heritage, Smithsonian Institution, Washington, D.C., 27 augustus 2007; C.W. Nevius, 'Just ask Chelsea, Jenna and Barbara: Escaping the glare of the spotlight isn't easy for kids whose dads work in the Oval Office', *San Francisco Gate*, 22 januari 2004; Rachel Swarns, 'First chores,' *New York Times*, 22 februari 2009.

HOOFDSTUK X: VERDRIET EN HOOP

De auteur baseerde zich op gesprekken met Laura Bush, Bill en Bea Cliber, Wendy Elsasser, Betty Finney, Christine Limerick, Roland Mesnier, Nelson Pierce, Jim Ketchum, Gary Walters, Betty Monkman, Walter Scheib, Bob Scanlan, Ivaniz Silva, Skip Allen, John Moeller en Lynwood Westray.

De gepubliceerde bronnen: Lady Bird Johnson, *A White House Diary* (New York: Holt, Rinehart and Winston, 1970); Mimi Swartz, 'Them's fightin' words!' *Texas Monthly*, juli 2004; Letitia Baldrige, *A Lady, First: My Life in the Kennedy White House and the American Embassies of Paris and Rome* (New York: Viking Penguin, 2001); Preston Bruce, *From the Door of the White House* (New York: Lothrop, Lee and Shepard Books, onderdeel van William Morrow and Company, Inc., 1984); Tom Wicker, 'Kennedy is killed by sniper as he rides in car in Dallas; Johnson sworn in on plane', *New York Times*, 22 november 1963; Laura Bush, *Spoken from the Heart* (New York: Scribner, 2010); Wilson Jerman, interview voor de Ralph Rinzler Folklife Archives and Collections, Center for Folklife and Cultural Heritage, Smithsonian Institution, Washington, D.C., 2 oktober 2007; Transcriptie van Richard Nixon/Frank Gannon interview, University of Georgia Special Collections Libraries, The Walter J. Brown Media Archives and Peabody Awards Collection, 10 juni 1983; Christopher Andersen, *Jackie after Jack* (New York: William Morrow and Company, 1998); J.B. West met Mary Lynn Kotz, *Upstairs at the White House: My Life with the First Ladies* (New York: Warner Books, 1973); interview met Luci Baines Johnson op CBS News' *Face the nation*, 17 november 2013; de mondelinge verslagen van Maud Shaw, Anne Lincoln en Lawrence J. Arata zijn te vinden in het John F. Kennedy Presidential Library and Museum.

EPILOOG

De geïnterviewden zijn Laura Bush, Rosalynn Carter, James Jeffries, Nelson Pierce, James Hall, Skip Allen, Reggie Love, Luci Baines Johnson, James en Valerie Ramsey en Stephen Rochon.

De gepubliceerde bronnen: Sheila Rabb Weidenfeld, *First Lady's Lady: With the Fords at the White House* (New York: G.P. Putnam's Sons, 1979).

Bronnen en verantwoording van ingevoegde foto's

Eerste fotokatern: David Kennerly/Witte Huis, met dank aan David Kennerly; Abbie Rowe/National Park Service, met dank aan Margaret Arrington; Jack Rottier/National Park Service, met dank aan Lynwood Westray; Robert Knudsen/Witte Huis, met dank aan John F. Kennedy Presidential Library and Museum, Boston; Harold Sellers/Witte Huis, 7 juni 1963, met dank aan John F. Kennedy Presidential Library and Museum, Boston; Robert Knudsen/Witte Huis, 6 december 1963, met dank aan John F. Kennedy Presidential Library and Museum, Boston; Robert Knudsen/Witte Huis, 19 december 1963, met dank aan John F. Kennedy Presidential Library and Museum, Boston; Margaret Arrington, met dank aan Margaret Arrington; officiële Witte Huis-foto, met dank aan Lynwood Westray; Jack Kightlinger/Witte Huis, met dank aan Richard Nixon Presidential Library and Museum; David Kennerly/Witte Huis, met dank aan Gerald R. Ford Presidential Library and Museum; Bill Fitz-Patrick/Witte Huis, met dank aan Jimmy Carter Presidental Library and Museum; Ricardo Thomas/Witte Huis, met dank aan Gerald R. Ford Presidential Library and Museum; alle vier de foto's van president en Rosalynn Carter door Jack Kightlinger/Witte Huis, met dank aan Jimmy Carter Presidential Library and Museum.

Tweede fotokatern: Susan Biddle/Witte Huis, met dank aan Chris Emery; Pete Souza/Witte Huis, met dank aan Ronn Payne; Pete Souza/Witte Huis, met dank aan Ronald Reagan Presidential Library; officiële Witte Huis-foto, met dank aan Linsey Little; officiële Witte Huis-foto, met dank aan Ronn Payne; Barbara Kinney/Witte Huis, met dank aan William J. Clinton Presidential Library and Museum; officiële Witte Huisfoto, met dank aan Christine Limerick; officiële Witte Huis-foto, met dank aan Roland Mesnier; met dank aan James Jeffries en George W. Bush Presidential Library and Museum; officiële Witte Huis-foto's, fotografen van boven naar beneden: Susan Sterner, Paul Morse, Eric Draper, met dank aan George W. Bush Presidential Library and Museum; AP Images/Ron Edmonds; Callie Shell/*Time magazine*; officiële Witte Huis-foto door Samantha Appleton.

Bibliografie

Andersen, Kate. 'Rogers heats up Obama social calendar that economy can't chill.' *Bloomberg*, 10 april 2009.

– 'Obama invites LeBron James to play in White House court opener.' *Bloomberg*, 20 juni 2009.

Baldrige, Letitia. *A Lady, First: My Life in the Kennedy White House and the American Embassies of Paris and Rome.* New York: Viking Penguin, 2001.

Bennet, James. 'Testing of a president: The overview; Clinton admits Lewinsky liaison to grand jury; tells nation "It was wrong, but private."' *New York Times*, 18 augustus 1998.

Boyd, Gerald. 'Nancy Reagan's maid is accused of helping to export ammunition.' *New York Times*, 14 augustus 1986.

Brown, Patricia Leigh. 'A redecorated White House, the way the Clintons like it.' *New York Times*, 24 november 1993.

Bruce, Preston. *From the door of the White House*. New York: Lothrop, Lee and Shepard Books, onderdeel van William Morrow and Company, Inc., 1984.

Bryant, Traphes met Frances Spatz Leighton. *Dog Days at the White House*. New York: Macmillan, 1975.

Bush, Barbara. *Barbara Bush: A Memoir*. New York: Scribner, 1994.

Bush, Laura. *Spoken from the Heart*. New York: Scribner, 2010.

Caro, Robert. *The Years of Lyndon Johnson: Master of the Senate*. New York: Alfred Knopf, 2002.

– *The Years of Lyndon Johnson: The Passage of Power*. New York: Alfred Knopf, 2012.

Carpenter, Liz. *Ruffles and Flourishes*. New York: Doubleday, 1970.

Carter, Jimmy. *Keeping Faith: Memoirs of a President*. New York: Bantam Books, 1982.

Clinton, Catherine. *Mrs. Lincoln: A Life*. New York: Harper Perennial, 2010.

Clinton, Hillary Rodham. Interview met de first lady voor *House Beautiful*, 30 november 1993, door Marian Burros, William J. Clinton Presidential Library.

– *An Invitation to the White House: At Home with History*. New York: Simon and Schuster, 2000.

Clinton, William J., en Hillary Rodham Clinton. Interview voor *National Geographic*, 25 juli 1995, William J. Clinton Presidential Library.

Collins, Lauren. 'The other Obama: Michelle Obama and the Politics of Candor.' *New Yorker*, 10 maart 2008.

Coram, James. 'A White House "fairy tale" with no happily ever after.' *Baltimore Sun*, 25 maart 1994.

Crawford, Clare. 'A story of love and rehabilitation: The ex-con in the White House.' *People*, 14 maart 1977. http://www.people.com/people/archive/issu/0,,7,0.html.

Faulkner, Claire. 'Ushers and stewards since 1800.' *White House History: At Work in the White House: Journal of the White House Historical Association* 26 (2009).

Fields, Alonzo. *My 21 Years in the White House*. New York: Crest Books, 1961.

Gibbs, Nancy, en Michael Duffy, *The President's Club: Inside the World's Most Exclusive Fraternity* (New York: Simon and Schuster, 2012).

Glanton, Dahleen, en Stacy St. Clair. 'Michelle Obama's family tree has roots in a Carolina slave plantation.' *Chicago Tribune*, 1 december 2008.

Hoover, Irwin 'Ike.' 'Who's who, and why, in the White House.' *Saturday Evening Post*, 10 februari 1934.

Jehl, Douglas. 'Chief White House usher "grounded".' *New York Times*, 18 maart 1994.

Johnson, Lady Bird. *A White House Diary*. New York: Holt, Rinehart and Winston, 1970.

Kantor, Jodi. *The Obamas*. New York: Little, Brown and Company, 2012.

Klara, Robert. *The Hidden White House: Harry Truman and the Reconstruction of America's Most Famous Residence*. New York: Thomas Dunne Books, 2013.

Kornblut, Anne, 'Reggie Love, Obama "body man", to leave White House by year's end.' *Washington Post*, 10 november 2011.

Kuhnhenn, Jim. 'Obama returns to Chicago home after Illinois fundraiser.' *Associated Press*, 2 juni 2012.

Mann, Dominique. 'In wake of new film "The Butler", black ex-White House staffers reflect.' MSNBC, 14 september 2013. http://www.msnbc.com/melissa-harris-perry /wake-new- film- the-butler-black-ex.

Massimiano, Sue Allison. 'Those who serve those who serve.' *Life, The White House 1792-1992*, 30 oktober 1992.

Mesnier, Roland met Christian Malard. *All the President's Pastries: Twenty-Five Years in the White House*. Parijs: Flammarion, SA, 2006.

Nevius, C.W. 'Just ask Chelsea, Jenna and Barbara: Escaping the glare of the spotlight isn't easy for kids whose dads work in the Oval Office.' *San Francisco Chronicle*, 22 januari 2004. http://www.sfgate.com/bay-area/nevius/article/Just-ask-Chelsea-Jenna-and-Barbara-Escaping-the-2808210.php.

Parks, Lillian Rogers, met Frances Spatz Leighton. *My Thirty Years Backstairs at the White House*. New York: Ishi Press International, 1961.

Patterson, Thom. 'Special ops: How to move a president in a few hours.' CNN, 19 januari 2009. http://www.cnn.com/2009/POLITICS/01/19/obama.move/.

Reagan, Nancy, en William Novak. *My Turn*. New York: Random House, 1989.

Rosenthal, Andrew. 'Bush encounters the supermarket, amazed.' *New York Times*, 5 februari 1992.

Ruane, Michael, en Aaron C. Davis. 'D.C.'s inauguration head count: 1.8 million.' *Washington Post*, 22 januari 2009.

Scheib, Walter, en Andrew Friedman. *White House Chef: Eleven Years, Two Presidents, One Kitchen*. Hoboken, N.J.: John Wiley and Sons, Inc., 2007.

Schifando, Peter, en J. Jonathan Joseph. *Entertaining at the White House with Nancy Reagan*. New York: William Morrow, 2007.

Seale, William. *The President's House*, deel I en II. Washington, D.C.: White House Historical Association with the Cooperation of the National Geographic Society, 1986.

– 'Secret spaces at the White House?' *White House History: Special Spaces: Journal of the White House Historical Association* 29 (2011).

Semeraz, Megan. 'Former White House chief usher recalls serving 7 presidents at Oakland Town Hall.' *Oakland Press News*, April 9, 2014. http://www.theoaklandpress.com/general-news/20140409/former-white-house-chief-usher-recalls-serving-7-presidents-at-oakland-town-hall.

Smolenyak, Megan. 'Michelle Obama's ancestors: Purnell Shields.' *Huffington Post*, 24 februari 2012.

Swarns, Rachel. 'First chores? You bet.' *New York Times*, 22 februari 2009.

Swartz, Mimi. 'Them's fightin' words!' *Texas Monthly*, juli 2004.

Wead, Doug. *All the Presidents' Children: Triumph and Tragedy in the Lives of America's First Families*. New York: Atria Books, 2003.

Weidenfeld, Sheila Rabb. *First Lady's Lady: With the Fords at the White House*. New York: G.P. Putnam's Sons, 1979.

West, J.B., met Mary Lynn Kotz. *Upstairs at the White House: My Life with the First Ladies*. New York: Warner Books, 1973.

Whitcomb, John, en Claire Whitcomb. *Real Life at the White House: 200 Years of Daily Life at America's Most Famous Residence*. New York: Routledge, 2002.

Register